①

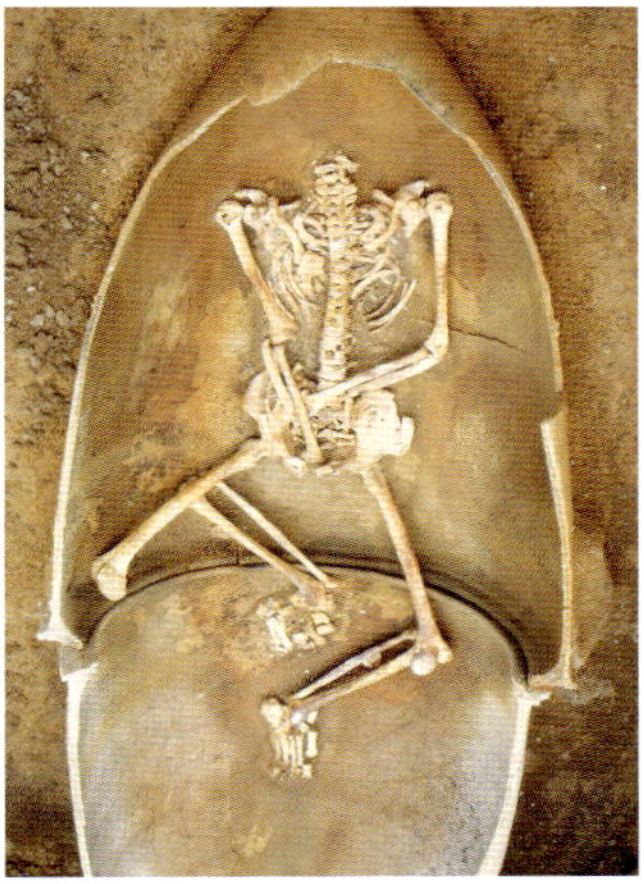

③

②

1　吉野ヶ里《よしのがり》遺跡　墳丘墓と甕棺《かめかん》墓

佐賀県神埼《かんざき》町を中心にひろがる弥生時代の遺跡．環濠内部には集落や掘立柱建物とともにいくつもの甕棺による墳墓群が営まれた．特に北部には土を盛り上げた墳丘（①）が造られ，そこに埋葬された甕棺（②）には内部を朱で染め剣などが伴出するものがあり，他の列状墓地のもの（③）とは違う，地位の高い者の墓と推測される．

2　太安万侶墓誌《おおのやすまろぼし》

太安万侶の墓は1979年に奈良市東部の丘陵南斜面の茶畑で発見された．縦横約2 m，深さ約1.5 mの墓坑内に火葬骨を入れた木櫃を置き，周りを木炭で埋めていた．墓誌は木櫃の下に文字面を下に向けて置かれていた．副葬品らしい真珠4粒も出土した．墓碑は縦29.1 cm，横6.1 cm，厚さ2 mm弱の銅板で「左京四条四坊従四位下勲五等太朝臣安万侶以癸亥／年七月六日卒之　養老七年十二月十五日乙巳」という銘文が刻まれている．

3 『餓鬼草紙《がきぞうし》』にみえる放置死体

画面には形態の違う塚が描かれ，その周囲には放置死体が見える．塚には松を植えた塚，卒塔婆《そとば》を建てた塚，笠塔婆《かさとうば》と釘貫《くぎぬき》を設けた石塚がある．これらは墓の見本のような面もあるようだが，塚の近くに放置死体があったことは近年の発掘でも裏付けが得られている．

4　彫刻幕板祭壇《ちょうこくまくいたさいだん》

昭和初期，自宅告別式の普及とともに白布祭壇が広まっていった．葬儀に祭壇が必要とされるようになり，高度経済成長期を迎えると，より装飾化がすすみ「彫刻幕板祭壇」が多用されるようになった．祭壇本体がすべて木製で，彫刻が施された高級なものであり，花鳥や羅漢，天女など仏教的な図案がとりいれられた．この祭壇の下段には「蓮華と水鳥」がみえる．

日本葬制史

勝田　至［編］

吉川弘文館

目次

葬送と墓制の歴史をどうとらえるか

らいになるだろうか。しかし今日の最高齢者が生まれた年より前に生まれた人たちはすべて死んでしまった。

墓と葬送の現代　人はすべて死ぬ。旧石器時代から今日までこの日本列島で生きた人の数はどれぐらいになるだろうか。しかし今日の最高齢者が生まれた年より前に生まれた人たちはすべて死んでしまった。

人間は死を認識できるが、それを完全に理解することはできないだろう。しかし死の認識から、それに対処する行動が発達してきた。それが葬送と墓制である。家族が死んだら、通常は遺体（死体）をそのままにはできない。有名な蓮如《れんによ》の御文章《ごぶんしょう》がいう「さてしもあるべき事ならねばとて」（そのままにしておけないといって）というわけで、死体を処理しなくてはならない。これをどのような方法で行うかが「葬法」と呼ばれるもので、現在の日本では火葬が九九パーセント以上になっているが、日本の過去を見ても、また現代の世界各地を見ても、他の葬法がいろいろと行われている。キリスト教諸国でも近年は火葬が増えてきているが、最後の審判のさい死者が肉体を伴って復活するという教理との関係で土葬が標準的な葬法であった。イスラム諸国では現在でも土葬に限られると言ってよいが、これは火葬が地獄の炎と関連づけられているからという。また中国・韓国の儒教でも土葬だったが、これは死体を焼くことが死体の破壊であり、それは子として「孝」の道に背くことになるという考え方からである。もっとも韓国でも近年では墓地の土地の減少に伴って火葬が多くなってきているという。

日本でも火葬が主流になったのはそう昔のことではない。数十年前までは農村部では土葬が主流であった。古くから火葬が行われてきたのは都市部、および浄土真宗《じょうどしんしゅう》のさかんな北陸など一部に限られていた。各地の公営火葬場の建設によって火葬が普及しているが、土葬時代のことは現在の高齢者の多くはよく覚えているであろう。しかし東日本大震災において火葬場の処理能力が不足し、被災地の遺体を一時土葬にしなくてはならなかったさい、それは「仮埋葬」とされ、後日改めて火葬に付されたのであった。これは火葬墓としての石塔が別にあるなどの事情にもよると思われるが、今日では火葬が強い規範意識を伴って行われていることを示している。しかし明治以後に土葬から火葬になった地域では、その当初は火葬が死体の破壊であることや、熱いかもしれないとか、伝染病死者と思われたくないなどの理由で抵抗感があったことが報告されている。つまり、葬式や墓についての今日の考え方がいかに規範的であろうとも、それは変わりうるものであり、また変わってしまうとそれ以前の感覚は容易に失われるのである。

もっとも葬法以外の葬送・墓制については、変化が今日でも進行しており、またそれについての議論も盛んである。たとえば仏教的な葬儀に代わって無宗教の葬儀が増えてきた。また近代の墓を拒否して、自然葬や樹木葬を好ましく思う層も増加している。したがって葬送・墓制が変化すること自体は、今日の人々の多くが実感として認識していることだろうと思われる。

　墓については「○○家之墓」という家族墓が普及したのは近代であり、近世の墓石はみな個人の戒名を刻むものだったことは、古くからの墓地の一画に集められた無縁墓を見れば明らかである。現代の家族墓は火葬であれば一つの墓石の下に多くの骨壺を納めることができるが、家族の動揺や女性が嫁ぎ先の墓に入りたくないというような変化により、このような墓石が並ぶ墓地もしだいに姿を変えていくだろう。樹木葬は墓の形の上では近代家制度以前への回帰指向といえないこともない。

　しかし「回帰」にしろ「伝統」にしろ、葬送や墓の面でこれらの言葉を使うことには慎重であるべきだろう。伝統的な葬送・墓制とされるものの多くの要素は中世後期以後に発達したものであり、それ以前にはそれとはまったく異なるさまざまな葬送が行われていたからである。たとえば死体を地上に放置してそれ以後何もしない風葬などは、その代表的なもので、これが中世前期までの日本で一般的に行われていたことは今日の歴史学・考古学の成果から疑問の余地がない。その背後にあった心意については、まだ十分に解明されているとはいえないにしても、実態としてそうであったことは間違いないことである。

　それらの詳細については各章を読んでいただくとして、このことは日本人の伝統的な霊魂観や、それにもとづく葬法といったものが超時代的に存在したといった考え方をもってしては理解しがたいことではないかと思われる。葬送も墓もいつの時代にもあったことだから、その背後に一つの連続した「日本的」思惟があったという思いを抱きやすいのだろうが、そうした考えは脇において、ひとまず各時代の葬送・墓制の実態を見てみる必要があるだろうというのが、本書の基本的な構想である。歴史書としては当然であるが、各時代の記述ともその時代に行われていた葬送のさまざまなあり方と、その変化に注意を払っている。

他界観　過去の人々は今日から見るとすべて死んでしまっている。しかしたとえば中世の人が墓や葬送についての記録を書き残したとき、それを書いた人はそのときはまだ生きていたので、死んだ経験がある人や、死者が書いたわけではない。これは当たり前のことだが、いつの時代まで遡っても、葬儀や墓の造営は生きている人の行いであり、その時代の人々の死についての観念を投影したものである。死者の行き先は生きている人にとっては不明であるから、さまざまな観念が同時代的に並存していたであろう。中世でいえば仏教の教理を内面化している人々も相当数いる一方、教えに触れたことのない人もまた無数にいたはずだから、それにとらわれない考え方もあっただろう。

ごく一般化すれば、日本の歴史上の死者の行く先についての考え方には次のようなものがあった。

①行く先は存在しない。消滅する。唯物論《ゆいぶつろん》的な考え方。仏教の涅槃《ねはん》や儒教の建て前もこれに近いところがある。

②この世とは隔たった別世界に行く。黄泉《よみ》の国、地獄・極楽など。

③輪廻《りんね》転生《てんしょう》してこの世界の別の生物または人間になる（地獄も六道の一つだから転生であるが、ここでは別に扱う）。死者は前世のことは忘れる。

④目には見えないが、この世界のどこかにいる。墓にいるというのもその一つ。そう考えての遺

族側からの交流行為（墓参など）が行われる。

今日では①の考え方をする人が相当数おり、また②や③も衰退しているとみられる。④はまだ多いと思われるが、その感覚は変化しているようだ。ヒットした「千の風になって」という歌は、死んだ私は墓にはいませんと言っているが、風になっているとすれば、やはりこの世にいるわけだから④に含まれ、その意味では墓にいるという考えとも「大差ない」といえる（歌詞全体としては、この歌は死後の体が分子に分解されて自然界のさまざまな要素に変化しているとも取れ、そう考えれば①に含まれる）。死者が墓にいないとすれば、墓制という点では大きな違いを生む可能性がある感覚の変化である。もっとも現代の日本でも墓参は普通に行われているので、実際の変化を生ずるにはまだ時間がかかるであろう。

今日の変化はさておいても、過去のいつの時代でも（仏教伝来以後であれば）この四つの観念は多かれ少なかれ並存していたと思われる。また先に述べたように葬送や墓制は生きている人間の行為であるから、それをいくら調べてもそこから死後の世界について何か実質的なことが明らかになることはないし、それは当然としてもこれらの検討から日本人の伝統的な、変化しない他界観が見いだせるともいえないだろう。むしろ葬送・墓制の変異のスペクトルの広さを認識することが、今後これになにか変化を起こしていく上での参考になるかもしれない。

他界観は墓制と結びついている一方、さまざまな葬法の背後にも存在する。たとえば死体の中に霊魂がいるように考えるかどうか。今日の日本の火葬では火葬後、拾骨してそれを墓に納める。これは遺骨に霊があるという態度である。一方、日本の火葬の源流となったインドでもヒンドゥー教徒は古くから火葬を行っているが、火葬後の骨や灰は川に流すので墓はない。死者祭祀はバラモンを招いて盛んに行われているが、遺骨崇拝は伴っていないわけである。もっともインドでもシヴァ神の聖地ヴァラナシ（ベナレス）で死ぬと解脱《げだつ》間違いなしといわれ、次善の行為としてヴァラナシで火葬にされても解脱できるといわれるため、この町のガンジス川に面したマニカルニカー・ガートの火葬場には年中煙が絶えることがない。しかし死の瞬間に霊が体を離れるのなら、理屈の上ではどこで火葬にされても霊の行方に影響しないであろう。火葬の前に遺体の上に花輪を置くことも含め、インドの人々も死後まもない遺体に対してはそこに死者の霊がいるように振る舞っているといえるかもしれない。この点は日本の中世の風葬にもいえることで、絵巻にみえる放置死体には供物を入れたであろう容器が供えられている。しかしその後は犬や鳥に食われるので、それ以後の死体に対する執着は見られない。

死体に対する態度　他界観とは別に、死そのものや死体に対する感覚も歴史的に変化している。今日では死体に対する忌避感覚は強く、テレビの報道でも死体を映すことがないほどだが、編者の子供のころはそうでもなく、災害現場で顔に布を被せられた遺体が並んでいる画面は何回か見た記憶がある。さらに時代を遡ると死亡率が高かったこともあり、人々は死を見ないわけにはいかなかったが、それだけに死や死体についての忌避感覚は多様である。これにもいくつかの類型がある。

①死の先が不明であることによる死自体への恐怖。

②死体が腐敗することへの嫌悪。
③死者の霊魂に対する恐怖。
④死体に取り付くとされる魔物などへの恐怖。

これらが主なものといえるが、これらは葬送や墓制のあり方にも影響を及ぼしている。たとえば民俗で出棺のさい仮門を作ってそれに棺をくぐらせ、その後に取り壊すことで死霊の帰還を防いだり、出棺のあと箒《ほうき》で家の中から外に掃き出すしぐさをするなどの絶縁儀礼は③の現われである。これは習慣化しているので、死者の生前の性格がどのようだったかに関わりなく、死者を恐れる儀礼が行われた。④は現在でも遺体の上に刃物を置く習慣となって広く行われているが、猫がまたぐと死体が動き出すというような（かつて広く流布していた）俗信を信じている人は今日では少ないであろう。葬送儀礼で人々が恐れるのは死者の霊なのか、それとも死者に取り付く魔物なのか、という議論が民俗学では行われることがあるが、どちらも究極的には死への恐怖がそれぞれの形になって表れたものといえよう。ただ「死体」に注目すると、死体に生前の死者の霊が戻って動き出すようなことがあれば、それは蘇生というものである。蘇生しない死体に対する恐怖を説明する論理が④であるということであろうか。また②の死体の腐敗への嫌悪は「穢《けがれ》」という形で制度化されているが、逆説的にこの制度がもっとも発達した平安時代には地上に死体が放置されるのが普通だった。

これらの死・死体への忌避に基づく儀礼は、死者を愛惜する儀礼と並存して行われ、それが死への人間の態度の複雑さを示している。これも時代を問わずそのようなものであったと思われるが、今日では③のタイプの絶縁儀礼は行われないようになってきている。つまり死者の霊を人々が恐れなくなり、むしろ死者はこの世界で家族を見守っているという感覚が支配的になった。しかしこのため死に対する否定的感情を儀礼という形で放出する回路が衰退し、また人が死ぬこと自体が昔より少なくなったことから、死に対する恐怖や忌避の感覚は現代人の多くが持ちながら、それをうまく処理することができず、ひたすら目を背けるという態度になって現われているようにも思われる。本書は民俗例についての概説ではないが、各時代のさまざまな葬送・墓制から、その背後にあったであろう死者への感覚を読み取ることができるだろう。

葬儀と社会　何度も言っているように葬送・墓制は生者の営みであり、死者は葬儀前の死体という形態を除けば「存在しない」ともいえる。人間はそれにさまざまな観念を投影して葬送儀礼を構築しているのだが、昔も今も、あるいは今後も変わらないであろうと思われるのは葬儀が死者との「別れ」であるという社会的性格である。しかしこれもその形態の上では多くの変遷を経てきた。たとえば葬儀は家族の営みであり、他人はその手伝いをしないという時代が過去の日本には存在した。それが数百年の年月をへて徐々に互助組織が発達し、近世～近代の伝統的村落では人が死ぬとすぐさま近隣の人たちが集まってその地域のやり方による葬儀の準備が「自動的に」開始されたものである。葬送儀礼は全国的な共通点も多いが、細かい点では地域の特色があり、それは葬儀が「ムラの行事」として行われていたこと、換言すれば死者の生前の意思や遺族の考えでやり方を選択する余地が小さかったために、その地域独自の葬送のしかたが守られていたことによる。

ここ数十年の間にこれが変化した大きな原因は、互助が困難になってきたことである。勤め人が増えてくると農村部でも人が集まりにくくなり、一九九〇年代ごろから地方にも葬儀社が進出してきた。今日では人が死ぬと遺族はまず葬儀社に電話する。また家でなく病院で死を迎えるのが普通になり、また多くの場合病院から直接セレモニーホールに遺体が運ばれるため、死者は家に帰ることがなくなった。土葬時代なら家から集落近くの墓地まで人々が葬列を組んだが、それが難しくなるのと歩調を合わせて公営の火葬場が各地に建設され、遺体は霊柩車で火葬場まで運ばれるため、葬列の必要もなくなっていった。かつては葬列の立派さが死者の社会的地位を誇示したが、それに代わって葬儀場における祭壇が葬儀のランクを表す指標になった。その一方で地域のしきたりの強制力が弱まり、葬儀における遺族の選択の自由度が高まったことから、金をかけない葬儀を志向する人たちも多くなってきている。

墓については少子化や独身者の増加に伴い、家の墓を維持するのは今後ますます困難になるだろう。今日の葬送・墓制の変遷の背後にあるのは結局は社会の変化であり、それに合わせて死者に対する生者の態度も変化していく。これまでの時代にも多くの変化があった。社会の状況と対応した葬送・墓制のあり方を見据えることが、この問題を歴史の一分野としてとらえるということであるといえるだろう。

一　原始社会の葬送と墓制

1　縄文人と死、そして墓

葬墓制の考古学　旧石器時代の人々、縄文時代の人々は、「死」とどのように向き合って生活していたのか。文献資料がないこれらの時代において、この問いに対する答えは、考古学的な資料により検討していく必要がある。葬制《そうせい》もしくは墓制《ぼせい》に関わる考古学的な資料には、墓・人骨・副葬品《ふくそうひん》・装身具・供献品などがあり、分析視点としては、墓の特徴・墓地構成・葬送の方法・埋葬姿勢・頭位方向・儀礼的処置の方法などがある。実際の分析にあたっては、人骨を伴っている墓の資料を対象とすることが、情報的には豊富で望ましいが、このような例は、貝塚などの一部の遺跡を除いて稀であり、むしろ、人骨が残っていない墓のあり方もふまえながら、研究は進められている。また、旧石器時代における墓はその発見例がきわめて少なく、葬墓制の様相について、いまだ不明な点が多いのが現状である。したがって、ここでは、縄文時代に焦点を絞ってその葬墓制について探ってみたい。まず、関東地方南部における様相などを例にしながら、縄文時代の墓を概観してみよう。

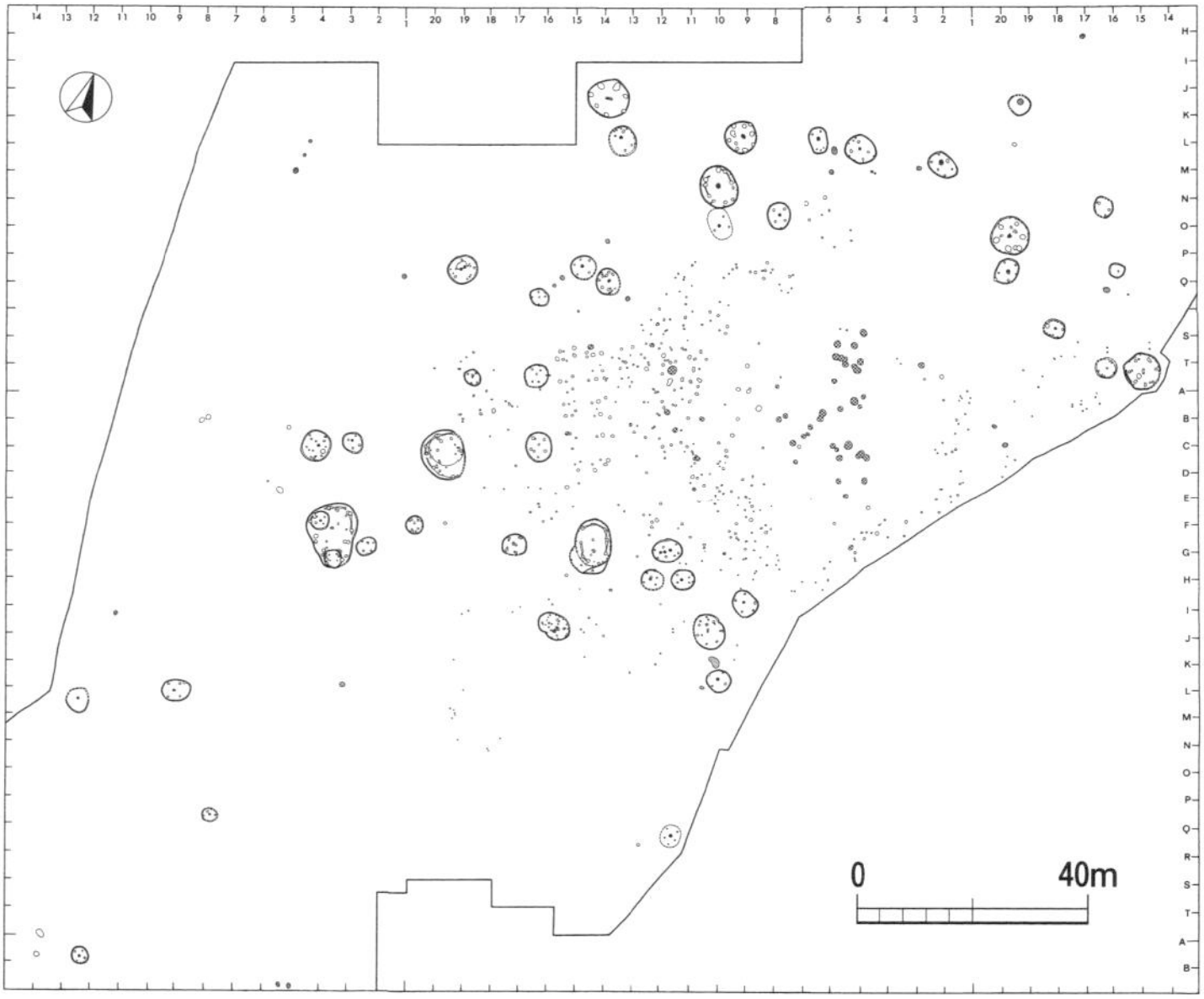

図1　東京都八王子市神谷原遺跡
集落の中央広場につくられた中期の墓地。

墓の占地場所と形態　縄文時代前期後半（約六〇〇〇年前）以降、集落内の一定の場所に継続的な墓地がつくられることが多くなる。それまで小規模かつ短期的な墓地が一般的であった状況からの大きな変化であったといえよう。縄文時代における集落では、前期後半以降、移動的な生活よりも定住的な生活が普遍化するようになっており、このような生活様式の変化が、墓地のあり方に大きく関係していたようである。

定住的な生活では、広場を中心とした集落づくりが一般的で、住居は中央広場を取り囲むようにつくられ、墓地はこの中央広場や住居の近く、または、使われなくなった住居の跡

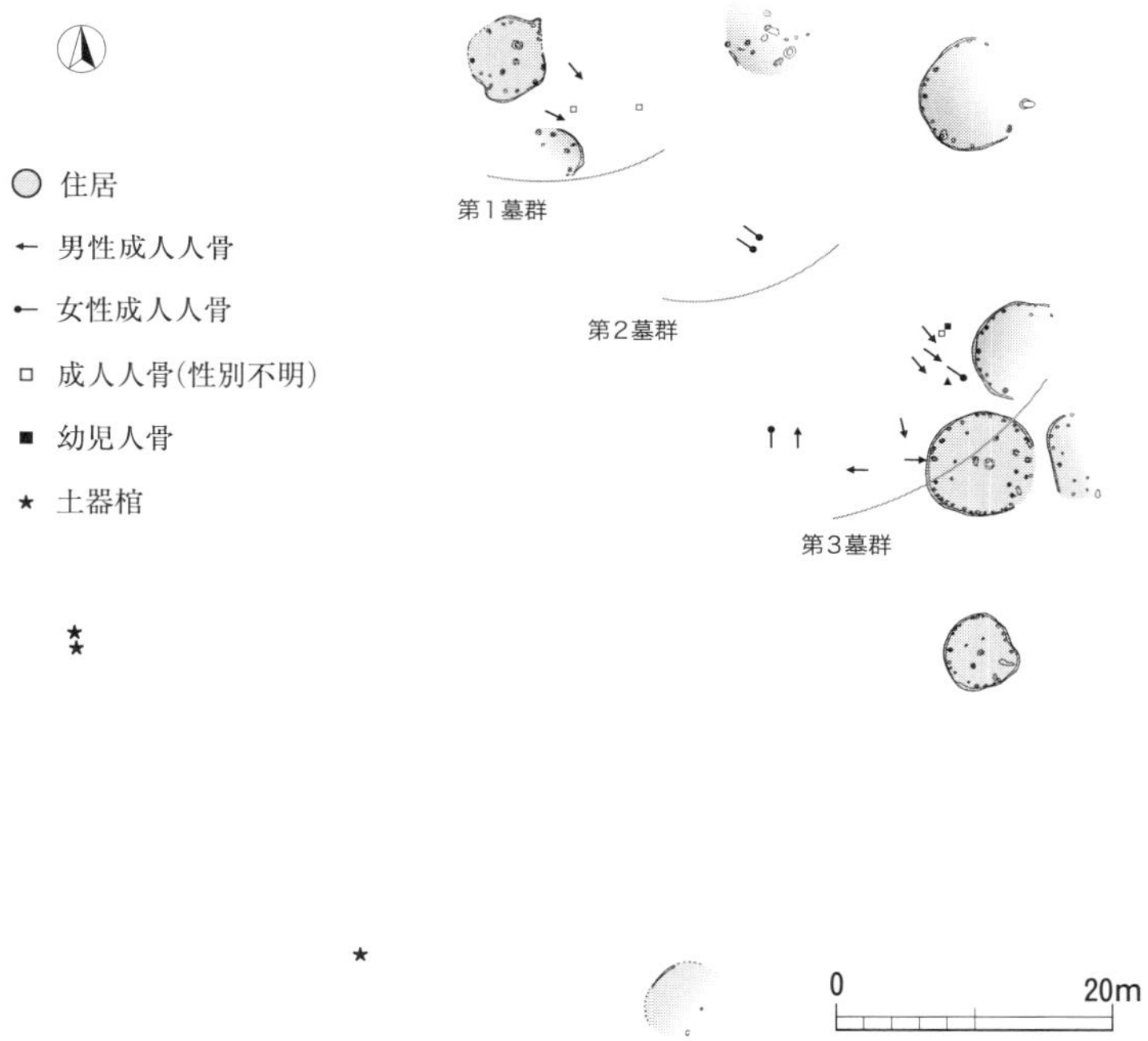

図2　千葉県松戸市貝の花貝塚
集落内に個別につくられた後期の墓地。

地などにつくられていることが多い。ただ、関東地方南部の例をみてみると、そのあり方は一律ではなく、東京都・神奈川県域と千葉県域では、様相が異なっている（図1・2）。前者では、前期後半以降、中央広場すなわち共有の場での墓地形成が一般的で、後者では、集落の中でも個別的な場である住居付近や使われなくなった住居の跡地に墓地がつくられることが多い。

共有の場に設けられた墓地は、中期後半（約五〇〇〇年前）以降、墓地内における構成単位が明確になってくる

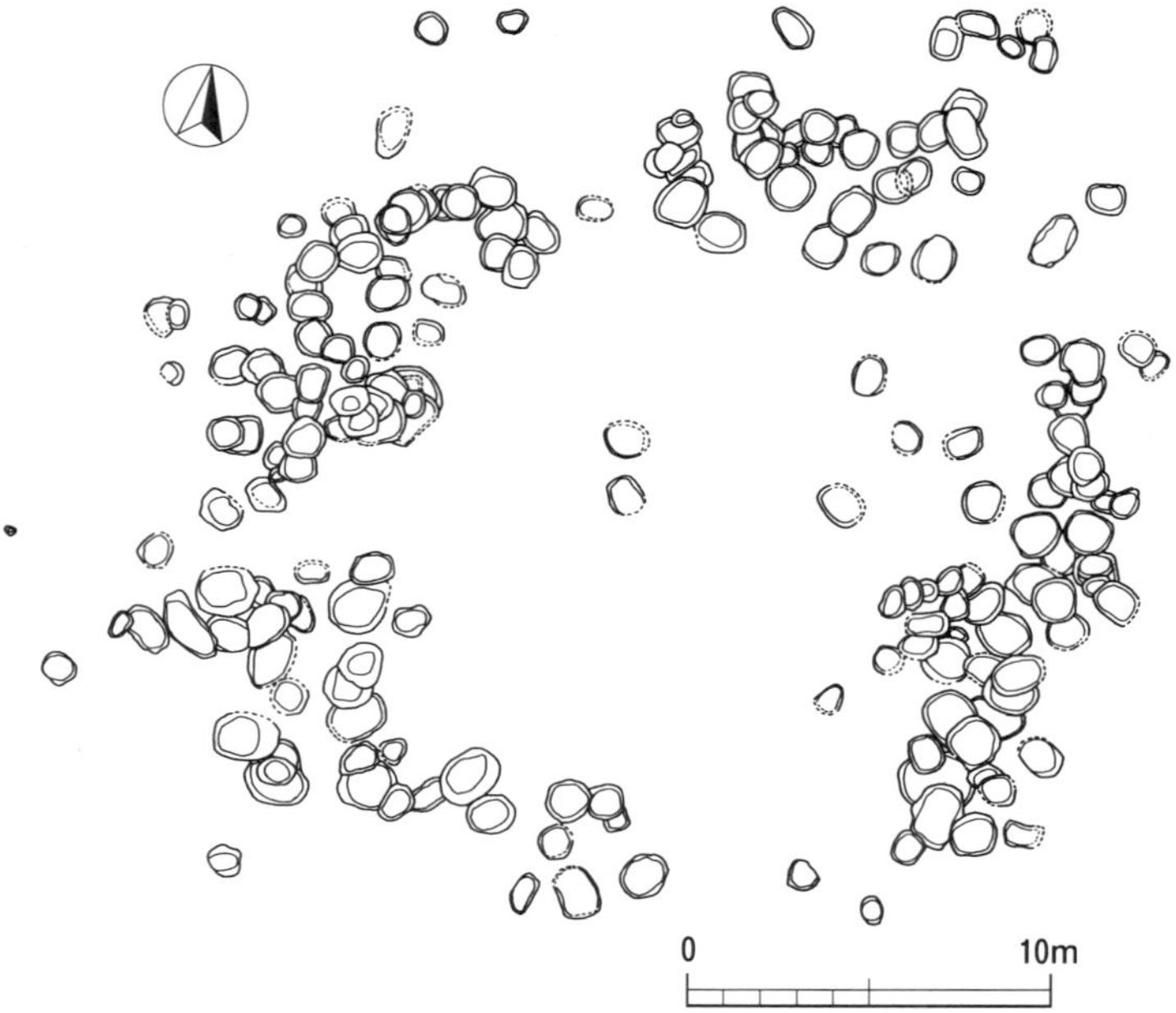

図3　四単位で構成されている環状墓群（多摩ニュータウンNo.107遺跡）

（図3）。これらの単位は、墓地全体を二つに分けるものであったり、二分された単位をさらに区分する単位であったりする。墓地の中で埋葬される場所は、当時の社会組織内の集団単位などを反映した規制により決められていたと考えられ、最近の研究では、墓地から読み取れた区分単位に対する解釈として、出自、世帯、クラン、リネージ、双分組織などの概念を用いながら、当時の社会組織へのアプローチが試みられている。

　墓地は集落の中だけでなく、外につくられる場合もある。東京都多摩市多摩ニュータウンNo.753遺跡などが好例で、前期後半につくられた一一基の土坑墓がまとまって発見されている。付近からはこの土坑墓群を取り囲むように五ヵ所の遺物集中区が検出されているのみで、居住施設は見つかっていない。周辺には当該期の小規模集落が点在しており、本遺跡の土坑群は、これらの居住集団に関わる集落外墓地であったと思われる。

では、墓地にはどのような墓がつくられていたのであろうか。全国的には、土坑墓《どこうぼ》と呼ばれる墓が、草創期（約一万五〇〇〇〜一万二〇〇〇年前）から晩期（約三二〇〇〜二三〇〇年前）にかけて一般的で、これは遺体を素掘りの穴に埋葬するものである。この他に、土坑墓の上面に石を並べる配石墓《はいせきぼ》や石で棺状の埋葬施設を構築する石棺墓《せっかんぼ》、土器を乳児用の棺として用いる例などがある。また、日常生活に用いられていた施設が、墓として使われることもある。竪穴住居《たてあなじゅうきょ》がその代表的な例で廃屋墓《はいおくぼ》と呼ばれている。廃屋墓は、東京湾東岸における中期（約五五〇〇〜四四〇〇年前）の貝塚で発見例が多い。遺体は、使われなくなった竪穴住居の床面や覆土《ふくど》中に一体のみ埋葬されている場合が、半数強を占めているが（山本　一九八五）、複数埋葬されている例の中には、千葉県市原市草刈《くさかり》貝塚例のように多数の遺体が埋葬されている場合もある。多遺体埋葬の場合、住居の柱部分を避けるように遺体が配置されており、遺体安置時に住居の上屋《うわや》は残っていた可能性が高い（高橋　一九九一）。

この他、木の実などの貯蔵用の穴が、墓に転用されることもある。また、早期（約一万一五〇〇〜七〇〇〇年前）においては、居住の場として使われた洞穴《どうけつ》（洞窟《どうくつ》や岩陰《いわかげ》）が、長野県栃原岩陰《とちはらいわかげ》遺跡や愛媛県上黒岩《かみくろいわ》遺跡のように墓地として使われている例もある。

特異な墓地形態としては、後期後葉（約三五〇〇〜三二〇〇年前）に北海道の石狩《いしかり》低地南部において集中して発見されている周堤墓《しゅうていぼ》がある。これは、円形の竪穴を掘り、掘削時に生じた土を周囲に土手状に盛り上げて周堤を築き、通常、竪穴内に土坑墓がつくられている。墓地を構築する際に、盛土《もりど》造成などの土木作業が伴っているという点で、きわめて珍しい例であり、最も規模の大きい千歳市キウス周堤墓群第2号は、外径七五メートル、内径三二メートル、竪穴の底面から周堤の頂部まで五・四メートルもある。

埋葬姿勢　縄文時代には、死者を土葬により葬ることが一般的に行われていたが、どのような姿勢で安置していたのであろうか。出土人骨の全国集成を行った山田康弘（山田　二〇〇八）の検討によると、全国的には、「肘関節、腰、膝関節の角度の変遷をみると、早期の段階ではいずれも強く屈曲したものが主となるが、時期が新しくなるにしたがって、次第に各関節が伸展していく傾向がうかがえる。その伸展化が極大を迎えるのが後期（約四四〇〇～三二〇〇年前）であり、晩期になると再び屈曲の度合いが強くなる」と指摘されている。通時的に屈葬《くっそう》が一般的であるが、徐々に伸展葬《しんてんそう》例が増加し、晩期になると、再び屈葬の割合が増える傾向にあるようである。

いずれの姿勢にしても、腕や脚の曲げ方などによりバラエティーに富んだ姿勢を認めることができ、一遺跡における同一時期でもけして一律でないことが多い。たとえば、長野県東筑摩郡北村《きたむら》遺跡（図4）では、約三〇〇体分もの縄文時代後期前葉から中葉の人骨が発見されており、姿勢がわかる人骨は一一七体ある。屈葬が大半を占めており、その姿勢を詳しく見てみると、まず、大きく仰臥《ぎょうが》（仰向け）、伏臥《ふくが》（うつぶせ）、側臥《そくが》（横向け）の三つに分けることができ、伏臥は一例だけで、主体は仰臥である。脚部についても腿が胸に付くほどきつく折り曲げるもの、膝を九〇度ほど曲げるもの、曲げ

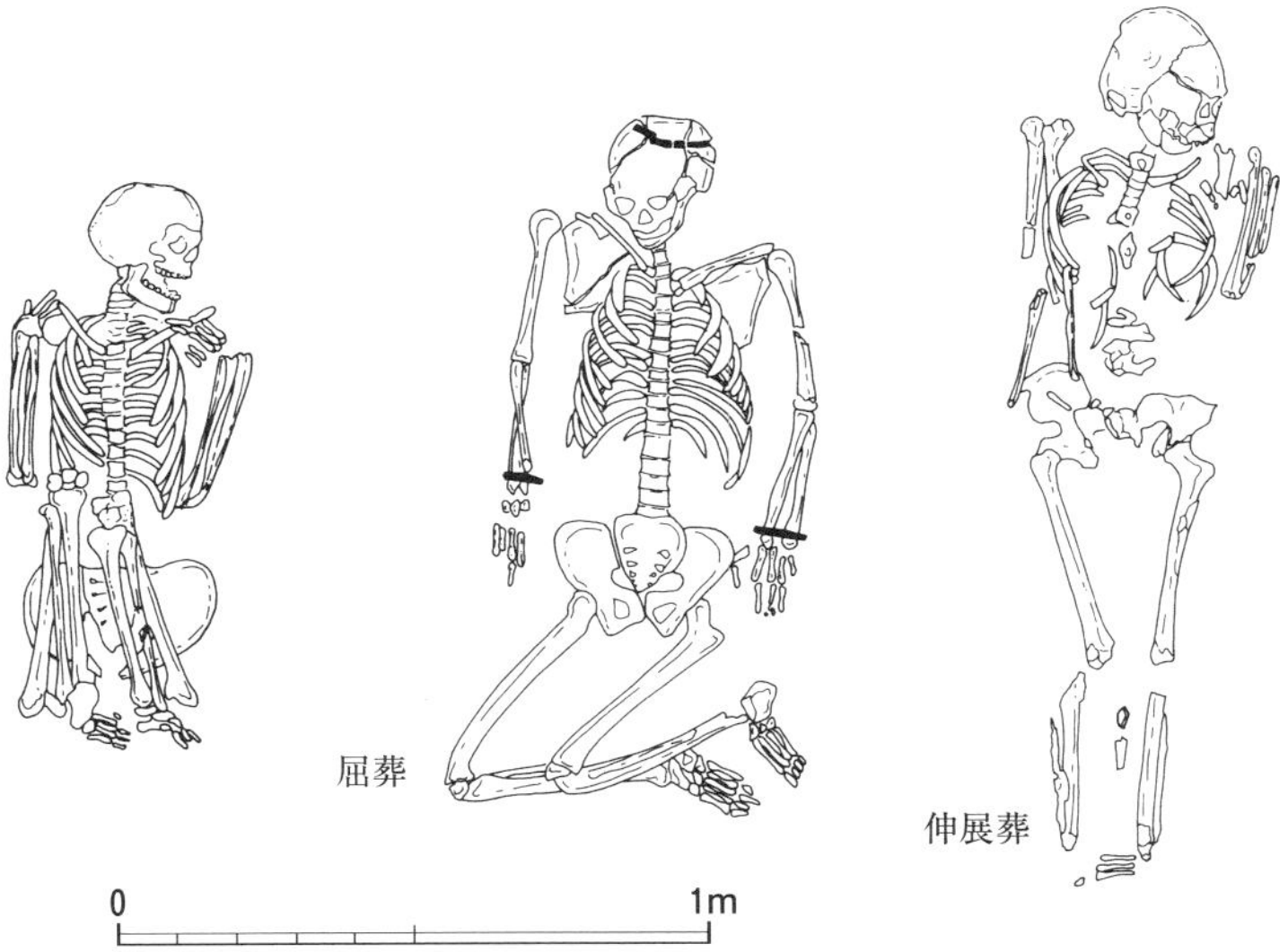

図４　北村遺跡にみる埋葬姿勢

て膝を立てるもの、曲げて膝を寝かすものなどバラエティーが多い。これらに腕の曲げ方のバラエティーを加え、北村遺跡では、多数のタイプの姿勢が確認されている。このように多様性のある埋葬姿勢がどのような理由により選択されていたか興味深い。北村遺跡では、後期前葉から中葉に、顔の向きが左右を向くものが増え、男性は左、女性は右が多い。膝を曲げてどちらかに倒す例は、四十歳以上の女性に多く、膝を曲げて立てている例は、四十歳以上の男性に多いようである。また、この時期には、膝が胸に付くほど曲げた姿勢の例も増えるようである（平林　一九九三）。ただ、このような性別・年齢別・時期別の区分原理が、普遍的なものかどうか、また、その観念的な背景の解明については、今後の検討を要する。

副葬品　副葬行為自体は、草創期から確認することができるが、縄文時代を通じて時期差、地域差があり、一般的には副葬品や装身具が、墓もしくは人骨に伴っていない場合の方が多い。具体的に関東地方南西部における中期の事例をみてみよう。中期前半の勝坂《かつさか》式期にみられる副葬品としては、土器・打製石器《だせいせっき》・石匙《いしさじ》・石製品などがあるが、その副葬率は遺跡間で格差が大きい。代表的な例をあげれば、東京都八王子市神谷原《かみやはら》遺跡は六四基中二六基（四一％）、東京都稲城《いなぎ》市多摩《たま》ニュータウン№471遺跡は四六基中七基（一五％）、神奈川県横浜市前高山《まえたかやま》遺跡は二四基中一基（四％）となっている。ただ、勝坂式期の古段階には、大型の粗製石匙が副葬される例が一般的にあり、普遍的な副葬行為として認識できる事例もある。中期後半の加曽利《かそり》E式期には土器・土製円板・打製石斧《せきふ》・磨石《すりいし》・石皿《いしざら》・石製垂飾《すいしょく》・石棒などの副葬品がみられ、中期前半同様、遺跡間で副葬率の格差が大きい。比較的副葬率の高い遺跡としては、東京都立川市向郷《むかいごう》遺跡や東京都八王子市多摩ニュータウン№107遺跡があり、加曽利E式期の後半には二〇％程である。中期全般にわたって遺跡間における格差が大きいことから、この地域では副葬行為自体が、いまだ体系的な制度として確立されていなかった可能性が高い。

副葬例として興味深い事例としては、新潟県佐渡市堂ノ《どうの》貝塚で発見された中期の屈葬人骨の頭部右脇に副葬されていた一三点の石鏃《せきぞく》や北海道富良野市無頭《ずなし》川遺跡の晩期の墓坑から発見された三三一点の石鏃などがあり、これらは、被葬者の生前の立場などを強く反映した副葬例といえるだろう。

葬送の方法　縄文時代を通じて、どの地域でも遺体を一度の埋葬により、葬送する方法が一般的である。当然、遺体の埋葬時、もしくは、その前後に何らかの儀礼的行為が執行されていた可能性が考えられるが、それを直接的に確認できるような考古学的な事例は少ない。北海道恵庭市の柏木《かしわぎ》B遺跡などの周堤墓では、供献的な性格をもっていたと考えられる土器（注口土器、壺、鉢など）が墓坑上面付近から出土しており、同様に墓坑の上面付近から土器類が出土している例としては、石川県北中条遺跡などがある。柏木B遺跡の周堤墓では、墓坑底面や覆土中層もしくは墓坑上面から散布されたベンガラが見つかることもあり、それぞれの場所に一回ずつ、計三回散布する場合もある。また、向郷遺跡では、墓坑の底面付近から大量の小礫が出土し、覆土中から焼土粒や炭化物粒が出土する例もある。このような例は、埋葬中もしくは埋葬後に執行された儀礼的な行為に伴う考古学的な遺物・痕跡と考えられ、埋葬に伴う葬送行為を復元するための数少ない手掛かりである。

後期以降になると、再葬などによる二次葬の確認例が増えてくる。これは、人骨を再葬する形で認められる場合が多く、関東地方東部の後期においては、多数の人骨を同一墓坑に埋葬する例がある。千葉県市川市権現原貝塚（図5）では、二一ヵ所の墓坑群に一次埋葬された一八体の遺体が、掘り起こされて同一墓坑に再葬された例が確認されているし、茨城県取手市中妻《なかづま》貝塚（図6）では、一〇五体もの人骨が同一墓坑に再葬されており、出土した人骨の頭部は空洞であったことから、一次葬が風葬《ふうそう》であった可能性（西本　一九九五）や洗骨《せんこつ》の可能性（高橋　一九九九）が指摘されている。同一墓坑に多数の人骨が再葬される例は、岩手県二戸市上里《うわざと》遺跡・福島県相馬郡三貫地《さんがんち》貝塚・愛知県田原市伊川《いかわ》津《づ》貝塚でも発見されているが、関東地方東部で発見例が多く、千葉県船橋市宮本台《みやもとだい》貝塚のように解剖学的な位置を保った人骨が多く確認できる例と中妻貝塚のようにほとんど保っていない例がある。こ

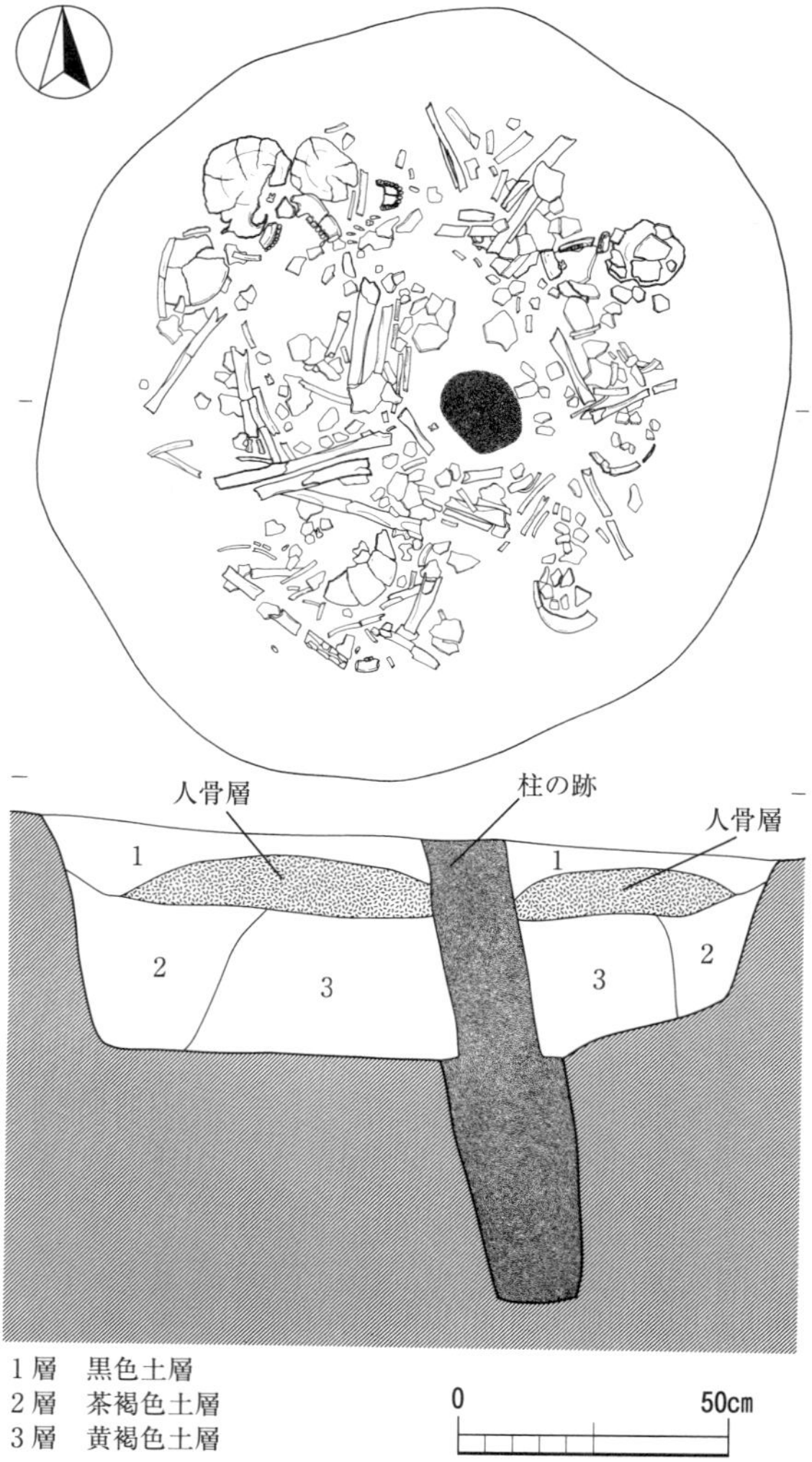

図5　多遺体埋葬（権現原貝塚）

のことから、前者を追葬《ついそう》による形成、後者をこれの改葬《かいそう》による再葬墓《さいそうぼ》と考え、両者を一連の葬送行為の中で把握する見方もある（菅谷　二〇〇七）。

東北地方北部を中心とした地域の後期には、人骨を土器の中に納めて埋葬する再葬土器棺墓がある。

同一墓坑内に一基の土器棺が納められる場合と複数の土器棺が納められる場合があり、土器棺は、単体の場合は正位（底を下にしておいた状態）もしくは逆位（底を上にして逆さにしておいた状態）に埋葬され、複数の土器を組み合わせたり、他の土器を蓋として被せる例などがある。青森県三戸郡薬師前《やくしまえ》遺跡は、同一墓坑に三基の土器棺が埋葬されている例（図7）で、1号土器棺は、大型の壺の胴下半部に人骨を納め、逆位にした深鉢形土器をこれに被せていた。2号土器棺は、1号と同様、壺の胴下半部に人骨を納めているが、被せている土器は、1号と異なり、二重になっている。最初に被せているのは、1号土器棺の壺の胴下半部と接合する胴上半部で、その上に小型の壺形土器の胴下半部を蓋として被せている。3号土器棺は、深鉢形土器を逆位に埋めていた。1号と3号からは、人骨も良好に残っていた。それぞれの土器棺からは、一体ずつの人骨が出土しており、蹲踞《そんきょ》の姿勢をとるように人骨が再配置されて納められていた。また、東海地方の晩期において認められる盤状集積も二次的に人骨を再葬したもの

図6　多遺体埋葬（中妻貝塚）

である。

集落内の共同墓地

「墓は、遺体安置と祭場という機能の二重性が存在する」(内堀　一九九四)。死者を葬送する生者にとって、社会的な装置としての役割も墓はもっているわけである。ここでは、環状墓群と呼ばれる縄文時代において特徴的な墓地を手掛かりとして、墓の機能的な側面について考えてみたい。

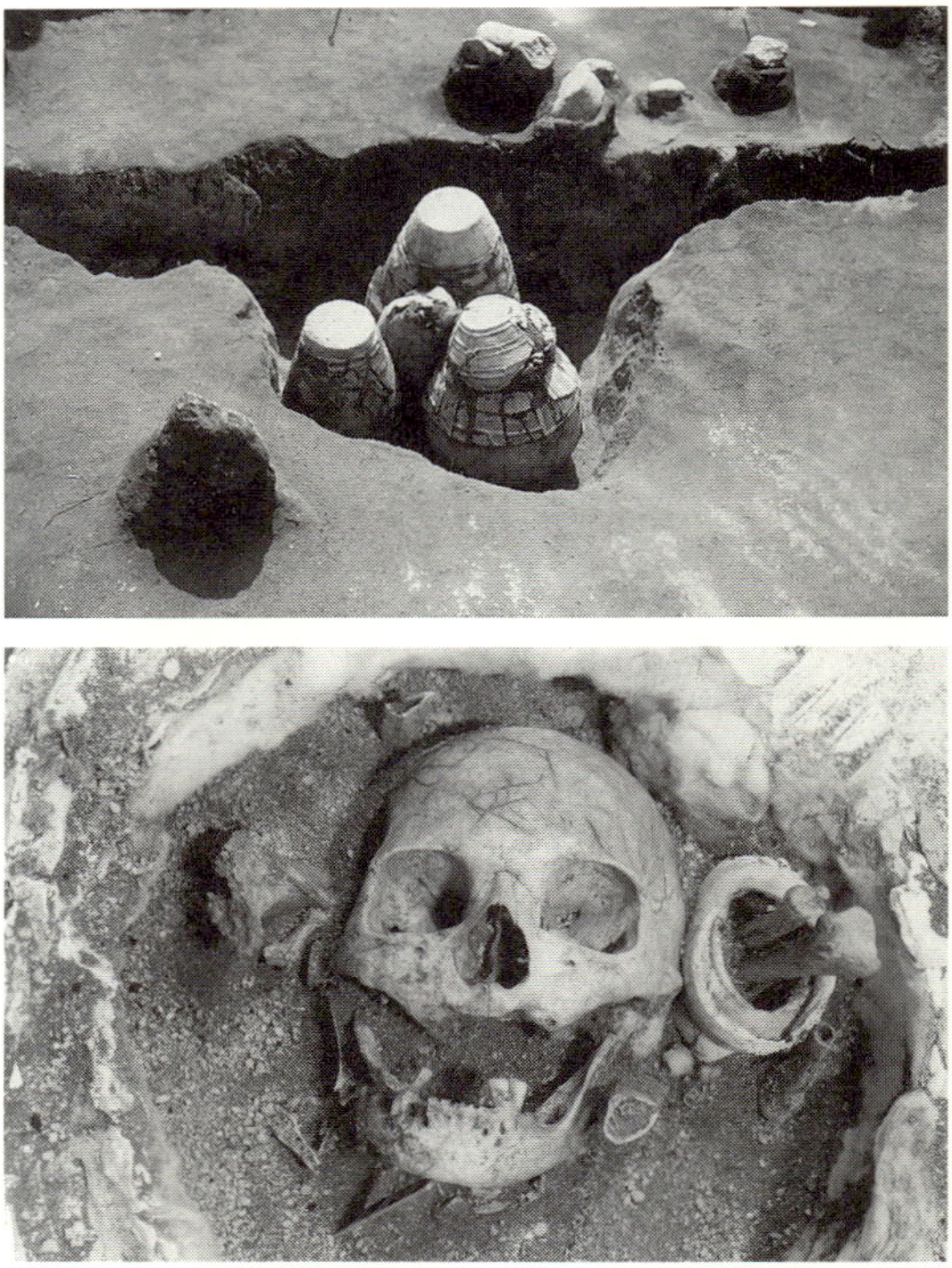

図７　再葬土器棺墓（薬師前遺跡）
人骨写真は一番手前の土器棺内から出土したもの。

環状墓群は、一定の広さがある中央空間を意識し、これを取り囲むように墓がつくられた結果、墓群による環状帯が形成されている墓地で、集落の中央広場に形成されるのが通例である。縄文時代中期から後期にかけての関東地方南西部のほか、東日本各地で確認されており、代表的な遺跡としては、

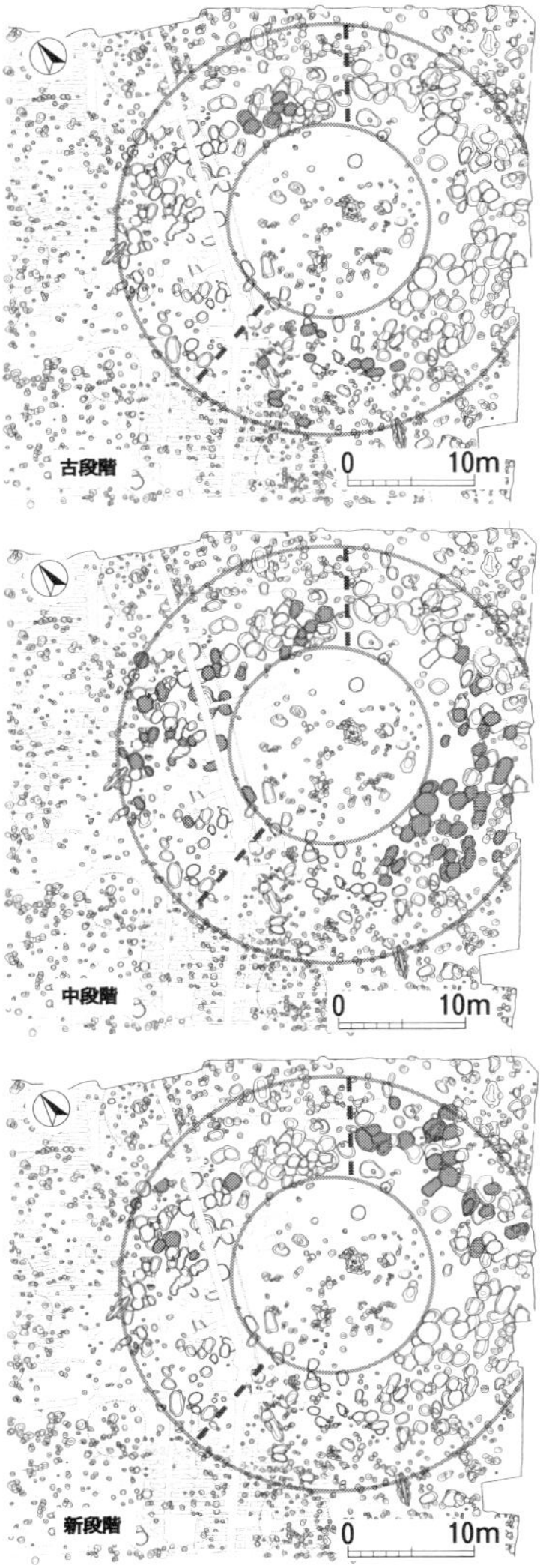

図９　環状墓群の形成過程（向郷遺跡）

図８　環状墓群（西田遺跡）

中期の岩手県紫波郡西田《にしだ》遺跡、向郷遺跡、神奈川県川崎市宮添《みやぞえ》遺跡、後期の青森県上北郡上尾駮《かみおぶち》（2）遺跡、秋田県鹿角《かづの》市大湯《おおゆ》遺跡の万座・野中堂環状列石などがある。墓地の規模は大きく、その構成は、西田遺跡（図8）のように当初から計画的に配置されている場合と、向郷遺跡（図9）のように対峙する二つの墓群が継続的につくられた結果、環状になる場合がある。環状に形成された墓群の内側には一定の広さをもつ空間があり、祭祀の場を伴う墓地形態として理解することが可能である。墓群は、一定の規制に従って構築されており、その規制は、埋葬された集団が属していた社会組織などを反映している場合が多い。埋葬された集団の所属単位や系譜関係の表示が墓地の一機能となっていたのであろう。このように集落を構成する人々の間で共有されている場で埋葬行為が積み重ねて行われ、系譜関係を継続表示する機能は、関東地方南西部の事例を中心にみると、前期中葉から後期にかけての様々な墓地において読み取ることができ、通事的に墓地機能の基盤になっていたと考えられる。

また、多摩ニュータウンNo.107遺跡や宮添遺跡では、集落において居住が行われなくなった後も墓地として引き続き利用されており、すでに埋葬されている集団との諸関係の再生産も墓地機能の一つとして考えることができる（西澤　二〇〇七）。

再葬による墓　一方、関東地方東部では、集落内の共有の場における墓地形成が発達していない。たとえば、中期の千葉県市原市草刈貝塚では、中央広場を囲むように住居がつくられ、その内側には小竪穴が展開している。墓は、使われなくなった竪穴住居につくられた廃屋墓や小竪穴に葬られた土坑墓として、確認することができる。住居や墓は、八つのブロックに分かれるようで、各ブロックに対しては、世帯による個別的な領域単位が想定されており、その単位内でみられる墓地（廃屋墓など）についても個々の世帯と領域に付属する施設で、地縁的なつながりで統合された集団が、個別に墓地を構えていたと考えられている（高橋　二〇〇四）。

集落内におけるこのような空間意識は、同地域における後期においても認めることができる。千葉県松戸市貝《かい》の花《はな》貝塚（図2）や千葉県市原市西広《さいびろ》貝塚では、住居のまとまりに対応する形で、墓地が形成されている。墓地は、住居の構築とともに、集落の中で個別に意識されていた空間に形成されていると考えられ、この個別単位には住居に住んでいた人々、すなわち、世帯に関わる人々が主体者として関係していたのであろう。

このように集落内で個別形成されている墓地が一般的であるということは、墓地に集落を構成する人々全体に関わるような機能を看取することができないということであり、関東地方南西部における環状墓群が、集落構成員全体に関わるような祭祀的な場としての機能を具備していた状況とは大きく異なる。

ただ、後期以降にみられる再葬については、その一連の行為の中に、複数以上の集団による共同祭祀をうかがわせる事例がある。千葉県市川市にある権現原貝塚をみてみよう（図5）。この貝塚については、渡辺新による詳細な分析がある（渡辺　一九九一）。時期的には、縄文時代中期末〜後期前葉にかけての集落が営まれており、確認されている一九軒の住居のうち、後期以降のものは、中央広場をとり囲むようにつくられている。注目すべきは、中央広場から発見されている再葬墓である。これは、直径約一・一メートル《メートル》、確認面からの深さは約四〇センチ《センチ》の円形の土坑で、土坑内には一八体分の人骨が集積されていた。人骨は、四肢骨が四角に組まれ、四隅に頭骨が置かれていた。土坑中央部には、柱の痕跡が確認されており、土坑を覆うような上屋の支柱跡が想定されている。再葬された人骨の初葬地に関しては、集落内にある二ヵ所の土坑墓群が対応すると考えられており、その理由としては、次の三点が示されている。①土坑覆土の堆積状況が、掘り返して埋め戻した状況になっていること。②再葬された一八体と土坑群の数的規模が同一であること。③2号土坑墓群から出土した歯牙《しが》が、集積された人骨の顎骨《がくこつ》に植立したこと。また、集積された一八体の人骨は、歯の形態的特徴から遺伝的なつながりをもつ二つのグループに分けられることが指摘されており、故地の異なる二つのグループが同一墓坑に再葬されたものと推定されている。権現原貝塚は、一次葬から二次葬までのプロセスや埋葬された集団の血縁関係が復元されたきわめて貴重な事例といえよう。

人骨集積は、「新しく集落を開設するときに、異なる血縁関係者を含む集団が複数集合し、至近距離において共同生活をはじめたときに生じる社会的な緊張を解消するための手段として執り行われた葬送儀礼」（山田　二〇〇八）であり、二つの集団の統合を表象する装置として、再葬後も中央広場において継続的に機能していたと考えられる。ただ、人骨集積を伴う葬送儀礼後の通常時の埋葬は、それぞれの住居域に対応する個別空間で行われており、共有の場である中央広場に共同墓地をつくることはしていない。すなわち、人骨集積は、統合原理を表象するための葬送行為であり、統合関係を維持していくための装置でもあったと思われる。また、通常時の葬送行為は、個別単位の墓地経営が基本であり、世帯としての系譜を同じくする人々により、執り行われていたと考えられる。

もう一例あげておこう。中妻貝塚では、後期前半頃につくられた直径二メートル程の土坑から、成人男性約四〇個体、女性二〇個体、年齢不明及び幼児から青年期までの人骨約四五個体の計一〇五個体が発見された。これらの人骨は、再葬されたものであり、軟部がほとんど腐食した人骨を一時期に再葬したものと考えられている。一〇五個体の人骨のうち、四九個体については、ミトコンドリアDNA分析（以下ではDNA分析と呼称）が試みられており、二九個体でその抽出に成功している。すなわち、九つのハプロタイプ（ミトコンドリアDNAの塩基配列のタイプ）が確認され、一七個体については、同じハプロタイプに属し、半数以上が同一母系集団に属する可能性があることが判明した。また、千葉県茂原市下太田《しもおおだ》貝塚では、中妻貝塚のように人骨を集積した後期の土坑が三基発見されており、そのうちA土坑では四〇体近くの人骨が埋葬されている。DNA分析を試みた結果、一三個体でその抽出に成功し、そのうち七個体が同一のハプロタイプであった。中妻貝塚と同様に母系親族中心の構成であったようである（西本　二〇〇八）。

では、中妻貝塚や下太田貝塚の例も権現原貝塚の例と同じ理由により、執行された再葬なのであろうか。前者の例では、半数以上を占める同じハプロタイプの人以外に異なるハプロタイプの人も含まれており、これにはクランのような集団が関与している可能性が指摘されている（高橋　二〇〇四）。また、小規模な人骨集積の場合は世帯としての系譜を同じくする人々を想定することも可能であろう。

いずれにしても、埋葬されている人々は、共有の系譜を意識した集団であったと思われ、中妻貝塚や下太田貝塚の再葬は、血縁などの系統が異なる人々の統合装置というよりは、むしろ、共有する系譜の維持・再生産をはかるための葬送儀礼として捉えることができるのではないだろうか。

墓地の役割　墓地の機能的な側面について、関東地方南部の事例をふまえながら、まとめてみよう。関東地方南西部では、環状墓群などの集落内墓が系譜関係の認知・再生産の装置として、集落の中で継続的に機能していた。また、集落の統合原理を反映した組織を維持していくため、たとえば互酬的な関係を維持していくためには、葬送行為などの儀礼行為は不可欠であり、環状墓群は、このような儀礼プロセスに適応するための場であるとともに統合原理の表象装置として評価することができよう。

一方、世帯もしくは世帯としての系譜を同じくする人々が埋葬されている個別墓が一般的である関東地方東部などでは、系譜関係の認知・再生産の機能を墓地に読み取ることは可能であるが、集落の統合原理を看取することができる例は少ない。ただ、後期になると、権現原貝塚・中妻貝塚・下太田貝塚などで多くの遺体が同じ土坑に埋葬されている例が発見されており、いずれも再葬に関わる行為に伴って、埋葬された人々に関わる複数の集団が共同で葬送行為に関わっていたと考えられる。権現原貝塚では、集団の統合原理表象のための葬送儀礼として再葬に関わるプロセスを位置付けることができるし、多遺体が埋葬された再葬墓は、埋葬後も集団共有の場で統合原理を表示する機能をもっていた。ただ、個別で共有している系譜の認知・再生産は、統合前と変わらずに、個別単位の墓地がもつ機能であった。

中妻貝塚や下太田貝塚の再葬墓については、葬送行為に関わる集団がもつ共有の系譜を維持・再生産するための葬送儀礼に伴う墓であると考えられる。すなわち、後期以降の社会的変化に伴って、共有の系譜をもつ人々の間の系譜維持・諸関係の再生産に迫られたとき、再葬を伴う葬送儀礼が用意されたと考えられ、多遺体を埋葬する再葬墓には、権現原貝塚の例とは違う側面の背景も存在するようである。

縄文時代の終わり　弥生時代前期から中期における東北地方南部から中部・関東地方にかけての東日本では、再葬墓が顕著にみられるようになる。この弥生再葬墓と呼ばれる葬法の起源は、現段階では、長野県域の再葬墓に求める説（設楽　一九九三）が有力である。当該地域の再葬墓は、中期後半から確認できるが、晩期にいたって、焼人骨葬《しょうじんこつそう》とともに発達する。代表的な晩期の遺跡としては長野県飯田市中村中平《なかむらなかだいら》遺跡や長野県埴科《はにしな》郡保地《ほち》遺跡などがあり、前者では、配石・配石墓・土坑墓などが発見されており、「①死亡→②配石での儀礼→③配石墓での土葬→④遺骨の掘り起こし→⑤焼骨葬→⑥選骨→⑦一部の焼人骨の壺への納入と残余の焼人骨の配石墓への埋納→⑧一部の焼人骨の土坑への埋納」という葬送プロセスが復元されている。このように一次葬の後に骨の選別を行い、部分骨の再葬を経て、残余骨を配石墓や土坑墓などの他所に埋納するプロセスは、基本的に弥生再葬墓と同一で、穿孔《せんこう》人歯骨着装儀礼などもシステム化されることにより、弥生再葬制が確立していったと考えられている（設楽　二〇〇七）。

後期以降に関東地方東部などで顕在化する多数の遺体を集積する再葬は、長野県の北村遺跡でも類似する遺構が確認されており、晩期再葬はこのような基盤上に、焼人骨葬などの葬送行為を加えながら、より複雑に発達した制度として捉えることができるのではないだろうか。まさに縄文的な社会の一端を具現化した墓地である環状墓群などが、環状集落の解体に伴って姿を消していく状況とは、相反するあり方を示しているといえよう。

2　弥生時代の葬送と墓

弥生時代の特性　弥生時代には、時期や地域ごとに多様な葬送形態がみられる。たとえば、土坑《どこう》墓《ぼ》・甕棺墓《かめかんぼ》・木棺墓《もっかんぼ》・石棺墓《せっかんぼ》・方形周溝墓《ほうけいしゅうこうぼ》・円形周溝墓《えんけいしゅうこうぼ》・再葬墓《さいそうぼ》・四隅突出型墳丘墓《よすみとっしゅつがたふんきゅうぼ》・台状《だいじょう》墓《ぼ》・貼石《はりいし》墳丘墓などである。

後続する古墳時代には、横穴墓《おうけつぼ》・石棺墓などの一定の地域的墳墓《ふんぼ》様式がみられる以外は、何種類かの墳形の古墳がみられる程度で、弥生時代の墓制に比べて地域ごとのバラエティが少ない。多様な墓制の存在そのものが、埋葬に関する観念や階層関係・集団関係表示に地域性がみられるという弥生時代の社会特性を示していると考えられよう。しかし、一方では埋葬に関わる習俗の差異を越えた弥生社会としての共通性を読み取ることもできる。

それは、いずれの地域でも、多くの場合複数の埋葬や墳墓が集合する集団墓地を形成することである。もちろん埋葬形態の差異の社会的・文化的背景は重要であるが、同時に墓群の形成のあり方から社会のあり方を考えることも可能であろう。ここでは、弥生墓制の多様性と共通性の双方の要素からその社会の特性を説明することを意図して論を進めたい。ただし、すべての種類の墓制を取り上げて論じることは紙幅の都合上難しい。そこで、ここでは、周溝墓・墳丘墓と甕棺墓という弥生時代固有の墓制の性格を中心に論じたい。

周溝墓の特徴　周溝墓の代表例は、方形周溝墓である。一辺六〜二五メートルほどの方形に区画するように幅一〜二メートルの溝を掘り、さらに土盛りして墳丘を築く墓である。昭和三十九年（一九六四）に大場磐雄が東京都宇津木向原《うつきむこうはら》遺跡で調査したものに命名したものだが、それ以前にも各地で性格がつかめないまま確認されていたようである。一九七〇年代以後、近畿地方で埋葬主体の良好に遺存した周溝墓が多数検出されたことや全国で類似遺構《いこう》が多数検出されたことから、弥生時代を代表する墓制として知られるようになった。

方形周溝墓においては墳丘上や周溝内に儀礼に用いた土器を廃棄・埋置したりする痕跡がみられることが多い。こういった事例に関しては、使用状況などをもとに、儀礼に用いられた土器が墳丘の周辺に置かれた（供献《きょうけん》された）結果と考えられている。たとえば田中清美は、打ち欠き・穿孔《せんこう》された供献土器は、葬送儀礼で用いられたものを、儀礼の一回性を重視する観念のもとに、二度と使用できないものにした結果と考えた（田中　一九八五）。また、大庭重信は供献土器に集落出土例では煮沸されることの少ない壺類に少数回だけ煮沸された煤《すす》が付着することを明らかにし、葬送儀礼に伴う調理にもちいられた土器が墳丘周辺に配置されたと考えている（大庭　一九九二）。これらの分析から推測すれば、供献土器の存在は墳丘上で葬送にまつわる供宴などが行われた痕跡と考えられよう。つまり、方形周溝墓はたんに死者を葬る場所を明示したものではなく、その場自体が儀礼のステージだったのである。

周溝墓の最古例は、いまのところ兵庫県尼崎《あまがさき》市の東武庫《ひがしむこ》遺跡の弥生時代前期後葉の方形周溝墓群である。この最古例の段階から単独墓ではなく群集し、なおかつ規模や埋葬主体数に墳丘ごとの差異がある状況が報告されている。つまり、方形周溝墓はたんなる方形の墳墓・葬送儀礼施設として築造されたのではなく、当初から集団墓・共同墓地形成の一形態として出発していることがわかる。

この状態は、弥生中期前半に近畿・東海・北陸南部という広い範囲で方形周溝墓がみられるようになる時期にも同様で、中期後半に関東地方にまで分布が広がっても基本的属性には変化がない。墓の形状だけではなく、集団墓地としての性格が方形周溝墓の本質であることが看取できる。さらに、多数埋葬のみられる墳丘では、小児棺が多くみられることから一墳丘内に埋葬される人物たちは親族・血縁関係にあった可能性が指摘されている（藤井　二〇〇一・二〇〇九）。つまり、方形周溝墓は親族集団の形成する集団墓という性格をもっていた可能性が高い。なお、弥生中期前半の中・四国地域や後期の近畿西部には、円形周溝墓がみられるが、類似した性格のものと考えたい。

また、群集形態には、いくつかのパターンがみられる。まず、複数の墳丘で周溝を共有する平面形状のものやそうでないもの。また、群を形成する際に、列状の単位が看取できる場合と集塊状をなすものなどがある。ただ、方形周溝墓制発展の核の一つともいえる近畿地方では、列状→集塊状といった変化の方向性がみられる（大庭　二〇〇七）。さらに、時期によって盛行の地域性がみられ、中期後半には近畿～関東地方に広くみられ、集落に付帯して多数の周溝墓が形成される状況が一般化するが、後期には発達の震源地とみられた近畿地方では影をひそめ、東海～関東地方でさかんに形成される。墳丘墓の集合墓地形成という特徴が示す社会状況は列島各地で均質に発達したのではなく、墓制にみられる社会形態の変化には地域差が少なくなかったものとみられる。

この傾向は、埋葬形態そのものにもうかがえる。東大阪市瓜生堂《うりゅうどう》遺跡（図10）を代表例とする洪水砂などに被覆されて墳丘の残存状況の良好な大阪平野中部の方形周溝墓群では、弥生時代中期後半に一つの墳丘に三体を超える多数の木棺墓埋葬がみられるものが周溝墓群の多数を占める例が報告されている。しかし、それ以外の地域では、周溝墓群内で二、三の墳丘のみに多数埋葬が確認されるだけである。藤井整は、多数埋葬に付帯することの多い小児棺の検出状況に注目した。共同体成員に至る前の乳幼児まで埋葬する多数埋葬周溝墓は、他の集団よりも上位にある可能性が高いとする（藤井　二〇〇五・二〇〇七・二〇〇九）。この考えに基づくと、埋葬数差をもつ墳丘を含む墓群は内部に下位集団による階層差を有する集団墓地ということになる。この造墓集団内の階層のあり方に地域差がみられることは、弥生社会の諸地域内の階層関係は一様ではなく、その明示に大きな力を傾ける地域とその傾向が希薄な地域という構造差が存在したとも解釈できよう。

周溝墓群の造墓集団　筆者は、弥生社会の集団構造を類推する上で重要な近畿地方の方形周溝墓群について、その造墓集団の性格つまり居住集団の性格をその立地パターンから考察したことがある

（若林　二〇〇五）。その結果、現状では、方形周溝墓群の周囲に居住域が形成されるパターンには次のような可能性が想定可能であった。

Ⅰ型：各墓群に近接して造墓主体と考えられる居住域が確認される場合。それが径三〇〇《メートル》を超える大規模単位の居住域である場合をⅠ1型、径一〇〇〜二〇〇《メートル》程度の中規模単位の居住域である場合をⅠ2型、径一〇〇《メートル》以下の住居・建物数棟以下の居住域である場合をⅠ3型とする。

Ⅱ型：墓群に近接した領域には、その形成に相関する可能性のある集落が確認されない場合。やや離れた地点の居住域の集団が造墓主体だったことが想定される。

Ⅲ型：墓群に近接して、その形成に関わる可能性のある集団があるが、さらにその周囲に造墓の主体だった可能性のある集団が複数存在する場合。

Ⅳ型：複数の墓群に近接して、それに対応する可能性のある大規模な居住域もしくは中規模居住域の複合体が一つ存在する場合。

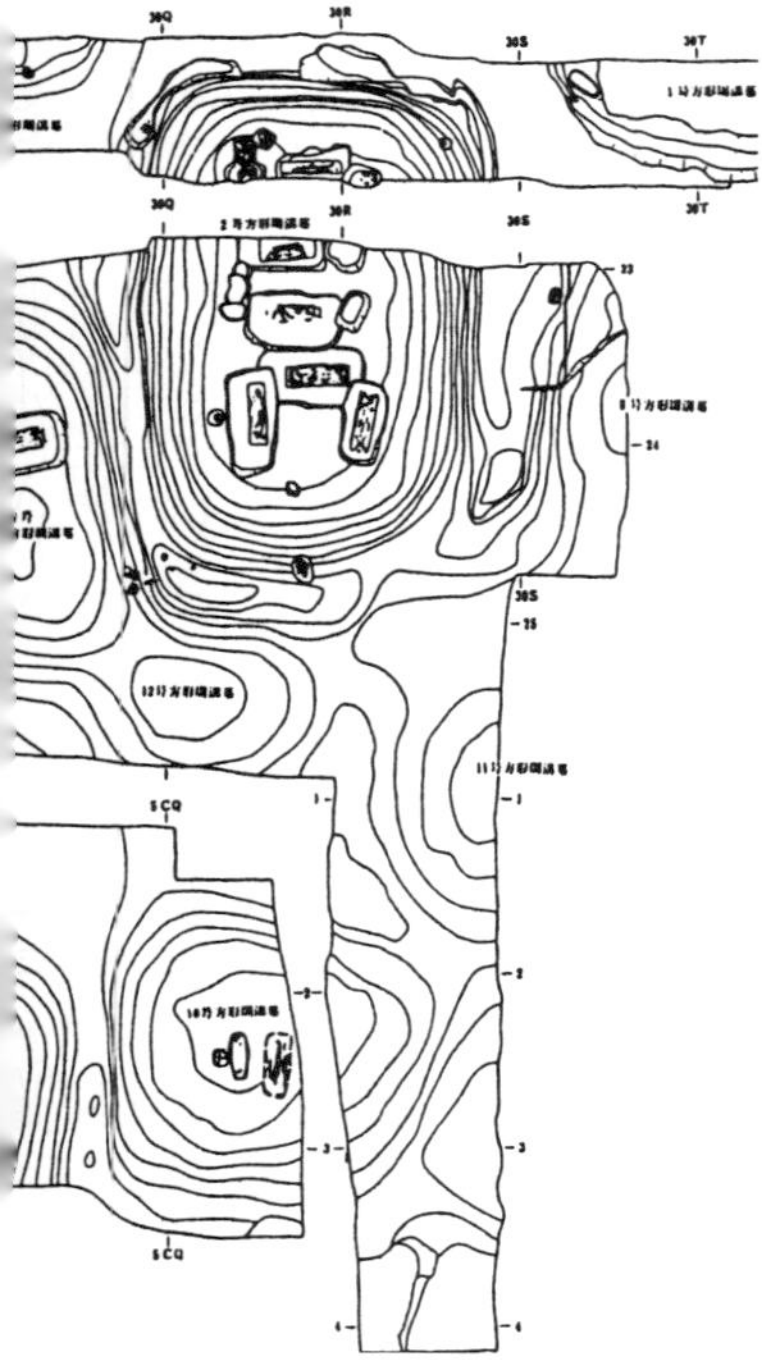

詳述すると、Ⅰ1型パターンの造墓集団の実質的規模・性格については、それまで「拠点集落」と呼ばれていたものの居住域全体を指す。Ⅰ

２型の造墓集団の実質的規模・性格については、筆者が従前に「基礎集団」（若林二〇〇一）とした、その内部にさらに下位の集団を含む中規模の居住集団（建物一〇～一五棟程度）が想定される。Ｉ３型の造墓集団の実質的規模・性格については、過去に「単位集団」（近藤　一九八二）・「世帯共同体」（都出一九八九）と呼ばれた内容が想定される。

　近畿地方の各地域においては、墓群―集落形成パターンの諸類型の発現について以下の五点が確認できる。

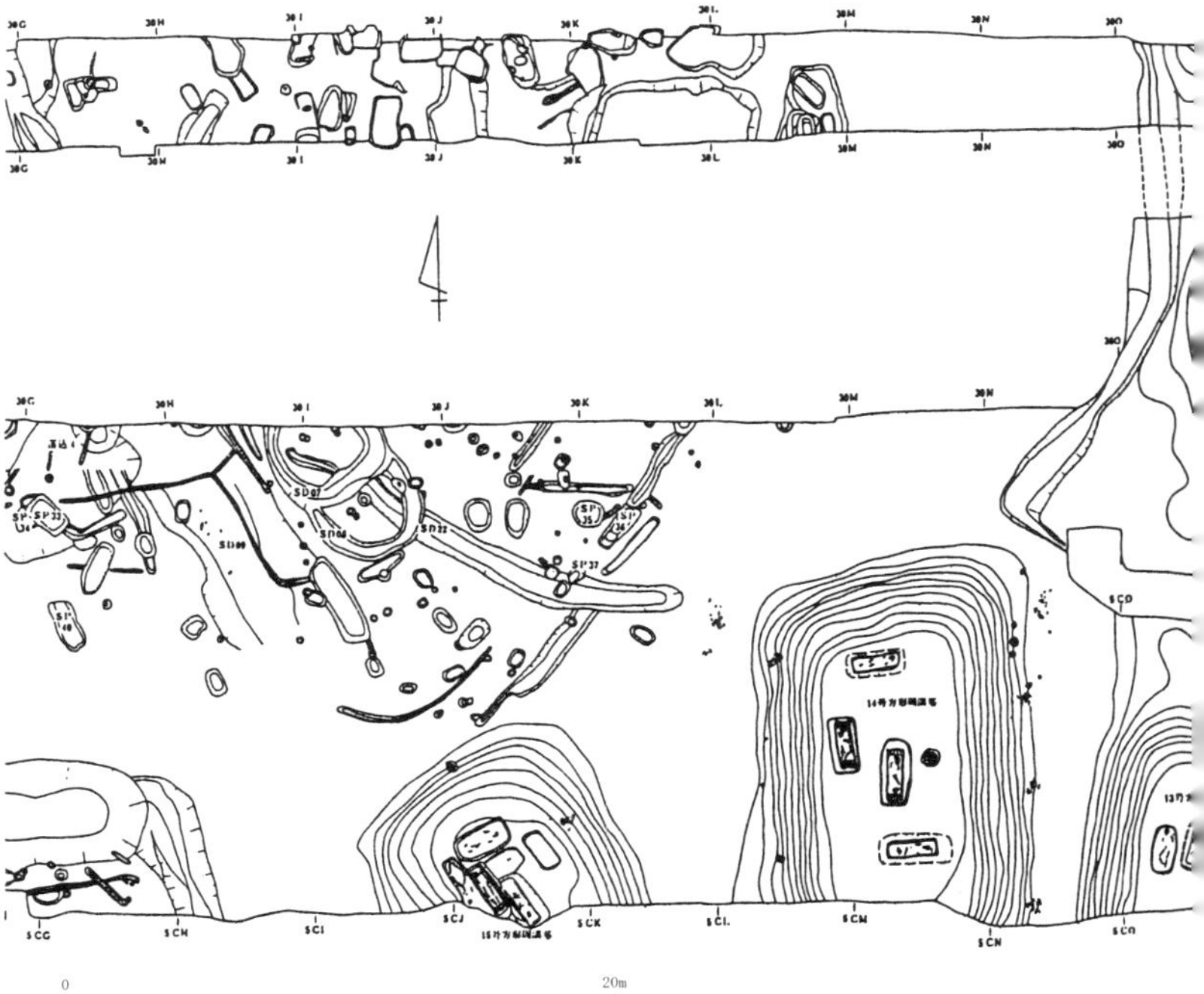

図10　瓜生堂遺跡の方形周溝墓群

①Ⅰ1型の存在は確定しにくい。
②多くの例はⅠ2型である。
③Ⅰ3型が、近畿地方にはみあたらない。
④Ⅲ・Ⅳ型の遺跡形成は明確ではないが、琵琶湖南岸部にⅢ型が、奈良盆地にⅡ・Ⅳ型が存在した可能性がある。

このうち、①〜③の事実からは、方形周溝墓群形成の母体となる集団の性格が浮かび上がってくる。③の事実つまり、単位集団がつくる小規模墓群といった遺跡形成パターンが確認できないことからは、方形周溝墓が中規模以上の集団が形成する埋葬形態であったことが明確である。つまり、単位集団・世帯共同体とよばれる理念上の最小経営単位が独立的に居住集団を形成している場合ではなく、最小規模共同体がさらに複合した規模の人間集団において方形周溝墓制が必要とされたことになる。その集団規模も、①②の事実が示すように、建物一〇〜二〇棟規模の居住集団、つまり筆者のいう基礎集団が一つの墓群の母体になっている状態が基本形態だといえる。

さらに、基礎集団が近接分布して形成される複合型集落の領域では、特に造墓活動が活発になる傾向が看取される（若林　二〇〇八）。このことから、基礎集団内部で方形周溝墓に葬られる者とそうでない者の差異、葬られる者の中で個々の帰属集団間にあった階層性などの内的関係が、基礎集団間の社会的競合という外的関係と相関して表示されようとしていたと解釈するべきであろう。

しかし、一辺二〇$\text{}$メートル《メートル》をこえる最大規模の方形周溝墓である大阪市加美《かみ》遺跡Y1号墓（図11）では、一部埋葬主体に木郭や副葬品がみられるなど厚葬《こうそう》傾向がみられるものの多数埋葬原理が貫徹されている。同時に、その造墓形態は卓越した個人墓という方向性は絶対にたどらないことを示している。大庭重信が指摘するように大阪平野の弥生方形周溝墓制の最後を飾る後期前葉の方形周溝墓が多数埋葬の墳

図11　加美遺跡Y1号墳丘墓

丘のみで占められること（大庭　一九九九・二〇〇五）なども同じ脈略での解釈が可能な現象である。

つまり、近畿地方の方形周溝墓制は、集団内の階層化と平準化の二つのベクトルを同時に表示しようとしているようにみえる。そして、それは集団間の競合的関係を背景として進行している。繰り返しになるが、その際の単位となる人間集団とは「基礎集団」と呼ぶべき中規模（住居・建物一〇～一五棟程度の集団）のものと考えたい。さらに、中村大介は、周溝墓群への供献土器などのありようから、各墓域形成集団は離れた遺跡内にある別の集団と出自集団としての共通項が想定しうると考えている（中村　二〇〇七）。つまり、出自集団の分節である基礎集団どうしが、それぞれの居住領域周辺の諸集団間の競合関係を背景に集団内外の系譜関係・階層関係を表示するために周溝墓群が形成されたと考えられる。

また、I2型を機軸とする墓群―居住域形成パターンは、東海地方の朝日《あさひ》遺跡、北陸地方の八日市《ようかいち》地方《じかた》遺跡、南関東の中里《なかざと》遺跡や大塚《おおつか》遺跡～歳勝土《さいかちど》遺跡などにも広く分布がみられる。近畿地方における弥生時代中期における墓群―居住域形成パターンは、地域的な特殊性を反映したものでなく、列島内の基本的なあり方を示していると考えたい。さらに、方形周溝墓だけでなく円形周溝墓群も類似した性格をもつと考えたい。

弥生時代後期の墳丘墓　周溝墓以外の墳丘形態として著名なものに、四隅突出型墳丘墓が挙げられる。方形墳丘墓の四隅が突出した形態の大型墳丘墓で、その突出部に葺石《ふきいし》や小石を施す。最古例は弥生中期後半の中国地方山間部に確認され、弥生後期に山陰地方に広くみられる墳丘墓となる。北陸でも弥生時代末からみられるようになる。墳丘墓側面には貼り石をめぐらす特徴は、後代の古墳の葺石にも類似している。実際に、山陰地方特に出雲地域では古墳時代前期前半期にも継続して四隅突出型墳丘墓が造営されている。貼石・突出部という属性は、墳丘の概観とともに、主たる葬送儀礼の場である墳丘上へ上る道筋が強調される墓の形態とも考えられ、前方後円墳・前方後方墳との共通性を読み取ることもできよう。副葬品として鉄製品などがみられることも古墳との共通性である。出雲市西谷墳墓群（図12）では、鉄器・玉類の副葬や朱の塗布などを用いた主体部が大型四隅突出墳丘墓（図13）にみられる。ここでは、階層表示への指向が明確にみとめられる。一方で、複数埋葬という周溝墓上位階層と共通する要素も無視できない。

四隅突出型墳丘墓も複数の埋葬主体をもつ例が多くみられるだけでなく、仲仙寺《ちゅうせんじ》墳墓群のように複数墳墓が近接して形成されるという特徴ももっている。これらは周溝墓の特性と共通する点である。また四隅突出型墳丘墓だけでなく、方型を基調とする他形態の墳墓とともに墓群を形成する。しかし、丘陵上に築かれることが多いせいか、造営母体となる居住集団が近接して確認できない例が多く、先述のような基礎集団と周溝墓群の強い関係のようなものを読み取ることは難しい。ただ、鳥取県妻木《むき》晩田《ばんだ》遺跡群では、尾根上に複数の基礎集団が展開する中に、一つの尾根にだけ多数の四隅突出型墳丘墓を中心とした群が形成される例がみられることから、先述の周溝墓の形成パターンでいえばⅡ・Ⅲ型の墓域形成パターンが主体となるのかもしれない。いずれにしても、単位集団的な小規模集団だけに付帯する造墓形態はみられず、やはり一定規模の集団統合という状況のもとに形成される葬送形態

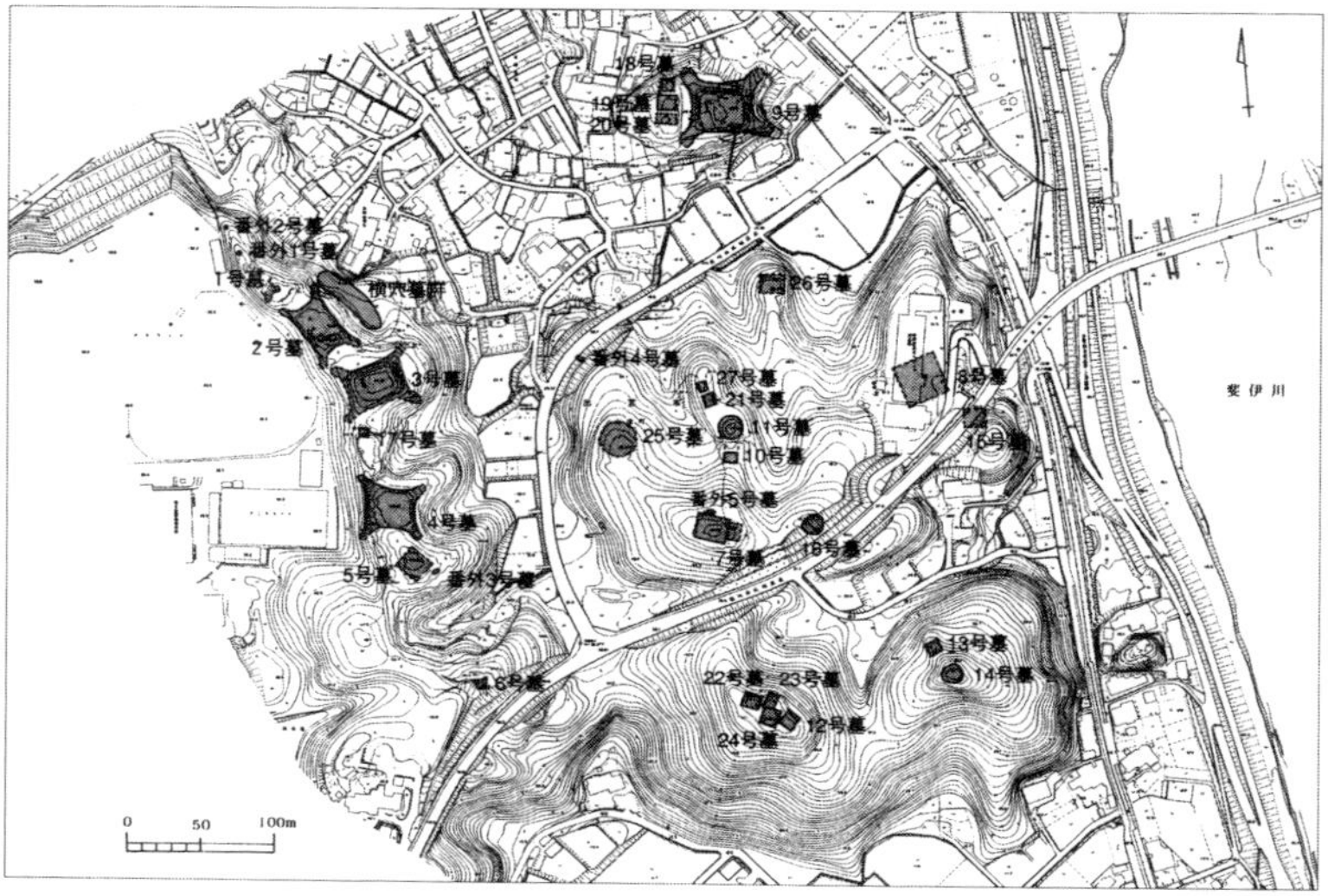

図12　西谷墳墓群

図13　西谷３号墳の復元模型

と考えることができよう。

また、弥生時代後期の近畿地方北部には、台状墓といわれる丘陵尾根を切り出して卓台状の埋葬施設を多数形成する例が多くみられる。個々の台状墓にはその裾部も含め、複数の埋葬主体がみられる例がほとんどであり、周溝墓と共通する属性がみられる。しかし、台状墓においては、与謝野町大風呂南墳墓群などのように、中心埋葬に剣などの鉄製品複数に加えガラス製釧などを副葬するものがみられる。墳丘規模などだけでなく埋葬主体や副葬品によって階層差を表現する指向などは、周溝墓に比べて高いといえよう。墓孔やその周囲で埋葬儀礼に伴い破砕された土器片がばらまかれるなどの習俗がみられる。これは、埋葬時に儀礼の関わる道具が破壊されて、一部が副葬されたことを示している。こういった葬送行為は、周溝墓との違いも示している。墓の形や特殊副葬品だけでなく、儀礼の過程も周溝墓とは異なっているのであろう。

また、厳密には台状墓とはいえないが、弥生時代後期末の丹後地方で検出された、京丹後《きょうたんご》市赤坂《あかさか》今井《いまい》墳丘墓（図14）は一辺三五メートルを超える墳丘をもつ大規模な墳墓で、一六基もの埋葬主体をもつ。船形《ふながた》木棺による中心的な埋葬主体には、鉄剣・ヤリガンナや多数の玉類が副葬されていた。近畿地方北部の弥生後期には、周溝墓とは異質の葬送儀礼や古墳とも関連する造墓・葬送形態がみられ始めることは注目される。ただし、それらの中でも、大規模墳丘をもつ周溝墓と同様に、一墳墓多数埋葬という原理はみられ、弥生時代通有の集団墓の枠組みの中で、様々な変異がみられるととらえるべきであろう。

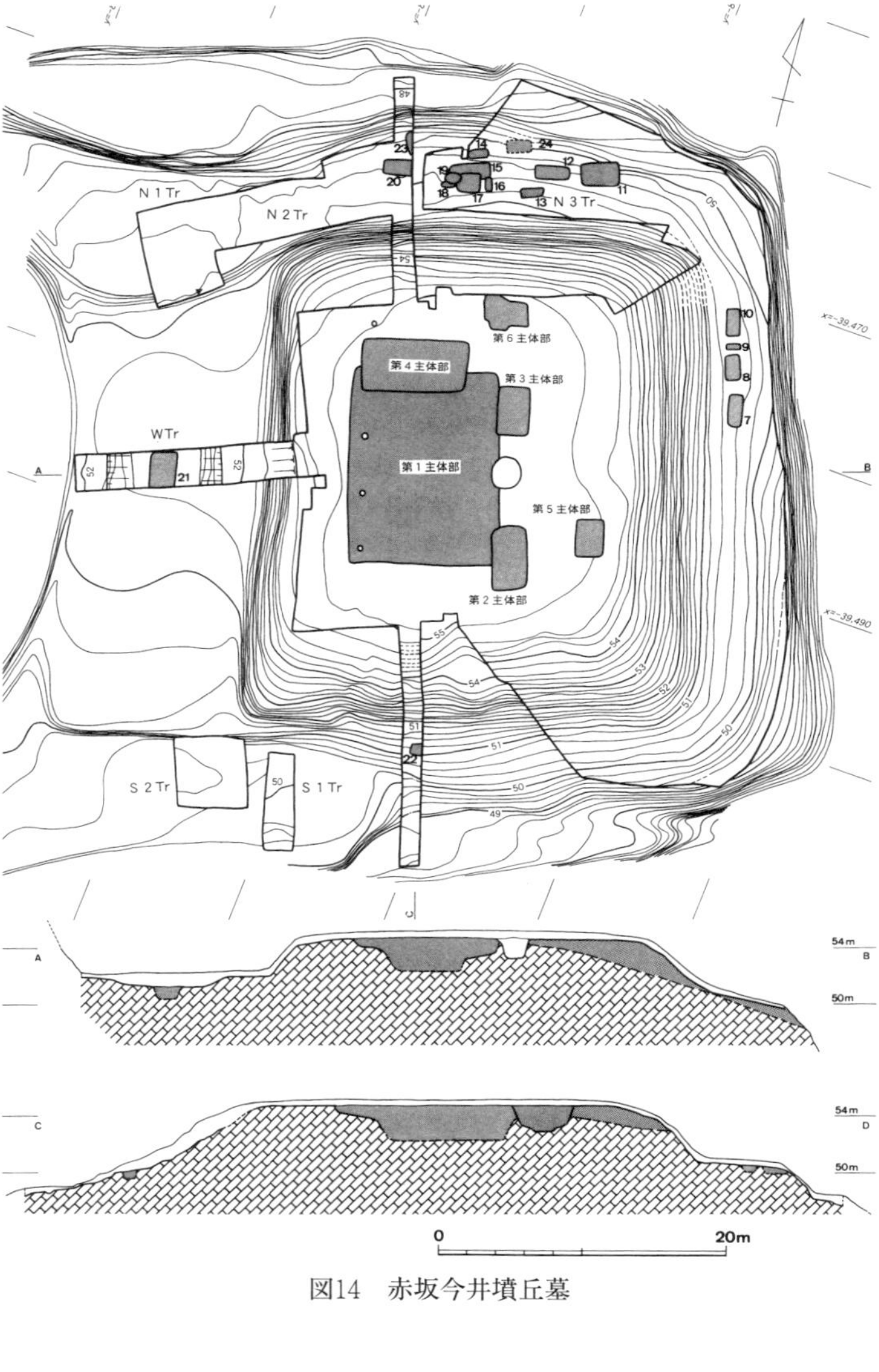
N 1 Tr
N 2 Tr
N 3 Tr
WTr
S 2 Tr
S 1 Tr
第1主体部
第2主体部
第3主体部
第4主体部
第5主体部
第6主体部
A
B
C
D
54m
50m
0
20m

図14　赤坂今井墳丘墓

こういった古墳につながる要素をもつ墳墓の最たるものは、岡山県倉敷市で発掘された楯築《たてつき》墳丘墓であろう。弥生時代終末期の所産ともいわれるこの墳墓は、直径約四五メートル、高さ約五メートルの円丘《えんきゅう》の両側に方形の張り出しをもち、全長約八〇メートルもある双方中円墳の形をしている。また、兵庫県揖保川町養久山5号墳も突出部を二つもっている。これらの突出部は墳丘へ向かって葬列が通る「道」ともいわれ、前方後円墳・前方後方墳への過渡的な墳丘形態ともいわれる。ただし、この墳丘についても、中心埋葬とは別に複数の埋葬があることに注目する指摘（松木　二〇一〇）があり、赤坂今井墳墓や西谷墳墓群と同様の性格をもつとも考えられる。

いずれにしても、山陰地方の四隅突出型墳丘墓、近畿地方北部の台状墓、山陽地方にみられる楯築型墳丘墓については、いずれも周囲の造墓集団との関係性はあまり明確ではない。その点で周溝墓群との性格上の差異があるのか否かは今後の課題といえよう。

北部九州における甕棺墓制　甕棺墓は埋葬専用の大型土器棺を用いた葬制で、弥生時代前期〜中期の北部九州で非常に顕著にみられる。主として福岡平野・糸島半島周辺をはじめとする玄界灘《げんかいなだ》周辺地域と佐賀平野などに分布していた。弥生時代後期から衰退し、末期にはほとんどみられなくなる。

甕棺墓については長い研究史があるが、最も注目されてきたのは、その一部に中国製青銅器《せいどうき》などを棺内に副葬する厚葬墓がみられることである。特に著名なのは、前原市三雲《みくも》南小路遺跡1・2号墓・春日市須玖岡本《すくおかもと》遺跡D地点出土甕棺墓・飯塚市立岩遺跡10号甕棺などであり、前漢・後漢の銅鏡やガラス製品が副葬されている。これらは、「国」の王墓ともいわれている。中園聡や寺沢薫は、こういった中国王朝からの下賜品を副葬するもの、国産青銅器のみを副葬するもの、副葬品をもたないものなどという分類をもとに被葬者間に細かな階層原理がみられることを明らかにしている（中園　二〇〇四、寺沢　一九九〇・二〇〇〇）。甕棺墓を階層表示のための葬制とみる視点である。さらに、こういった厚葬墓の中には墳丘上に複数造墓される例もみられることが指摘されている。

一方、墓地や集落の構造から甕棺墓制の特質を説明する研究もある。中期前半には二列に甕棺が並ぶ墓地形態（図15・16）が多くみられるが、中期後半以後には集塊状に形成される例（図17）が多い。溝口孝司は、前者については墓道の左右に埋葬が累積した結果と考え、後者については前代の甕棺下部に次々に後代の甕棺底部を差し込むように埋葬が累積した結果と考えた（溝口　一九九五・一九九九・二〇〇八）。つまり、葬送行為の共同性が強く表現された埋葬形態から、特定個人への系列性を誇示する墓制へと甕棺墓地の性格が変化していったことを示した。さらに、集落と甕棺墓地との配置関係について小澤佳憲も、須玖岡本遺跡などの分析を精力的に行った（小澤　二〇〇〇・二〇〇八）。溝口と小澤は中・小規模の居住集団ごとに甕棺墓地が形成されると同時に、複数の集団が共有する墓地が形成されそこに厚葬墓などがみられることを指摘している。溝口・小澤は居住集団ごとの墓を出自集団・ソダリティ（社縁集団）の分節集団成員の墓地と考え、諸集団が共有する墓地を出自集団の代表者の墓地と考えた。

このように、甕棺墓制は副葬品だけでなく墓地の形成過程などから、北部九州の弥生社会の特質を考える上で重要な素材となっている。単純に階層を想定するだけでなく、社会全体でどのような集団

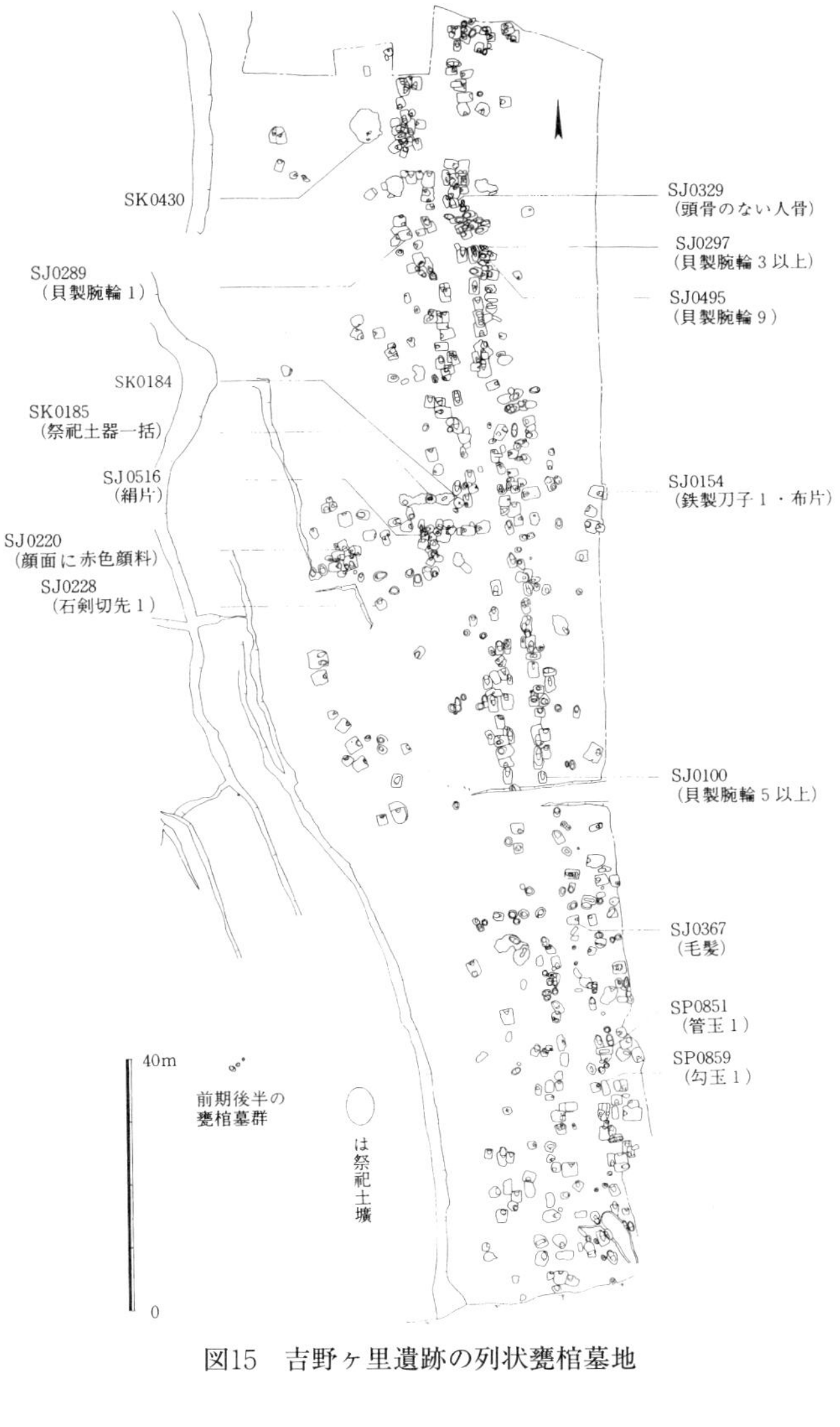

図15　吉野ヶ里遺跡の列状甕棺墓地

図16　吉野ヶ里遺跡列状甕棺墓地

形成が考えられるのかに議論は及んでいる。

墓制からみた弥生社会　「弥生時代の墓地は何のためにあったのか?」についての答えは、現代人の視点によって変化する。墳丘や副葬品の目立ち始める弥生時代の墓は、古墳を生み出すプロセスとしてのみ取り上げられがちである。個人を表示するための道具としての墓の発展途上形態として弥生墓制を評価する姿勢である。しかし、上記で紹介した近年の研究では別の見方が主体となってきている。

周溝墓の周囲において葬送供宴で用いた土器をおく習俗、台状墓埋葬主体への破砕土器の副葬、列状配置の甕棺墓群における墓道での葬列行為を強く意識した墓の形成過程は、埋葬者の階層よりも具体的な葬送行為への着目により明らかにされてきた。溝口孝司は「葬送コミュニケーション」と称して、その変質過程を弥生社会・文化を読み解く上で重視している（溝口　一九九五・一九九九・二〇〇八）。

さらに集落と墓の関係に注目すると、集落を形成する集団内外の複雑な関係を表示する機能を読み取ることが可能である。つまり、個人の死だけでは造墓の動機にはならない。ある個人の死をめぐる人間関係の不安定化・変質に対応する集団行動こそが、地面に痕跡を残す墓制のレーゾンデートルなのである。上記のような周溝墓・甕棺墓という良好なデータの蓄積のある墓制については、一定規模以上に複合した居住集団内外の関係性を保持・再生産するための特性を強くもっていることがわかる。

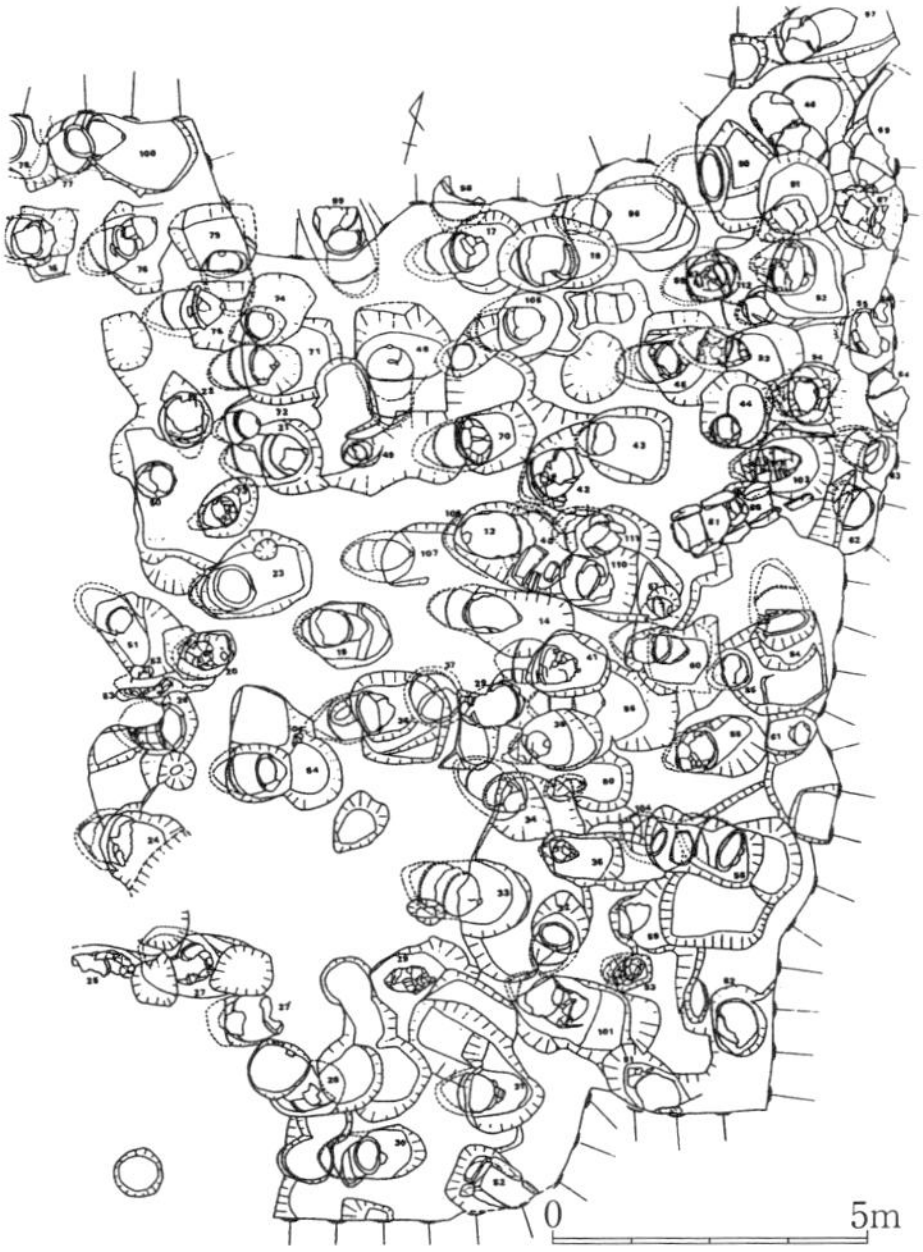
図17　道上山遺跡の集塊状の甕棺墓群

しかし、そのために弥生人の行った方策に列島規模の共通性は弱い。周溝墓では居住集団諸系の代表者の表示は明確でないが、甕棺墓では複数の系列の代表者の墓域が認められる。造墓原理の基本構造には共通性は認められるものの、社会と造墓の展開形態は同じではない。また、それ以外でも列島規模で地域ごとに墓制は異なり表現形態に差異がある。方形周溝墓は比較的普遍性のある墓制のようであったが、その発達時期は地域によって異なる。北部九州の甕棺墓制は、現在の研究によれば、もっとも繊細な社会関係表示法のようにもみえるが、その適応領域は著しく小さい。

紀元前一世紀から紀元後一世紀は、『漢書《かんじょ》』『後漢書《ごかんじょ》』に一定の広がりをもった「倭人《わじん》」が描写された時期ではある。考古学的には「倭人」が自分の帰属する個々の居住集団内外の関係性確認を墓制に表現しようとする傾向を強めていたという共通性は列島規模で広く認められる。しかし、地域性の少ない葬送祭式が広い範囲で採用された古墳時代に比べて、列島全体としての共通した社会・文化行動は希薄にみえる。二世紀以前の倭人とはいったいどのような人的まとまりと考えられるのだろうか。墓地をめぐる研究者ごとの視点の差異は、弥生墓制への評価という形で、「倭人とは何か」を占うリトマス試験紙となっている。

3　古墳時代

古墳とは何か　わが国の考古学上の時代区分として、三世紀後半から七世紀前半までの時期を「古墳時代」と名づけている。この時代名の曖昧さを嫌い、文献史学的な色彩の強い「大和時代」を使用したり、特徴的な古墳の墳形を名祖《なおや》とする「前方後円墳《ぜんぽうこうえんふん》時代」の名称が提唱されることもあるけれども、それらも「古墳時代」に替わるものにはならなかった。

ただ、古墳時代を論ずるならば、まず「古墳とは何か」ということを考えねばならない。これについては、大きく分けてふたつの考え方がある。ひとつは、「古墳」という用語を普通名詞的に「高い墳丘《ふんきゅう》を持った墓」という意味でとらえる見方である。早く八木奘三郎・中沢澄男は「古墳とは遺体及び副葬品を地平上に置き之《これ》を土若《も》しくは石にて覆ひ高く小丘《しょうきゅう》の如《ごと》く盛り上げたる古代の墳墓《ふんぼ》」（中沢・八木　一九〇六）、高橋健自は「高く著しい墳丘を以《もっ》て造営された上代《じょうだい》の墳墓」（高橋　一九二四）と述べているのである。

一方、「古墳」という用語を限定的にとらえ、日本の特定の時代に造られた特定の形式の墓に限ってそう呼ぼうという考え方がある。この場合、「高い墳丘を持った墓」に対する一般名詞としては「墳丘墓」の語を宛てることになる。こうした定義を高唱した近藤義郎は、前方後円墳出現以降の時代を古墳時代とするとともに、前方後円墳の影響下に成立した盛土《もりつち》墓に限って「古墳」の用語を使い、それ以前の「弥生墳丘墓」と区別することを主張したのである（近藤　一九八五）。また、石野博信は、古墳時代を「墓が単なる埋葬の場にとどまらず、墓において王権継承儀礼が執行されていた時代」「墓を権威の象徴とした時代」と定義し、そうした王権継承儀礼のための「専用の祭具をもち、整備された祭場をもつ墓」が古墳であるとしている（石野　一九九〇）。このふたつの立場のうちのどちらを採るかは研究者それぞれのスタンスに任せられるところであろうが、現在の学界ではどちらかというと「古墳」を限定的に捉える後者の定義を支持する研究者の方が多いように思う。

しかし、たとえば「貝塚」「都市」「住居」「集落」「城」「土器」「陶器」「寺院」などの用語は日本の特定の時代のみならず、世界中のいろいろな地域と時代に普遍的に適用されている。そうした中で、「古墳」という用語だけはわが国の一定の時代のみの独占物にしてしまい、朝鮮半島や中国大陸、さらにはヨーロッパ等に古墳は存在してはならないという定義には強い違和感を感じる。また、「古墳」を日本の一定の時代だけに限ってしまうことも妥当とは思えない。たとえば、奈良県明日香《あすか》村の高松塚《たかまつづか》古墳は近年の研究では八世紀前半の平城京《へいじょうきょう》遷都後に造営された可能性が高くなってきており(白石　二〇〇〇)、古墳の定義を限定的に捉える立場に立つならばこれを「古墳」と呼ぶことはできず、「奈良時代の墳丘墓」と名付けなくてはならないことになる。さらに、前方後円墳の時代を古墳時代とした上で、古墳時代に造られた盛土墓が古墳だと定義することも、一歩間違うと循環論法に陥る危険性を秘めている。事実、纒向《まきむく》型前方後円墳のような初現期の前方後円墳が確認されたことにより、古墳時代の開始の定義そのものも揺らぎつつあるのである。森浩一が「古墳にたいして、大和朝廷との関係で定義づけようとする研究者がいるが、このことの当否は別として考古学の方法としては正しくない」とした上で、「古墳と墳墓と区別する第一の点は、屍処理に必要以上の土地を死者に使わせ、しかもそれを永久に占有させている点」と指摘している(森　一九七〇)ことは重要である。したがって、「古墳」という用語も普通名詞的に捉えた上で、それぞれの地域と時代における古墳の特質を究明する方が、学問の方法論の点でははるかに妥当性が高いのではなかろうか。

このような立場を採るとすると、古墳とは「特定の個人の埋葬を主目的として造られた、高い墳丘を外部主体とした墓のうち、継続的な祭祀《さいし》が断絶したもの」として定義づけるのがふさわしいであろう。「特定の個人」という限定をあえて付け加えるのは、墳丘を共同墓地の墓域とし、その上に等格の複数の埋葬主体を配置した例が弥生時代に見受けられるからである。「高い墳丘」というのがどれくらいの高さを示すものであるかという問題はあるが、視覚的効果を重視するならば、人間の背丈をはるかに越える高さ、と考えておくことはできるであろう。また、墳丘というからには、盛土か、または地形の削り出しによって形を整えることが必要であろう。中国・唐の皇帝陵の多く（太宗《たいそう》の昭陵、高宗《こうそう》の乾陵など）にみられるように、自然の丘陵をそのまま墓としたものは、やはり古墳の部類に入れるわけにはいくまい。中国・寧夏《ねいか》回族自治区に残されている夏（西夏《せいか》）の皇帝陵（「西夏王陵群」）は、一見すると壮大な墳丘を持つ古墳にみえるけれども、実は盛土の上に何重もの屋根を掛け、瓦《かわら》を葺《ふ》いていた建造物であった。つまり、こうした墓の実態は土でできた塔なのであり、これも古墳と呼ぶことはふさわしくない。なお、「継続的な祭祀が断絶」という言葉をあえて挿入したのは、孝明・明治・大正・昭和の各天皇陵やその皇后陵のように、高いマウンドを持つ墓の中にも、造られた時代が新しく、築造から現在にいたるまで絶えることなく祭祀が継続しているものがあり、それらを古墳と呼ぶのには抵抗を覚えるからである。

このようにして定義づけるならば、古墳を古墳時代に造られたものに限定するという考え方からも距離を置くことになる。弥生時代や奈良時代にも古墳が存在してもかまわない。この定義の上での古墳は、岡山県倉敷《くらしき》市楯築《たてつき》遺跡で確認されている墳丘を持つ墓のように、日本では弥生時代後期にはすでに出現しているのである。かつて原田大六は、自らが発掘調査した福岡県糸島市有田平原《ひらばる》遺跡の方《ほう》形周溝墓《けいしゅうこうぼ》（弥生時代後期）の意義を高唱し、それを「弥生古墳」と呼んだ（原田　一九六六）。この提言はその後の学界ではまったく省みられることがなかったし、見上げるほどに高い墳丘を持つわけではない平原遺跡の墓を古墳と呼ぶことは私見とは相違するものの、弥生時代の墓の中に初現的な古墳の姿をみいだすという姿勢自体は再評価するべきではなかろうか。前述した高松塚古墳の場合も、あえて「奈良時代の墳丘墓」などと呼ぶ必要はなく、古墳の範疇に入れておくことに問題はない。

ただし、単に古墳が造られていたということと、その時代を「古墳時代」と名付けるかどうかは自ずから別問題である。日本において古墳は、主として弥生時代後期から奈良時代前期にかけて造られ続けたのであるが、その中で特に、三世紀後半から七世紀前半にかけての時期は、古墳を造営することにいちじるしい社会的意義が認められ、古墳に葬られたような有勢者が社会を主導していった時代であった（川西　一九八八）。これを特にその前後と区別して、「古墳時代」と呼ぶべきであると考える。これを具体的な考古学資料に即して言い直すならば、それ以前の段階とは桁違いの規模を誇る巨大古墳の出現、すなわち全長二八〇㍍《メートル》の定型化した前方後円墳である奈良県桜井《さくらい》市箸墓《はしはか》古墳（箸中《はしなか》山《やま》古墳）の築造が重要なメルクマールとなるであろうし、同古墳の被葬者が活躍していた時期を古墳時代の開始とみるべきであろう。

古墳の発生　墳丘を持つ墓自体は、弥生時代前期から各地において造られていた。佐賀県吉野ヶ里《よしのがり》町の吉野ヶ里遺跡丘陵地区Ｖ区の墓は四〇×二七㍍《メートル》、高さ四・五㍍《メートル》の楕円形の墳丘を持っていた。近畿地方においても、方形周溝墓と呼ばれる墓が普遍的に分布している。方形周溝墓は墳丘が削平されていることが多いが、残存状況の良好な大阪市加美《かみ》遺跡の方形周溝墓は二五×一四メートル、高さ三メートルを測り、当時の方形周溝墓の墳丘規模を類推することができる。また、京都府北部や兵庫県北部においては丘陵頂部に多数の「方形台状墓」が点在している。ただ、これらの事例の場合には、墳丘上に数基から二十数基におよぶ等格の埋葬施設を配置することが普通であり、その点ではこうした墳丘はひとつの墓の本体というよりも共同墓地の墓域という性格が強いとみなさなくてはならず、したがってこれは本章の定義の古墳には含まれない。ただし、これらの墳墓の中には、複数の埋葬主体の中にひときわ巨大なものが含まれる場合があり、こうした事例については初現期の古墳と呼べる可能性がある。

福岡県糸島市三雲南小路《みくもみなみしょうじ》遺跡、同県春日《かすが》市須玖岡本《すくおかもと》遺跡D地点、同県糸島市井原鑓溝《いはらやりみぞ》遺跡、同市有田平原遺跡でそれぞれ確認されている弥生時代中期から後期にかけての墓は、いずれも銅鏡《どうきょう》数十面を副葬しており、北部九州の王墓とみなされるものである（高倉　一九九六）。遺構の詳細が不明な井原鑓溝遺跡を除くと、いずれも小規模な墳丘を持っていたことが推定されている。これらの墓はいまだ見上げるような高さには至っていなかったようであるが、特定個人（三雲南小路遺跡は二基の甕棺《かめかん》を埋納するが、これは夫婦合葬と推定）のための独立墓という点では古墳の先駆として評価することができよう。

特定個人のために大きな墳丘を持つ墓を築く風が現れ始めたのは、弥生時代後期になってのことである。前述したような定義からすると、これらは初現的な古墳と言ってさしつかえない。こうした初現期古墳の特色は、西日本の各地において地域的な差違が著しいという点であろう。吉備《きび》においては、岡山県倉敷市楯築古墳（図18右下）のような、直径四三メートル、高さ五メートルの円形墳丘の前後に方形の突出部を持ち、全長八三メートルにおよぶ巨大な古墳が登場した。特筆されるのは、岡山県総社《そうじゃ》市宮山《みややま》古墳（全長三二メートル、図18左上）のように、明らかに初現期の前方後円墳とみなしうるものが吉備の地域において誕生していることである。同様の傾向は京都府北部の丹後《たんご》地方においてもみられ、京丹後《きょうたんご》市峰山《みねやま》町《ちょう》の赤坂今井《あかさかいまい》古墳（図18左下）のように三九×三六メートル、高さ三メートルを測る方墳が現れる。また、出雲《いずも》を中心とする山陰地方においては、四隅突出形方形墓《よすみとっしゅつがたほうけいぼ》と呼ばれる特異な形態の墓が出現した。これは当初は墳丘高数十センチという「古墳」と呼ぶのにためらいを覚える規模しか持たなかったが、やがて島根県出雲市西谷《にしだに》三号墳（図18右上）のように、五二×四二メートル、高さ三・五メートルを測る堂々とした古墳へと発展していったのである。

さらに、弥生時代終末期（近畿地方の土器様式でいう庄内《しょうない》式の時期）の大和盆地東南部において、寺沢薫が「纒向型前方後円墳」と名づけた古墳が登場する（寺沢 二〇一〇）。そのひとつである奈良県桜井市纒向石塚《いしづか》古墳は、直径六五メートルのややいびつな円形の後円部に短い前方部を付けた、全長九三メートルの前方後円墳である（図19）。同市ホケノ山古墳も石塚古墳に近い形と規模（推定全長約八五メートル）の前方後円墳で、埋葬主体はU字形底の木棺を納めた石囲い木槨《もっかく》（図21）という他に類例をみない特異な構造のものであった。大和盆地東南部の纒向型前方後円墳が、初期ヤマト政権を主導した有勢者たちの奥津城《おくつき》であったことに、疑う余地はない。

大王陵の出現 近畿地方中央部の土器編年でいう庄内式が終わり、布留《ふる》0式と呼ばれる新しい土器

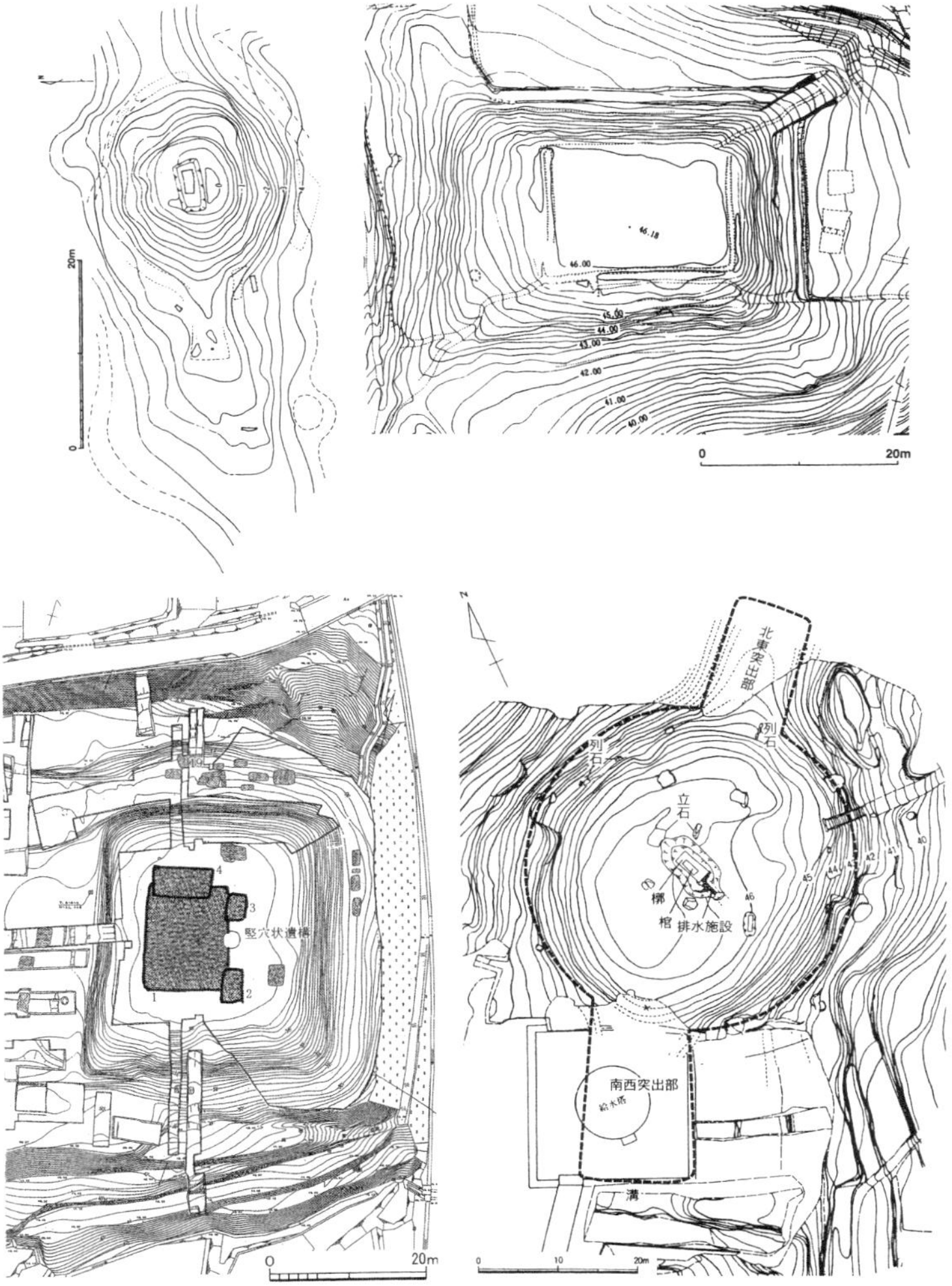

図18　弥生時代後期の古墳

(左上：岡山県宮山古墳，右上：島根県西谷３号墳，左下：京都府赤坂今井古墳，右下：岡山県楯築古墳)

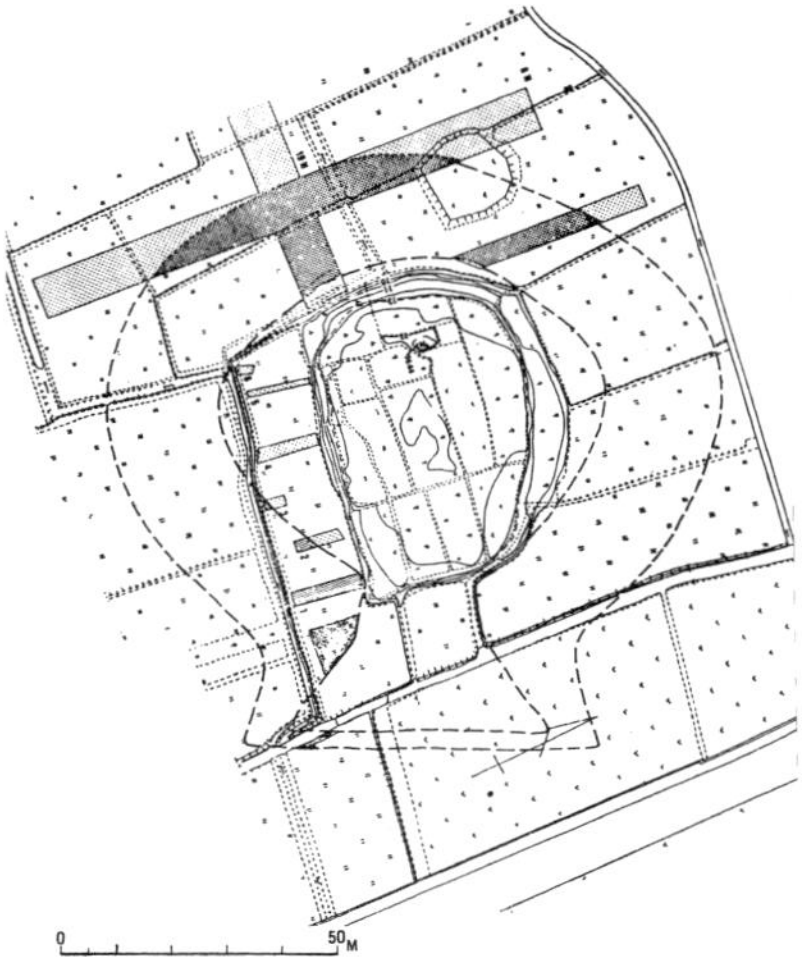

図19　奈良県纒向石塚古墳

様式の時期に入ったとき、大和盆地東南部の纒向遺跡の地に、それまでとは桁違いの規模を誇る古墳が造営された。奈良県桜井市箸墓古墳（箸中山古墳）である。弥生時代後期から終末期にみられた各地の初現期古墳が全長数十《メートル》からせいぜい百《メートル》未満のものであったのに対して、箸墓古墳は全長二八〇《メートル》という巨大さに達したのである。また、それ以前の前方後円墳の平面プランは不整形であったのに対して、箸墓古墳は正円形の後円部に三味線撥形《しゃみせんばちがた》に開く前方部を附設した、整然とした形になっていた（図20）。後円部は五段築成、前方部は四段築成で、斜面には葺石《ふきいし》を敷いていた。さらに、墳丘の周囲には幅の狭い内濠《うちぼり》と大規模な外濠《そとぼり》という二重の周濠《しゅうごう》を巡らしていたようである（寺沢　二〇〇〇）。墳丘の各所からは特殊円筒形器台《とくしゅえんとうけいきだい》と特殊壺《とくしゅつぼ》が採集されており、墳丘にそうした祭祀用の土製品が配されていたことが知られる。

そもそも、前方後円墳という墳形は、吉備でその祖形が成立し、大和に入って整えられたものである。特殊円筒形器台と特殊壺は吉備で成立した古墳の埋葬儀礼に特化した祭祀用具であり、これが後に近畿地方において円筒埴輪《えんとうはにわ》へと発展してゆく。葺石は出雲の四隅突出形方墳や丹後の方形台状墓か

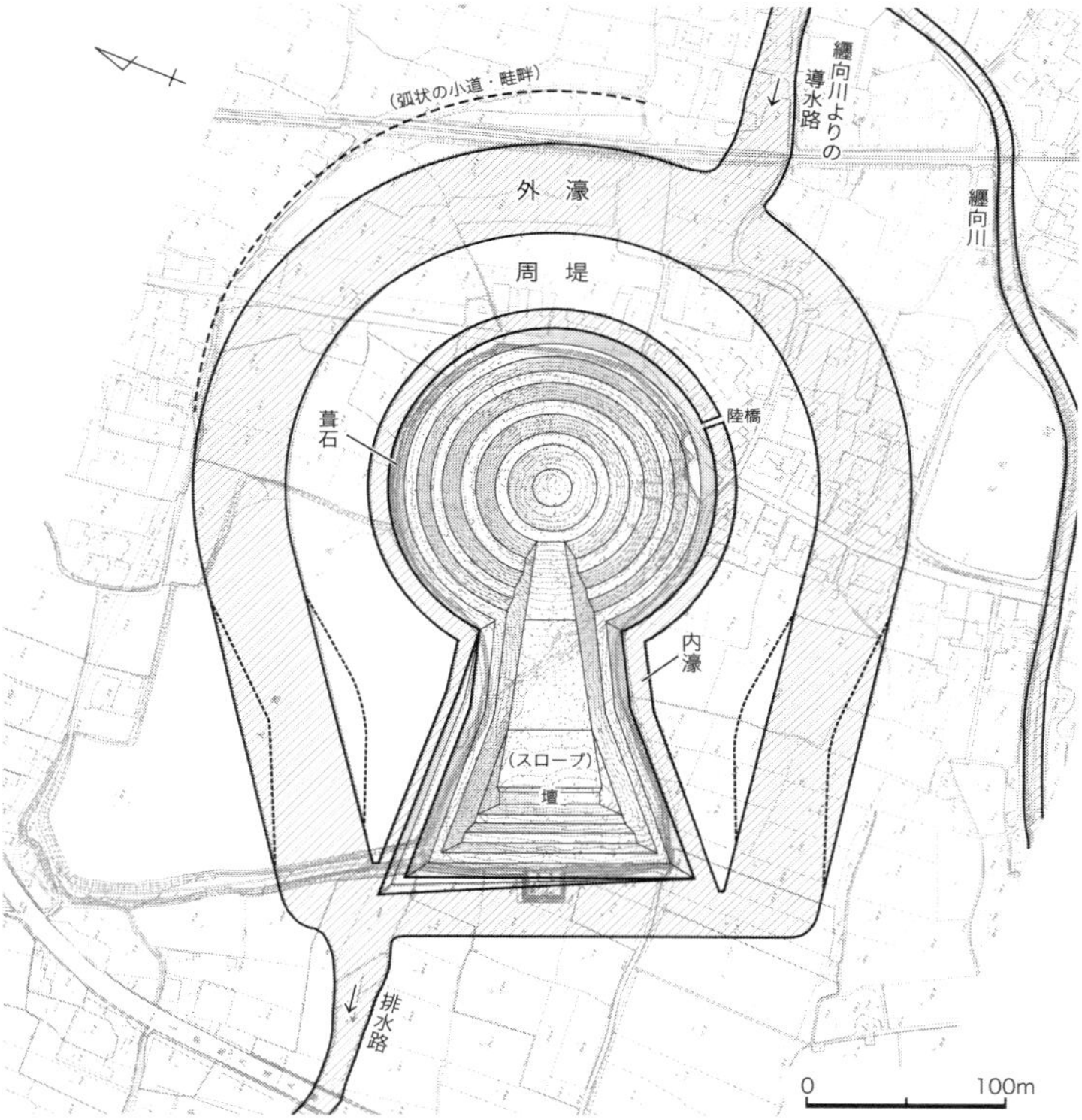

図20　奈良県箸墓古墳（寺沢薫・橋本輝彦説に拠る）

らの系譜を引く要素である。墳丘を階段状に築成する「段築《だんちく》」や、墳丘を取り囲む周濠は、箸墓古墳において始めて登場し、その後の前方後円墳には通例として採用されていく。つまり、大和の人々は箸墓古墳によって、それまでの西日本各地の初現期古墳が持つ要素を集大成し、それに新しい要素を付け加えることによって、その後の時代につながっていく古墳の定式を創り上げたのである。こうした点からいうと、箸墓古墳こそは、まさに「最初の定型化した巨大前方後円墳」の形容にふさわしい。わが国における古墳時代の開始の画期として箸墓古墳を大きなメルクマールと考えるのは、この古墳の被葬者の生前の活動によって、それまでとは格段の飛躍をみた政治勢力が誕生したと推定することができるからである。この政治勢力を「初期ヤマト政権」と呼び、その政権の中心人物を「大王《だいおう》」と呼ぶならば、箸墓古墳こそは初期ヤマト政権の初代大王の墓だったのである。

なお、邪馬台国《やまたいこく》大和説の立場から、箸墓古墳を邪馬台国女王卑弥呼《ひみこ》の墓とみなす研究者も多い。一方、同古墳の被葬者を卑弥呼の後継女王である壹与《いよ》か、さらに次代の男王に比定する考えもある。もちろん、邪馬台国九州説の立場に立つならば箸墓古墳が卑弥呼の墓であることはありえない。ただ、この議論の核心は、箸墓古墳の築造時の土器様式である布留0式の土師器《はじき》の年代観にかかっている。それを卑弥呼の没年と推定される西暦二四八年頃に近づけることができるならば、箸墓古墳の被葬者が卑弥呼である確率は高くなる。一方、布留0式土師器の年代を三世紀中葉を含まない三世紀後葉に下げるとするならば、箸墓古墳は卑弥呼の墓ではありえないということにならざるをえない。しかし、現段階でこの時期の土器や古墳の年代観をそこまで厳密に適合させようとするならば、そこには炭素一四年代測定法や年輪年代法《ねんりんねんだいほう》の恣意的な解釈といった信憑性の乏しい仮説・憶説が紛れ込んでしまうことが避けられない。したがって、たとえ邪馬台国大和説に立ったとしても、現在は最初の定型化した巨大前方後円墳の被葬者が卑弥呼かどうか論じることができる段階にはいたっていないといわざるをえないと考える。

竪穴式石室・粘土槨とその葬送儀礼　弥生時代の古墳の場合、その埋葬主体は木棺を墓坑《ぼこう》の中に安置した木棺直葬《もっかんちょくそう》であることが通例であるし、弥生時代最末期（庄内式土器の時期）の纒向型前方後円墳である奈良県桜井市ホケノ山古墳では木棺を納めた石囲い木槨という前例のない構造の埋葬主体が採用された（図21）。

まもなく、竪穴式石室《たてあなしきせきしつ》の中に長大な割竹形《わりたけがた》木棺を置くという埋葬方法が登場する。たとえば、奈良県天理《てんり》市黒塚《くろつか》古墳（古墳時代前期前半、全長一三〇メートルの前方後円墳）では、南北一七メートル以上、東西一五メートル以上という巨大な墓坑を掘り、その中

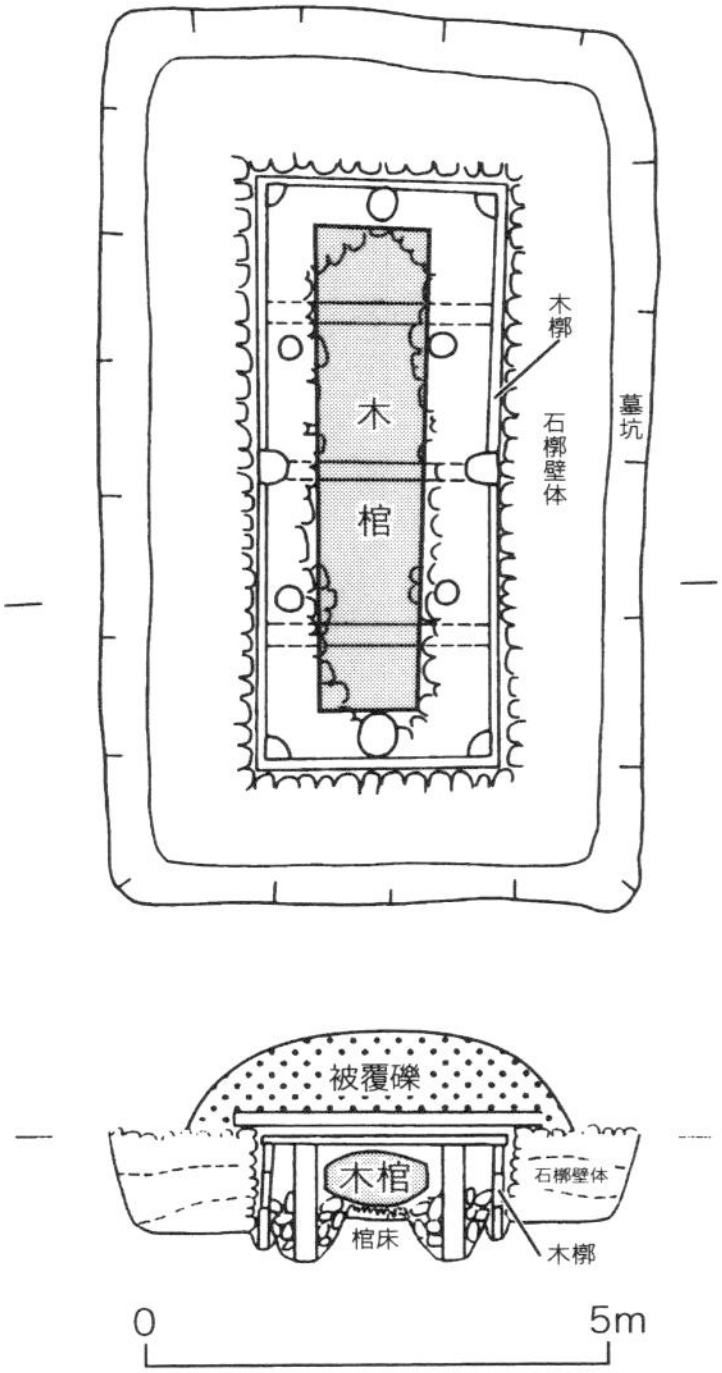

図21　奈良県ホケノ山古墳の石囲い木槨（復元）

に長さ八・三メートル、幅〇・九〜一・三メートル、高さ一・七メートルの竪穴式石室を設け、長さ六・二メートルの割竹形木棺を納めていた（図24）。京都府木津川《きづがわ》市椿井《つばい》大塚山《おおつかやま》古墳（同期、全長一七〇メートルの前方後円墳）では、長さ六・八メートル、幅一・一メートル、高さ約三メートルの竪穴式石室が設けられていた（図22）。さらに、古墳時代前期中葉には割竹形木棺を分厚い粘土で覆う粘土槨《ねんどかく》といった埋葬方法も出現した。大阪府和泉《いずみ》市黄金塚《こがねづか》古墳（古墳時代前期後半、全長八五メートルの前方後円墳）では、後円部の中心に三つの粘土槨が存在する（図23）。そのうち中央槨は墓坑の底に円礫を叩き込み、その上に砂利を敷き、さらにその上に厚さ二〇センチの粘土床を築いて棺台とする。そこに長さ八・七メートル、最大幅八九センチ、高さ三五センチの割竹形木棺を納め、これを厚さ七〇センチの粘土で完全に覆っている。

竪穴式石室は「石室」と表記されるけれども、棺を納めたならば残された空間は僅少である。粘土槨に至っては棺は完全に粘土の中に埋め込まれてしまう。これらはいずれも、埋葬が終了した後には二度と開けることを想定してはいない。すなわち、古墳時代前期・中期の古墳は、棺に入れた遺骸を完全に密封することに意が注がれていたのである。

三角縁神獣鏡と葬送祭祀　古墳時代前期の古墳の副葬品としては、銅鏡、石製装身具（勾玉《まがたま》、管玉《くだたま》）、石製腕飾類、滑石《かっせき》製模造品、青銅《せいどう》製装身具、武器（青銅製鏃《やじり》、鉄製鏃）、武具（鉄製甲冑《かっちゅう》）などが知られている。たとえば、奈良県天理市黒塚古墳では銅鏡三四面、鉄製武器（刀、剣、槍《やり》、鏃）、鉄製武具（甲冑？）、鉄製工具（斧《おの》、ヤリガンナ）、木製盾などが、京都府木津川市椿井大塚山古墳では銅鏡三五面以上、鉄製武器（刀、剣、槍、鏃）、鉄製武具（鉄小札《てつこざね》革綴冑）、鉄製農工具（鎌《かま》、斧、刀子《とうす》、ヤリガ

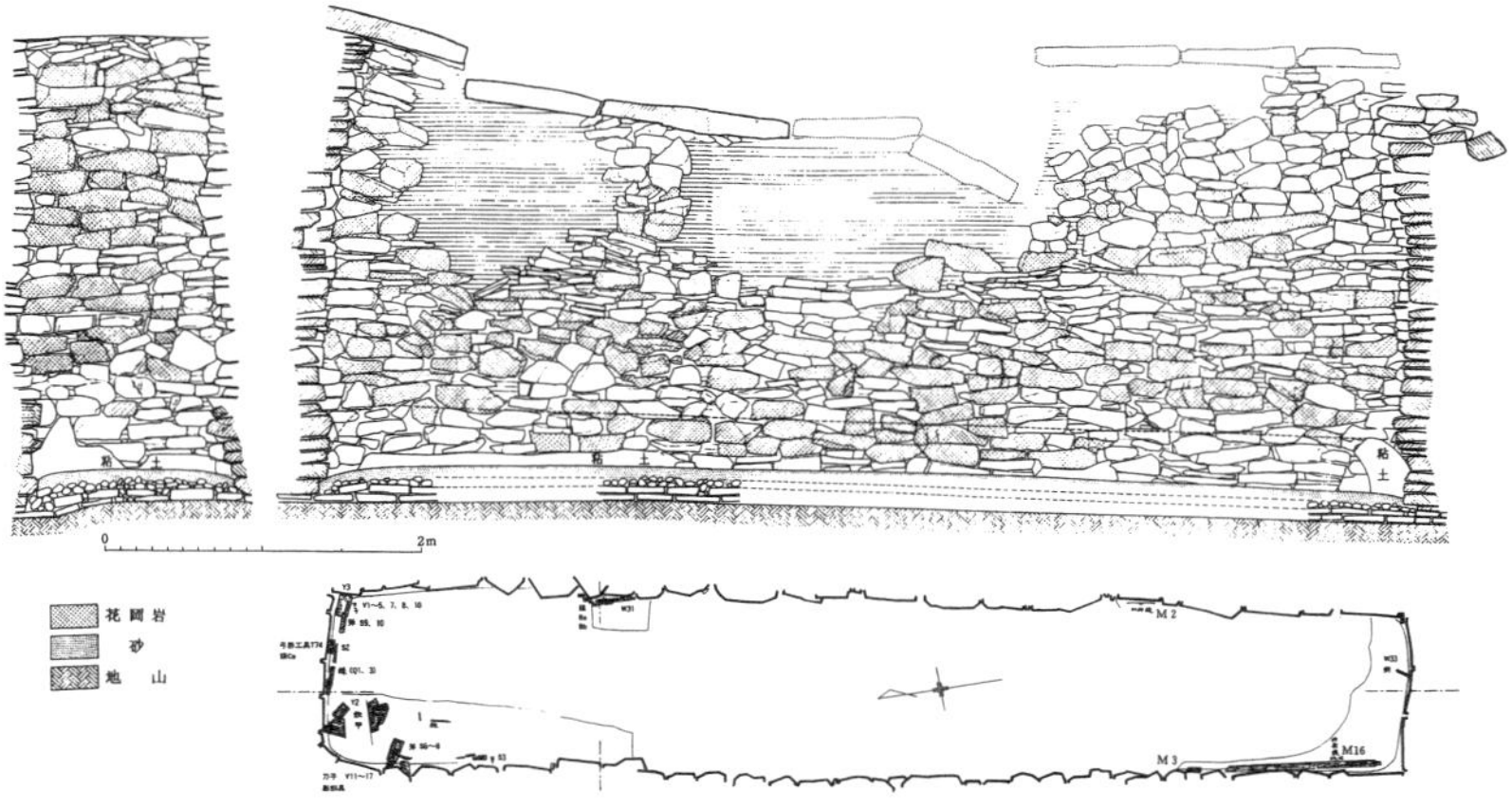

図22　京都府椿井大塚山古墳の竪穴式石室

ンナ)、鉄製漁労具(ヤス、釣針《つりばり》)などが副葬されている。

これらの副葬品の中で目立っているのは銅鏡であり、特にその中に三角縁神獣鏡《さんかくぶちしんじゅうきょう》と呼ばれる特異な製品が多く含まれていることが注目を集めてきた(福永　二〇〇五、岸本　一九八九、下垣　二〇一〇)。黒塚古墳では三四面中の三三面、また椿井大塚山古墳では三五面

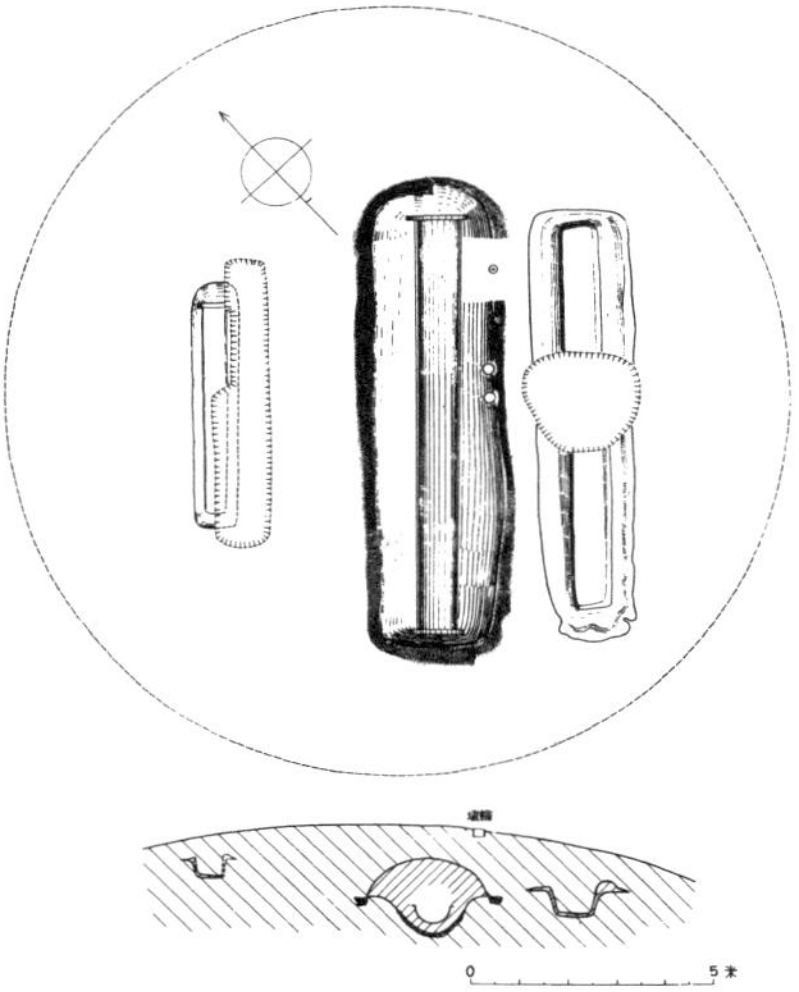

図23　大阪府和泉黄金塚古墳の粘土槨

以上の中の三二面以上を三角縁神獣鏡が占めているのである。さらに、最近おこなわれた奈良県桜井市外山茶臼山古墳《とびちゃうすやま》の再調査では、細片となっていたけれども八十数面以上の三角縁神獣鏡が副葬されていることが判明した。考古学の上で三角縁神獣鏡が重視されるのは、この鏡の主要部分が中国・三国時代の魏《ぎ》（曹魏《そうぎ》）で製作され、それが日本に入ってきたのは邪馬台国女王卑弥呼が魏の皇帝から下賜《かし》されたのであるという仮説が考えられたからである。そしてこの説では、日本列島各地の古墳に三角縁神獣鏡が副葬されるのは、邪馬台国がその支配領域を広げる過程で全国の首長にこれを分与したためであると推定されてきた。

ただ、一方では、三角縁神獣鏡は中国大陸においては出土例がないことから、実は日本製であるという説も根強く唱えられている。三角縁神獣鏡魏鏡説の立場から、卑弥呼に与えるために魏の皇帝が特別に製作させた「特鋳鏡」であるとしたら中国で出土しないことも問題ではないとも推測されているけれども、考古学的な実証の範囲を超えている点に難がある。さらに、三角縁神獣鏡の親縁品である斜縁盤龍鏡《しゃえんばんりゅうきょう》の中に「景初四年」の銘を持つもの（京都府福知山市広峰《ふくちやまひろみね》一五号墳出土鏡、辰馬《たつうま》考古資料館所蔵鏡）が発見されたことも、三角縁神獣鏡を「卑弥呼の鏡」とする解釈に冷水を浴びせかけた。それというのも、魏の年号である「景初」は三年（二三八）で終わってその翌年は正始元年に改元されている。さらに、この改元は魏の明帝《めいてい》が景初三年正月元旦に崩御したことにともなうものであったから、魏の官人であるなら誰しも、その翌年には改元が必至であることを予想していたはずである。したがって、魏皇帝の命によって魏都洛陽《らくよう》で作られた特別の品である限り、景初四年などという年号を持つ製品の存在は考えがたいからである。現段階ではまだまだ三角縁神獣鏡魏鏡説も根強いけれども、それに対するこうした疑問点は充分に解消されていないと感じる。

ただ、邪馬台国論争を離れたとしても、三角縁神獣鏡が前期古墳を考える場合に重要な資料であることは動かない。全国の主要な前期古墳がほとんどといっていいほど三角縁神獣鏡を副葬しており、その中には同じ文様を持つ兄弟鏡がかなりの割合で含まれているという事実、さらにはその分布の最大の中心が奈良県や京都府南部という近畿地方中央部にあるという事実は否定できないからである。三角縁神獣鏡の性格を考える上で重要なのは、奈良県黒塚古墳において、木棺内で被葬者の遺骸に添えられていたのは画文帯《がもんたい》神獣鏡一面だけであり、残りの三三面の三角縁神獣鏡はすべて木棺と石室壁の間の狭い空間に押し込められていたという調査結果である（図24）。これは、三角縁神獣鏡が権威の象徴としての宝器というよりも、葬送祭祀のための呪具であった可能性を示している（森　一九九

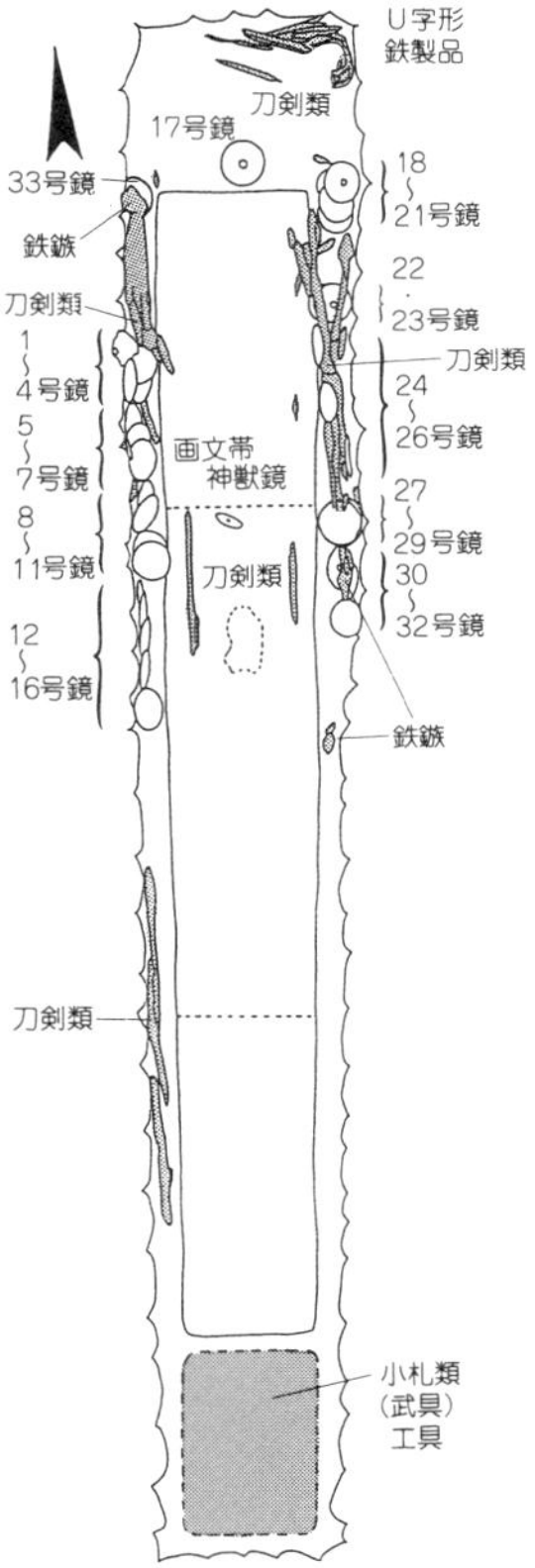

図24　奈良県黒塚古墳
竪穴式石室の副葬品配置

八）。その役割としては、たとえば、棺内に安置された遺体を外部の悪い神霊から守護するといったことが考えられよう。これは、竪穴式石室や粘土槨における遺体の密閉という性格にもつながるものである。

もうひとつ重要なのは、前期古墳が全国を通じて、前方後円墳という墳形、墳丘を囲繞する円筒埴輪列、竪穴式石室に割竹形木棺という埋葬主体の構造、三角縁神獣鏡を始めとする副葬品などの面で、きわめて高い共通性を有していることである。これは、近畿地方中央部において、葬送祭祀から墳丘や石室の規格にいたるまでの、古墳の「定式」が完成され、それが全国に広まっていったことを示している。この定式を広め得た主体としては、初期ヤマト政権と呼ばれる近畿地方中央部の政治権力以外には考えがたい。つまり、三角縁神獣鏡や定型化した前方後円墳の拡大とは、初期ヤマト政権の勢力の伸張とともに、同政権が確立した葬送儀礼の定式の拡大を表しているということができるのである。

巨大古墳の展開　箸墓古墳の築造によって確立された前方後円墳の定式は、ヤマト政権の大王墓や同政権を構成する有力首長の墓に採用されていった。奈良県をみるならば、古墳時代前期中葉には天理市西殿塚《にしとのづか》古墳（宮内庁治定の継体《けいたい》天皇皇后手白香皇女《たしらかのおうじょ》陵〈以下、治定某陵と記す〉、全長二三〇メートル）や桜井市外山茶臼山古墳（二〇七メートル）が、また前期後葉には天理市渋谷向山《しぶたにむかいやま》古墳（治定景行《けいこう》天皇陵、全長三一〇メートル）、奈良市五社神《ごさし》古墳（治定神功《じんぐう》皇后陵、二七八メートル）、桜井市メスリ山古墳（二五〇メートル）、天理市行燈山《あんどんやま》古墳（治定崇神《すじん》天皇陵、二四〇メートル）、奈良市宝来山《ほうらいさん》古墳（治定垂仁《すいにん》天皇陵、二二七メートル）などの古墳が続々と築造された。また、大阪府の河内《かわち》・和泉《いずみ》の地域でも、前期後葉に藤井寺《ふじいでら》市津堂城山《つどうしろやま》古墳（後円部墳頂のみ治定藤井寺陵墓参考地、二〇〇メートル）や岸和田《きしわだ》市摩湯山《まゆやま》古墳（二〇〇メートル）といった大型古墳が築かれるにいたった。それ以降、六世紀後半にいたるまで、ヤマト政権の有力者たちは原則としてこうした前方後円墳に葬られ続けたし、さらには他の地域の首長も自らの奥津城として前方後円墳を採用していったのである。そして、古墳時代中期にはいると前方後円墳は極限まで巨大化し、中期前半の大阪府堺市百舌鳥陵山《みささぎやま》古墳（石津丘古墳、治定履中《りちゅう》天皇陵、三九五メートル）、中期後半の同府羽曳野《はびきの》市誉田山《こんだやま》古墳（誉田御廟山《ごびょうやま》古墳、治定応神《おうじん》天皇陵、四一九メートル）、同府堺市大山《だいせん》古墳（大仙陵《だいせんりょう》古墳、治定仁徳《にんとく》天皇陵、四八六メートル）（図25）が出現する。なお、中期前半に限るならば、百舌鳥陵山古墳に次ぐわが国第二位の巨大古墳は近畿地方ではなく吉備の地に築かれている（岡山県岡山市造山《つくりやま》古墳〈三五〇メートル〉）。中期後半になると吉備の大型古墳（総社市作山《つくりやま》古墳〈二七〇メートル〉）は近畿地方中央部のそれに比べるとやや見劣りするようになってしまうが、たとえ中期前半という限られた時期ではあっても、近畿地方中央部以外の地にヤマト政権の大王に匹敵する権勢を持った有力者が登場していたことの意義は無視できない。

ところが、古墳時代後期前半（五世紀末〜六世紀前半）に入ると、近畿地方中央部においても前方後円墳の規模が縮小する。この時期の中でも極めて古い段階であると推定される大阪府藤井寺市岡ミサンザイ古墳（治定仲哀《ちゅうあい》天皇陵、二四〇メートル）を例外とするならば、最大の大阪府高槻《たかつき》市今城塚《いましろづか》古墳（一九〇メートル）でも二〇〇メートルに達せず、大阪府羽曳野市高屋《たかや》築山《つきやま》古墳（治定安閑《あんかん》天皇陵、一二一メートル）、同市

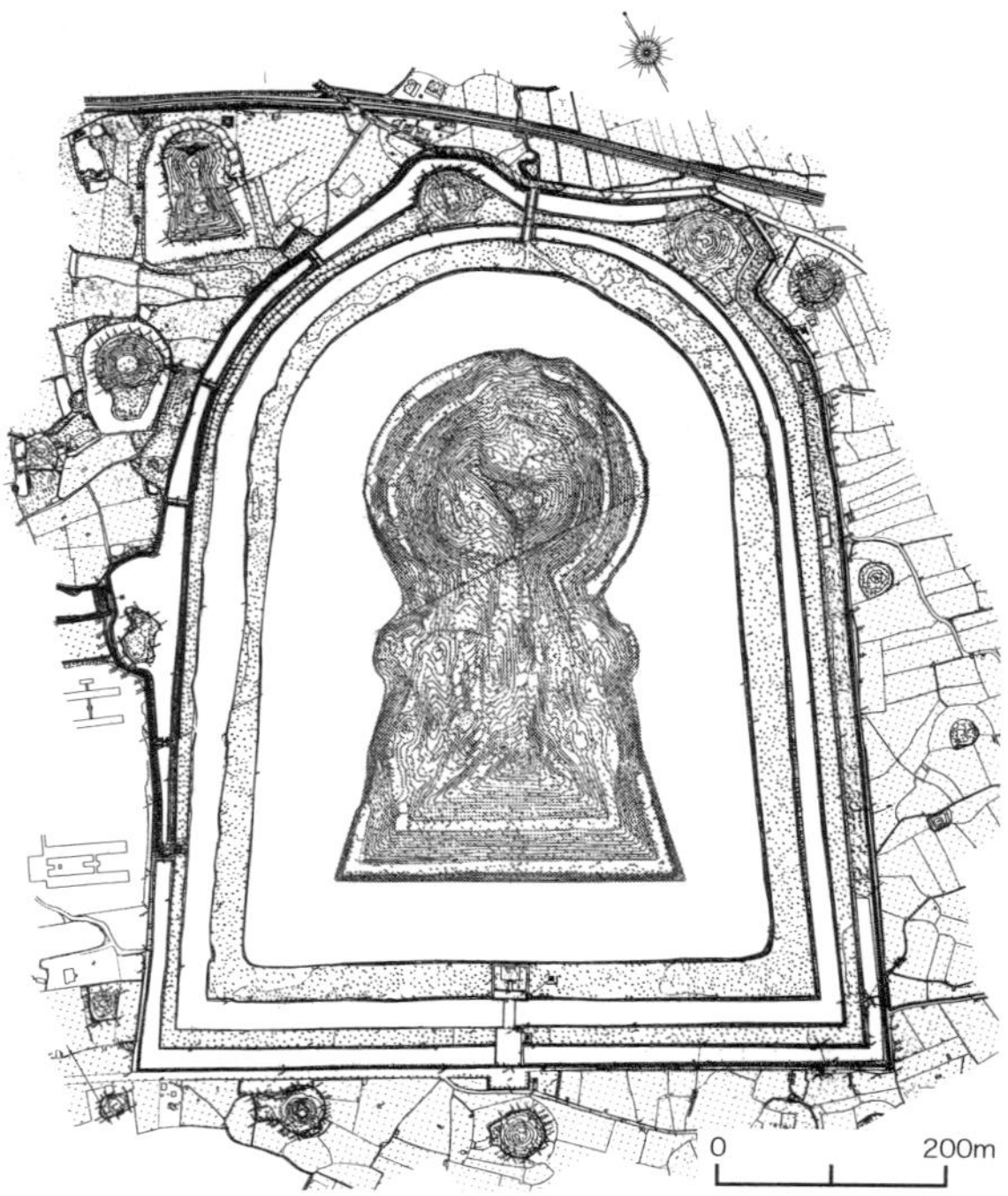

図25　大阪府大山古墳（大仙陵古墳，治定仁徳天皇陵）

野中《のなか》ボケ山古墳（治定仁賢《にんけん》天皇陵、一二〇メートル）、同市白髪山《しらがやま》古墳（治定清寧《せいねい》天皇陵、一二〇メートル）のような大王陵の候補とされる古墳であってもせいぜい全長一二〇メートルにとどまるということになるのである。

また、奈良県香芝《かしば》市狐井城山《きついしろやま》古墳（一四〇メートル）、奈良県天理市西乗鞍《にしのりくら》古墳（一二〇メートル）のように、大王陵としての伝承を持たない地域の古墳が大王陵の候補のそれと匹敵する規模を持っていることも重要である。六世紀前半といえば、前代との血縁・地縁関係の薄い継体天皇が即位し、新たな王朝が樹立されたと考えられている時期である。近畿地方中央部における前方後円墳の変化は、そうした政治情勢を反映したものであるのかもしれない。

古墳時代後期後半にはいると、こうした状況にはかなりの変化がおこったらしい。近畿地方中央部において、ふたたび突出した規模を持つ前方後円墳として、奈良県橿原市五《ご》条《じょう》野《の》丸山《まるやま》古墳（後円部頂上のみ治定畝傍《うねび》陵《りょう》墓《ぼ》参考地、三一八メートル）と大阪府松原市河内大塚山《かわちおおつかやま》古墳（治定大塚《おおつか》陵墓参考地、三三〇メートル）のふたつが現れる。前者は全長二六メートルにおよぶ日本最大の横穴式石室を内蔵しているし、後者もそれに匹敵するような大型の埋葬主体を持っていることは確実であろう。さらにこのふたつの巨大前方後円墳は、前方部がまったくの低平で、その一方では後円部が高くそそり立っているという特徴を共有している。現状ではこの両古墳は、河内大塚山古墳が周囲に水濠《すいごう》を巡らしているのに対し五条野丸山古墳は周濠を持たないけれども、前者の水濠は後世に付加された可能性が高いと考えるべきであり、そうすると両者はますます類似することになる。その一方、この時期には全長百メートル台の古墳はきわめて減少し、奈良県明日香村梅山《うめやま》古墳（治定欽明《きんめい》天皇陵一三六メートル）と天理市石上大塚《いそのかみおおつか》古墳（一〇九メートル）の二基にとどまることになる。以上にあげた古墳のうち、五条野丸山古墳と梅山古墳はどちらかが真の欽明天皇陵である可能性が高い。ただ、もうひとつの巨大古墳である河内大塚山古墳については、少なくとも記紀の伝承上ではその被葬者として該当しそうな天皇はみあたらない。これを六世紀前半の安閑天皇の未完成陵とする説（岸本　二〇一〇、十河　二〇一〇）や、もっと時代を下げて七世紀前半に造られた敏達《びだつ》天皇の改葬予定陵とする説（森　二〇一〇）などが拮抗している。議論の深化が待たれるけれども、五条野丸山古墳との類似を重視する立場からいうと、河内大塚山古墳の年代は六世紀後半もしくはそれ以降と考えるべきだと思う。

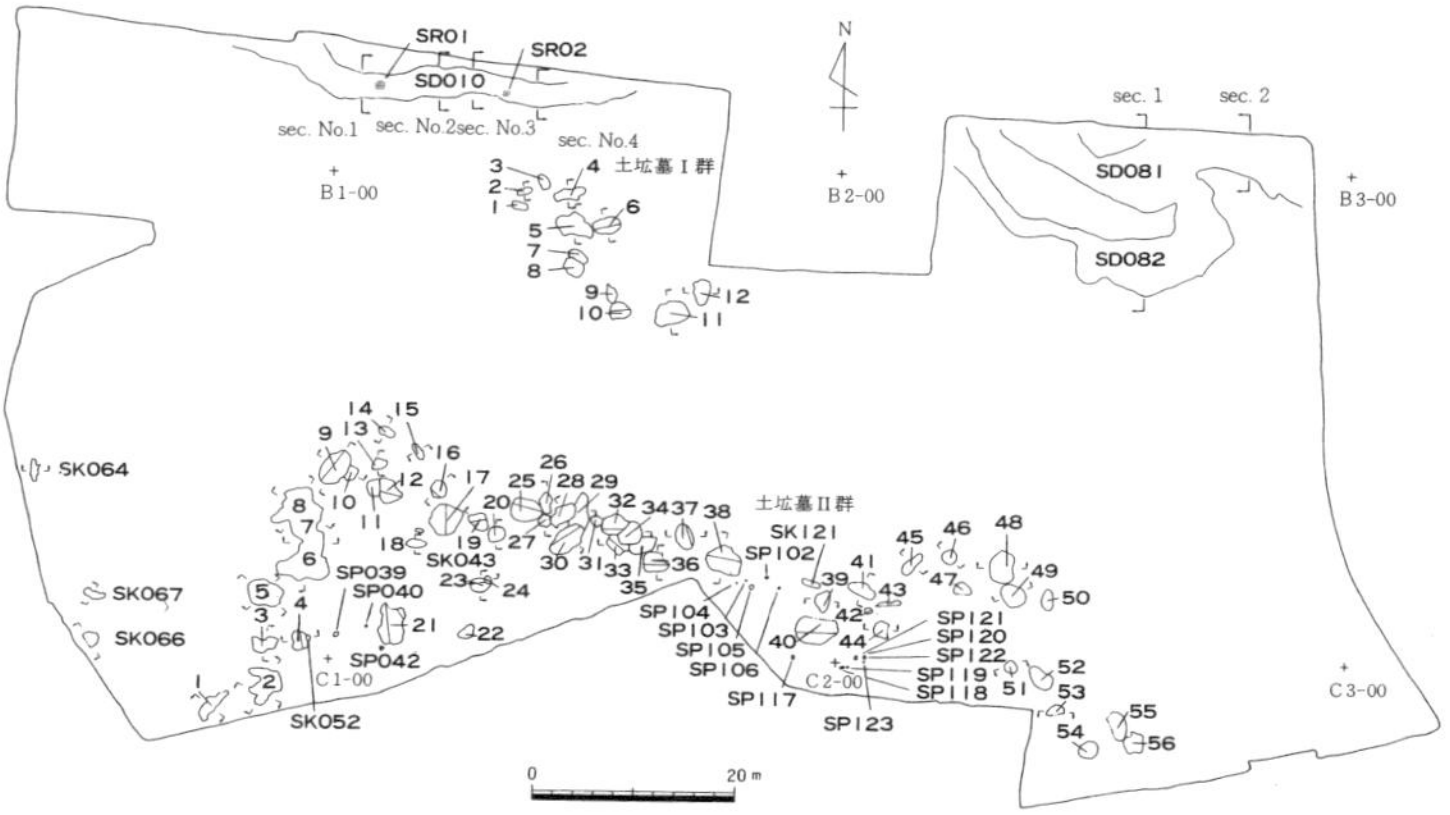

図26　大阪府長曽根遺跡　土坑墓群

古墳時代の庶民墓地　古墳時代の有勢者の墓である古墳については詳細な研究が多いのに対して、その時代の庶民の墓についてはほとんど知られていない。小規模な土坑が検出されることはあり、それが庶民墓である可能性が指摘されることはあるが、いかんせん遺体や遺骨が残存することはほとんどなく、副葬品も乏しい点で墓と断定する確証に乏しい。さらに、類似した遺構として粘土採掘坑や祭祀土坑などもあり、墓とそれらとの区別が困難なのである。

ただし、そうした中でも、古墳時代の庶民墓地である可能性が高い遺跡がいくつか知られている（福永　一九八九）。たとえば、大阪府堺市長曽根《ながそね》遺跡では古墳時代前期から中期の径二～三メートルの不整形土坑が約七〇〇基（図26）、奈良県奈良市池田《いけだ》遺跡では古墳時代中期の長辺一・二メートル程度の土坑が約一五〇〇基、大阪府堺市万崎池《まんざきいけ》遺跡では古墳時代中期から後期にかけての土坑約四五〇基が密集している。こうした事例から古墳時代の庶民の葬法を推定することは許されるであろう。ただ、土坑墓に埋葬されるのは庶民としては丁寧な葬法であり、野山や河川に遺体を放置する遺棄葬も広くおこなわれていたことも想像にかたくない。

殯の儀礼　奈良時代以前の日本においては、人が亡くなってからしばらくはその遺体を仮の建物の中に安置し、本葬までの間にさまざまな儀礼をおこなうという慣例が存在した。こうした風習を殯《もがり》と呼び、殯に使われた仮の建物を殯屋または喪屋《もや》（天皇や皇族の場合は殯宮《もがりのみや》）と名付けている。『古事記』『日本書紀』の伝承によると、天皇の殯の期間にはかなりのばらつきがあるが、敏達天皇で五年八ヵ月、斉明天皇で五年三ヵ月の長期におよぶ一方、孝徳天皇の二ヵ月、欽明天皇の四ヵ月、文武天皇の五ヵ月という短期間の場合もある。『隋書』倭国伝に「貴人三年殯二於外一」と記されていることをあわせると、天皇や上級の豪族では殯は一年から三年程度におよぶことが通例と考えられていたとみなされる。

和田萃の研究（和田　一九九五）によると、古墳時代末期から飛鳥時代にかけての天皇の場合、殯宮はその天皇の宮の近傍や、その宮の南庭に設けられることが多かった。殯宮においては、故人の近親者が泣きながらその名を呼ぶ慟哭儀礼《どうこくぎれい》、芸能的な所作とともに故人への誄《しのびごと》詞を述べる誄儀礼などがおこなわれた。さらに、誄儀礼の最後には故天皇に対する和風諡号《わふうしごう》が献呈され、それが殯宮儀礼《ひんきゆうぎれい》をしめくくったと想定されている。

考古学的に殯屋の痕跡を確認することは難しいけれども、近年、いくつかの種類の遺構について、殯屋の痕跡である可能性が指摘されている（図27）。ひとつは、奈良県御所《ごせ》市南郷大東《なんごうだいとう》遺跡などで確

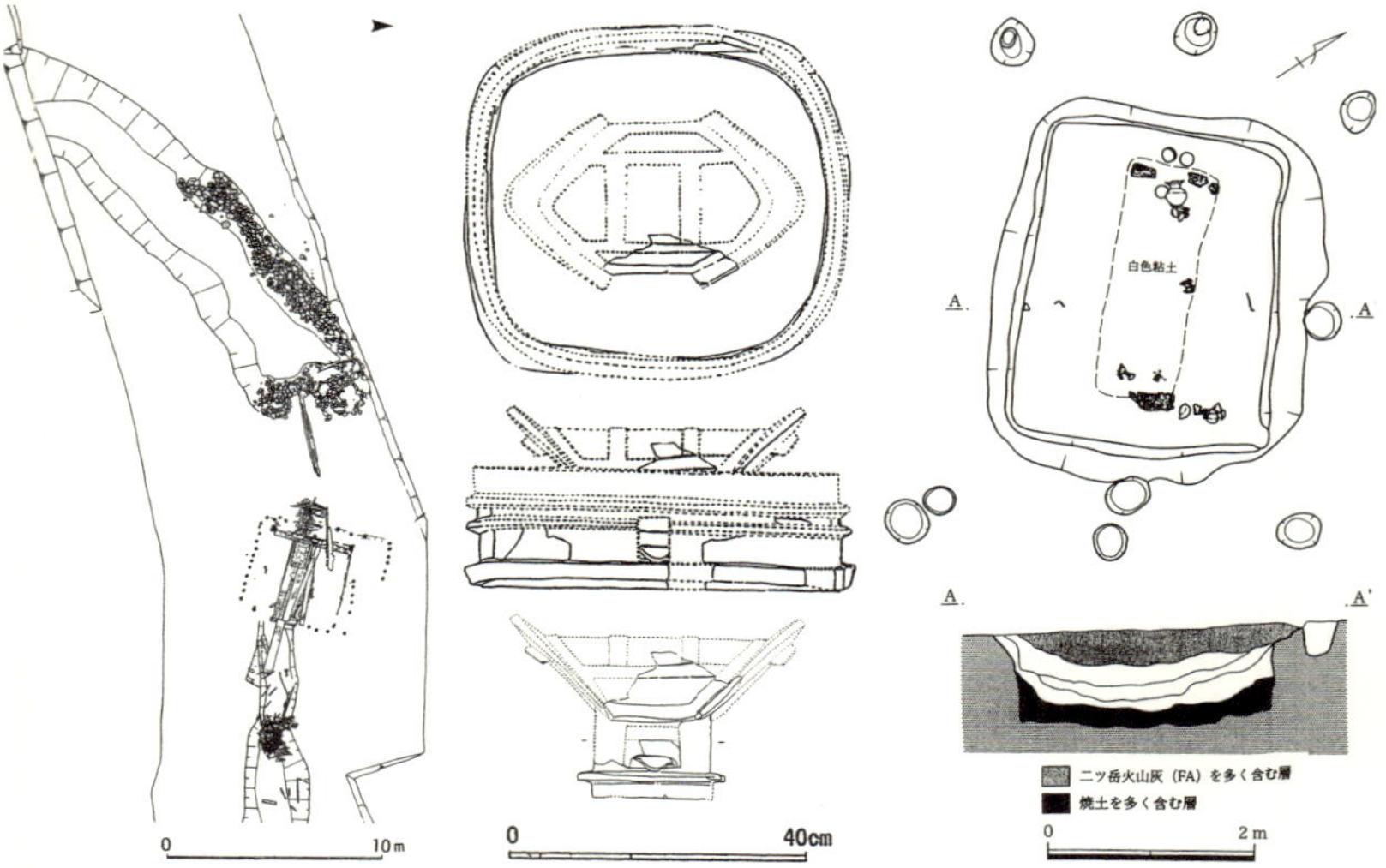

図27　殯屋の候補となる遺構・遺物
（左：奈良県南郷大東遺跡の「導水施設」，中：三重県宝塚１号墳の囲形埴輪，右：群馬県多田山古墳群69号竪穴）

認されている「導水施設《どうすいしせつ》」と仮称された遺構である。これは、水溝の途中に方形の建物を設け、その中に木樋《もくひ》を設けて水を通し、さらにその外周に方形の垣根を設けている。三重県松阪《まつさか》市宝塚《たからづか》一号墳などでは、塀状の囲郭の中に小形の家形埴輪を置いた「囲形埴輪」と呼ばれる特異な形象埴輪が出土しているが、これが導水施設をモデルとしたものであることが推定されている。穂積裕昌は、これら導水施設こそが殯屋であり、そこでは水によって遺体を浄める葬送儀礼が実修されたことを主張した（穂積　二〇〇四、同　二〇一〇）。文献史料から知られる殯儀礼には水の使用が必ずしも明確ではなく、導水施設と殯屋を直結させる確証に欠けるという難はあるが、興味深い仮説であるといえよう。もうひとつは群馬県伊勢崎《いせさき》市多田山《ただやま》古墳群の六九号竪穴（六世紀前葉）である（深澤　二〇〇七）。これは長辺三・六メートル、短辺三・〇メートル、残存の深さ一・〇メートルをはかる土坑で、中央に木棺を置き、その上に簡単な建物を建てていたらしい。短期間の使用の後、建物は燃やされたようである。導水施設や囲形埴輪の存続期間は今のところ古墳時代前期・中期に限られて後期におよばず、一方では多田山古墳群六九号竪穴は古墳時代後期前半（六世紀前葉）の所産である。この両者が共に殯屋だとすると、古墳時代中期と後期の交に殯儀礼に転換があったのかもしれない。

大規模な古墳の造営が盛んであった古墳時代にあってはもちろん、飛鳥時代に入っても殯は一般的におこなわれていたようである。しかし、大化薄葬令《たいかはくそうれい》では殯が禁止されたし、天皇の場合にも文武天皇陵を最後にして古墳の築造は終末を迎えた。さらに、後述するように、平城京を作り出した元明《げんめい》天皇は崩御にあたって薄葬を遺詔しており、同天皇は崩後わずか六日目に埋葬されたのである。ここにおいて、殯の風は後を絶つことになった。

横穴式石室の出現と展開　古墳時代の後半期の古墳の埋葬主体を代表するのが、横穴式石室である。つまり、それまでの埋葬主体がすべて竪穴系（竪穴式石室、粘土槨、石棺直葬、木棺直葬など）の施設、つまり棺や遺体を上方から入れる形式のものであったのに対して、横穴式石室は埋葬主体の側面に開口部を付けてそこから出入りするのである。

横穴式石室の初現形態とみられるものは、それまでの竪穴式石室や箱式石棺の短辺に横口を設けた型式で、「竪穴系横口式石室」と呼ばれている。これは、北部九州で古墳時代中期初頭（四世紀末～五世紀初頭）に現れたもので、佐賀県浜玉町《はまたまちょう》谷口古墳や福岡県福岡市南区老司《ろうじ》古墳一～四号石室が最古の事例と考えられている。わずかに遅れて中期前半に、福岡市西区鋤崎《すきざき》古墳や同市同区丸隈山《まるくまやま》古墳に本格的な横穴式石室が採用される。これらは、平面長方形の玄室《げんしつ》に短い羨道《せんどう》を付けるもので、玄門の袖が両側から突出することが多い。こうした石室は、九州型横穴式石室（または北九州型横穴式石室A類）と名付けられている（図28左上）。さらにこれに朝鮮半島の百済からの影響が加わったのが、平面正方形で穹窿形《きゅうりゅうがた》天井の玄室で、玄室内に石障を持つ肥後型横穴式石室である（図28右上）。こうした九州系の横穴式石室は、その後、西日本の各地に影響を与えていく。近畿地方中央部においても最初の横穴式石室は、大阪府藤井寺市藤《ふじ》の森《もり》古墳、同府堺市塔塚《とうづか》古墳、奈良県平群町《へぐりちょう》椿井宮山塚古墳のように、九州の影響を色濃くみせた型式であった。

ところが、古墳時代後期前半（六世紀初頭）に入って、近畿地方中央部においてまた新たな横穴式石室の形式が登場する。玄室が長細い長方形で、その天井は平天井、羨道と玄室は両袖式または片袖式の形態で接続される。これは、奈良県高取町《たかとりちょう》市《いち》尾《お》墓山《はかやま》古墳などで最初に採用された形式で、「畿内型横穴式石室」と呼ばれている（図28下）。そして、九州系の横穴式石室が限られた範囲にしか伝播しなかったのに対して、畿内型横穴式石室はみるみるうちに日本列島の各地に広がっていき、古墳時代後期の古墳の埋葬主体のスタンダードとしての地位を確立するのである。

横穴式石室が竪穴系の埋葬主体と異なっている大きな点は、玄室の側面に出入口が付けられてはいるものの、それは小石の積み上げや板石などによって塞がれているだけであるから、閉塞部分を取り

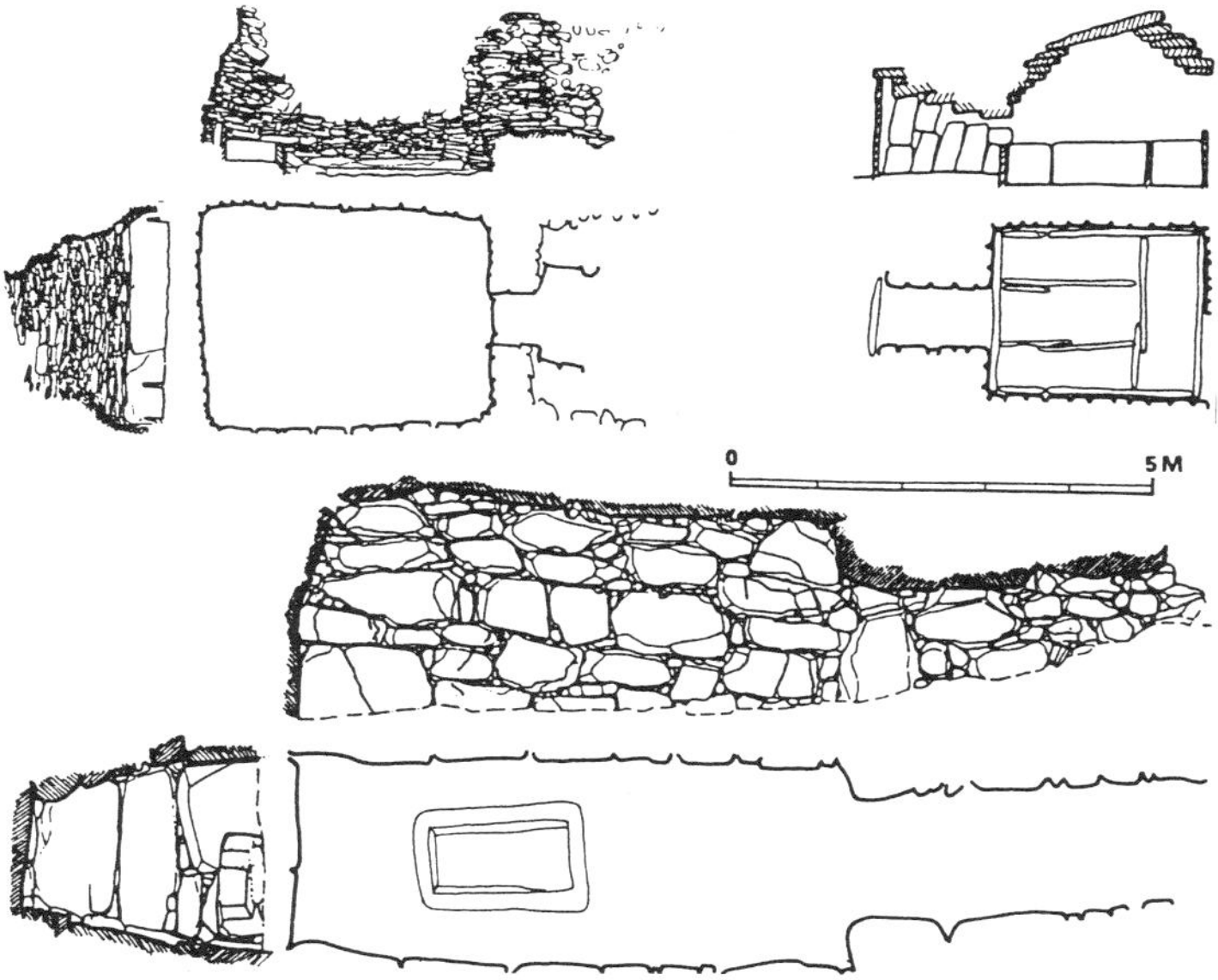

図28　九州型と畿内型の横穴式石室
（左上：福岡県鋤崎古墳〈北九州型Ａ類〉，右上：熊本県小坂大塚古墳〈肥後型〉，下：奈良県市尾宮塚古墳〈畿内型〉）

除くことによって再度開口させ、追葬していくことが可能だというところにある。たとえば大阪府東大阪市大藪《おおやぶ》古墳では、全長八・三五メートルの横穴式石室の中にふたつの組合式箱形石棺が安置され、そのひとつに五体、もうひとつに二体、棺外に四体の遺体が埋葬されていた（図29）。横穴式石室とはつまり、追葬を予定した小集団の墓にもっともふさわしい形式の埋葬施設だったのである。

　畿内型横穴式石室が全国を制覇するための大きな要因となったのは、古墳時代後期後半（六世紀後半〜七世紀前半）にいたってこの形式の石室が群集墳《ぐんしゅうふん》の埋葬主体に採用されたことである。すなわち、後期後半

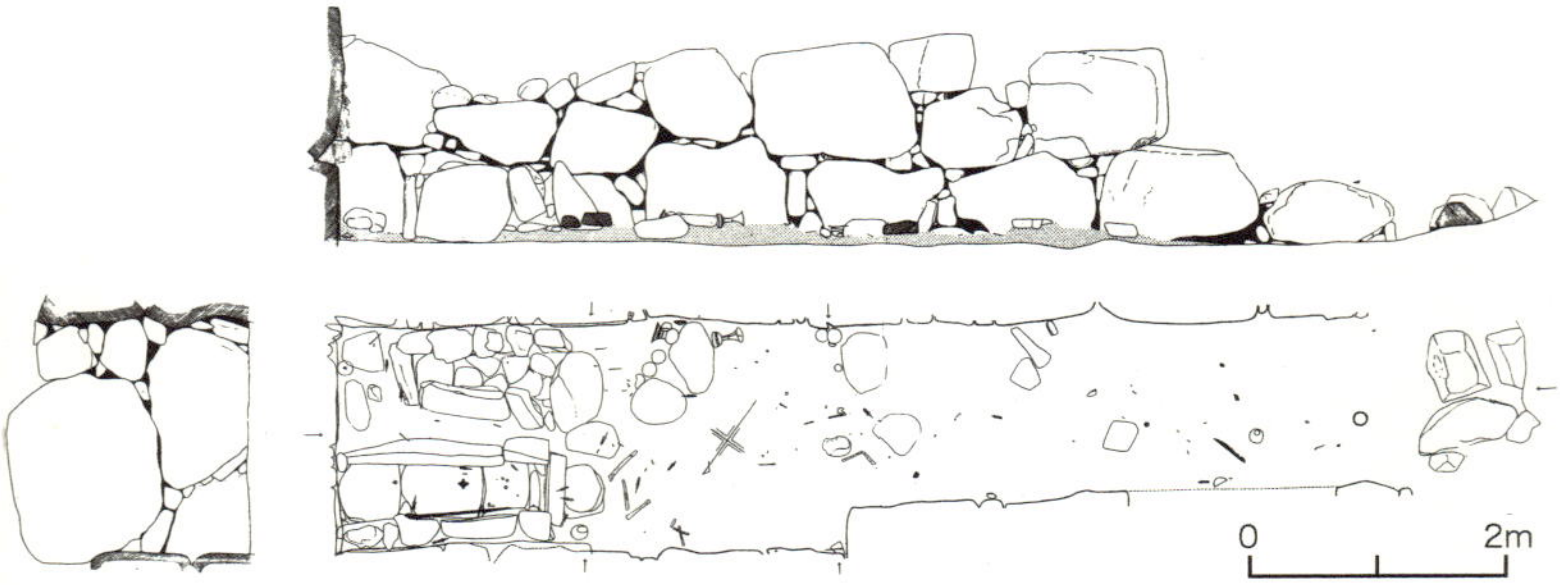

図29　大阪府大藪古墳の横穴式石室

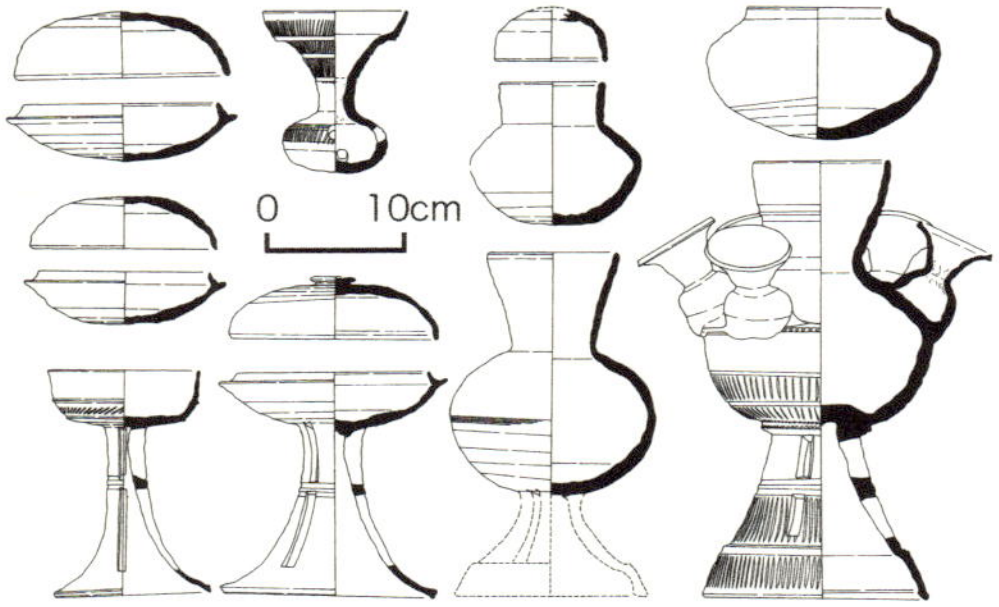

図30　群集墳に副葬された須恵器（京都府大枝山22号墳出土）

に全国に爆発的な勢いで広がった群集墳のほとんど全てが、畿内型横穴式石室またはその系統の石室を埋葬主体としているのである。さらに、畿内型横穴式石室を持つ群集墳は、その内容もまったく画一的であった。それらに埋納された副葬品は多量の須恵器《すえき》（杯蓋・杯身・高杯を主体とし、𤭯《はそう》・提瓶《ていへい》・壺・器台などが加わる）がほとんどを占め（図30）、そこに若干の武器・馬具などが加わる。横穴式石室の内部は死者が暮らす「黄泉《よみ》国《くに》」と考えられており、そこに納められた須恵器群は死者が黄泉国での飲食（「黄泉戸喫《よもつへぐい》」）に使うと観念されていたのであろう（小林　一九七六）。棺も、木棺か家形石棺が主流であり、地域によっては陶棺（土師質または須恵質）が使用されることもある。このような極めて整った斉一性《せいいつせい》の存在はとうてい偶然のできごとではありえず、古墳の築造方法から葬送祭祀のやりかたに至る全てが定式化されていたことがうかがえる。こうした定式を仮に「群集墳マニュアル」と呼ぶことにしよう。後述するように群集墳をヤマト政権の身分秩序の現れであるきわめて政治的な存在とみる立場から言うならば、ヤマト政権がそれぞれの集団に群集墳の築造を容認した際、政権からその集団に対して「群集墳マニュアル」が配布されたことが想定される。

古墳時代中・後期の群集墳とその性格　古墳時代に築造された古墳は、全長数百メートルを測るような巨大前方後円墳ばかりではない。全国各地には、直径十数メートル程度の小規模古墳の密集、すなわち「群集墳」が分布する。日本には十万基とも二十万基ともいわれる古墳が存在するが、おそらくその九割以上は群集墳を構成する小古墳によって占められているのである。

群集墳の多くは、丘陵の緩やかな斜面や平坦面を墓域とした小古墳の密集である。その多くが横穴式石室を埋葬主体としており、時期的には古墳時代後期後半（六世紀後半～七世紀前半）に盛期をおくものである。それ以外にも、古墳時代中期後半から後期前半（五世紀中葉～六世紀前半）に盛期を置き、木棺直葬の埋葬主体を持つ群集墳が知られており、それらは「古式群集墳」（石部　一九八〇）、「初期群集墳」、または「古式小墳」の名で呼ばれている。一方、古式群集墳に対する用語としては、横穴式石室を埋葬主体とする通常の群集墳を「後期群集墳」または「新式群集墳」と呼ぶことがある。

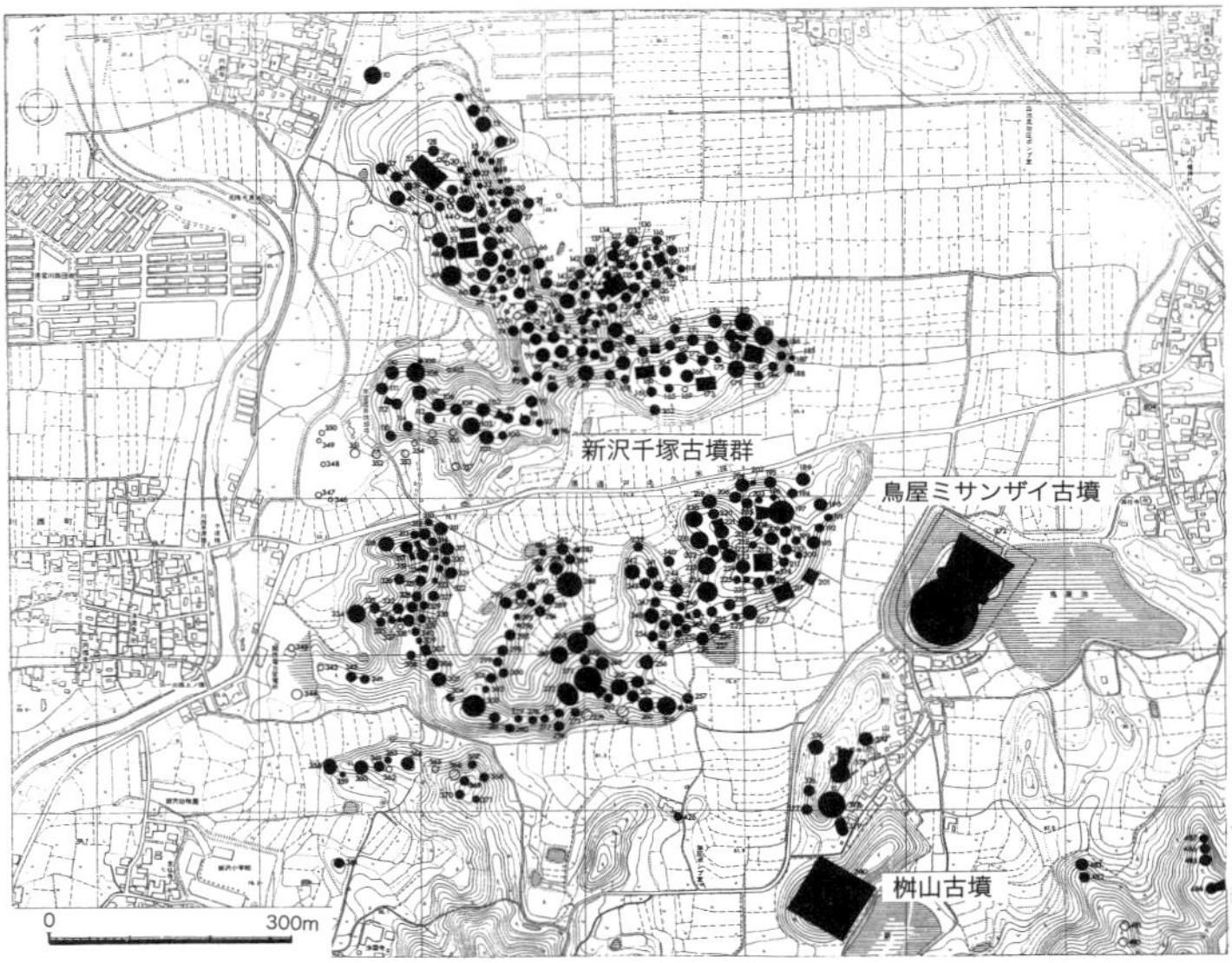

図31　奈良県新沢千塚古墳群

古式群集墳の典型例として奈良県橿原市新沢千塚《にいざわせんづか》古墳群（A・B地区）があげられよう（図31）。ここでは、低い独立丘陵状の丘の上に三四六基の古墳が密集している。大部分は小規模な円墳であるが、小型前方後円墳、方墳、長方形墳なども含まれている。四世紀末葉に築かれた小型前方後円墳（五〇〇号墳）を初現とし、五世紀中葉以降に爆発的な古墳の増加をみる。副葬品が乏しいものも存在するが、中には一二六号墳のように大陸からの将来品であるガラス碗・ガラス皿、金製冠飾などの豪華な副葬品をもつ古墳も含まれている。新式群集墳を構成する古墳は多少の規模の大小はあっても均質性が高いのに対して、古式群集墳の中の古墳はかなりの階層性を持っていたということになる。

なお、大阪府大阪市平野区の長原《ながはら》古墳群は推定二〇〇基以上の小型方墳からなる巨大な古式群集墳であるが、中期前半（四世紀末葉）の大型円墳（塚ノ本《つかのもと》古墳）と小型前方後円墳（一ヶ塚古墳）に始まり、中期後半の早い段階（五世紀初頭）には群集墳を形成し出している。近畿地方中央部における古式群集墳の初現は、従来は古墳時代中期後半でもやや新しい段階にあると考えられていたけれども、長原古墳群の調査成果によってそれが中期後半の早い段階にさかのぼることが判明したのである。

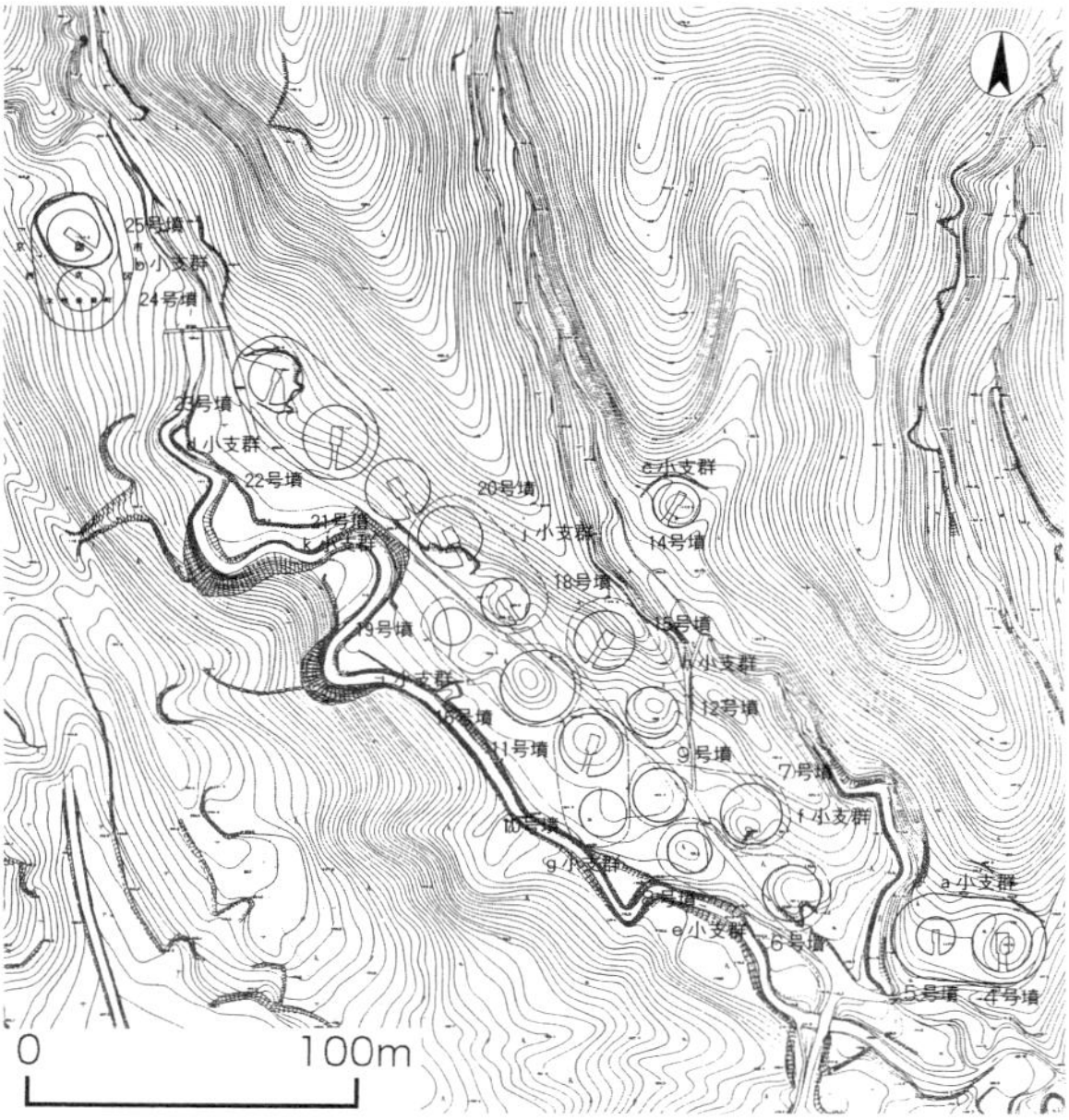

図32　京都府大枝山古墳群

新式群集墳の典型として、京都市西京区大枝山《おおえやま》古墳群の事例をみてみよう（図32）。ここでは、谷間の底のわずかな平坦地とそれに続く斜面に二六基の小円墳が築かれていた。

多くが直径一五メートルから二〇メートルまで、残存の高さ一メートルから五〜六メートルの小円墳で、全長六メートルから一一メートルの横穴式石室を内蔵していた。位置がやや離れている四基を除くと、この群集墳では南北四〇〇メートル、東西一〇〇メートルの範囲に二一基の古墳が密集しているのである（A支群）。出土遺物からみると、六世紀後半のある段階に墓域が設定され、七世紀前半には追葬が継続したらしい。A支群では谷間の北側斜面に一九基が並んでいるが、南斜面には群の中心からやや離れた二基があるにすぎない。埋葬主体の横穴式石室で方角のわかるものはいずれも南方向であるし、南斜面にある二五号墳もやや無理をするかのようにして石室を南東に向けている。つまり、南斜面に古墳が少ないのは、石室の方向を南向きに統一するという法則があったからなのである。また、A支群はさらに、一〜二基ずつの古墳からなる一一小支群に分けられると推定されている。これらがまったくの無計画に造られ続けたはずはないから、まず全体の墓域が設定され、そこに直径二〇メートル前後のやや大規模な古墳が点々と配置されたのであろう。その後、それらの古墳の側の空閑地に直径一〇〜一五メートル程度の小規模墳が築造されて小支群が形成された、ということになる。

群集墳の被葬者像については、戦後すぐの段階で近藤義郎が提出した「家父長的家族墓説（家父長制世帯共同体論）」が著名である（近藤　一九五二）。近藤は岡山県津山市佐良山古墳群の調査成果にもとづいて、ここでいう新式群集墳の被葬者を、家父長的奴隷所有者とその家族という有力農民層であると考えた。近藤の所説の要点は、群集墳の被葬者は生産労働から離れた支配者ではなく労働人民であるとしたこと、群集墳が築造される契機として従来の部族的・祭祀的な共同体が家父長制世帯共同体へと再編成されたことの重視、という部分にあった。近藤の家父長制世帯共同体論は一世を風靡したけれども、その一方で西嶋定生によってまったく違った群集墳の被葬者像が提出された（西嶋　一九五一）。西嶋は群集墳を階級関係の直截的表現とは考えず、ヤマト政権と関連のある身分保持者の墓として捉えるという新しい視点を提出したのである。つまり西嶋は、ヤマト政権が支配を広げていく過程で、広範な範囲の人々を政権の身分秩序（カバネ制）に取り込み、そのシンボルとして古墳を造営させたのだと説いたのである。すなわち、西嶋説の場合には群集墳を国家的身分秩序のもとにある擬制的同族関係にある集団のシンボルとしてとらえている。いいかえるならば、ほんらい血縁関係をもたない地域集団同士が、みかけの同族関係を結んで結合し、彼らが政権から墓域を与えられて築造したものが群集墳であった、とみることになる。

近藤説と西嶋説の大きな相違は、群集墳造営の契機を、前者が世帯共同体の生産力の発達という内在的な要因に求めたのに対して、後者がヤマト政権の身分秩序という外因的な要因にあるとしたところにある。ただ、前者の説の場合、群集墳の拡大が全国で一斉におこなわれたことの理由が説明しにくい。したがって、近年では古墳の本質を政治的な所産としてとらえる立場から、群集墳もヤマト政権（倭政権）との関連で考えることが多くなりつつある。群集墳を媒介として支配関係が貫徹される点で、こうした体制は「群集墳体制」と呼んでおくことができよう。

群集墳の類型　群集墳を大型・中型古墳との関連で考えると、白石太一郎が説いた通り、そこにはいくつかの類型がみられる（白石　二〇〇〇）。第一番目の類型として、群集墳は等質的な小型古墳だ

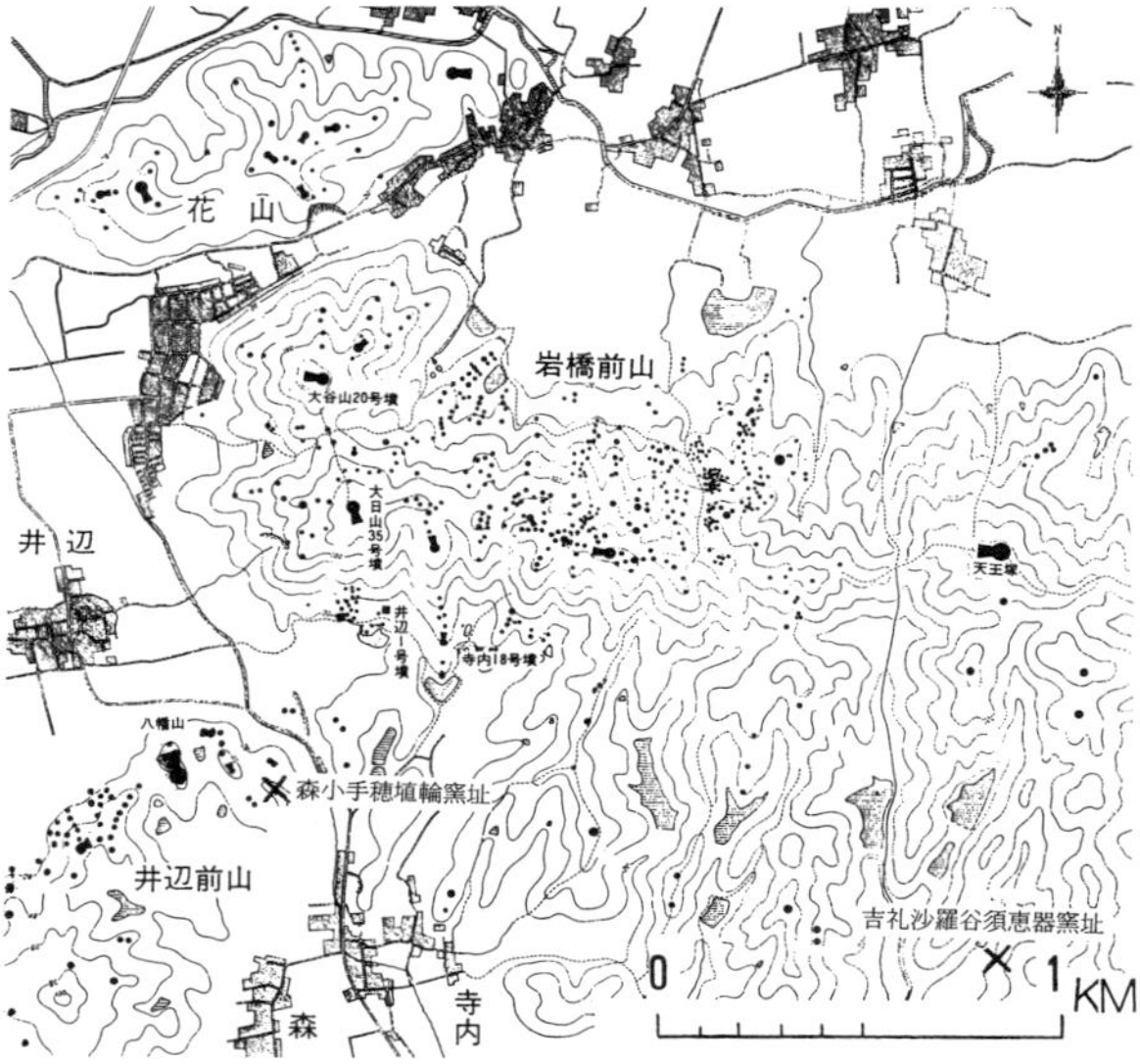

図33　和歌山県岩橋千塚古墳群

けから構成され、その群内はおろか周辺にも大・中型古墳が存在しないというものがある。この場合には、群集墳の被葬者集団を統括していた政治勢力は、群集墳からは遠隔の地に本貫を置いていたと考えられよう。場合によってはその政治勢力とは、ヤマト政権の大王家であったり、同政権を構成する有力豪族であったかもしれない。

二番目の類型として、群集墳の中または近接した場所に同時期の大・中型古墳が存在する場合がある。和歌山県和歌山市岩橋《いわせ》千塚《せんづか》古墳群（図33）がこの典型例であるが、この古墳群の場合には群内に群集墳に先行する大・中型古墳も分布しているから、その地域を支配していた豪族の元からの墓域に群集墳が入り込んだということができよう。同様の状況は京都市右京区の嵯峨野《さがの》・太秦《うずまさ》古墳群でもみられ、古墳時代中期末から後期後半まで継続する前方後円墳群、後期後半の中型の円・方墳群、後期後半の群集墳が少しずつ場所をずらして併存する。いずれにせよこの場合には、群集墳の被葬者たちはその土地の地域豪族の集団の中に含まれていたのであろう。その地域豪族とは、岩橋千塚古墳群の場合には紀氏《きし》、嵯峨野・太秦古墳群の場合には秦氏《はたし》であったとみてまちがいない。奈良県橿原市新沢千塚古墳群には、近接した場所に全長一三八メートルの前方後円墳である鳥屋ミサンザイ古墳（治定宣化天皇陵）と、一辺八五メートルの日本最大の方墳である桝山《ますやま》古墳（治定倭彦命《やまとひこのみこと》墓）が存在する。新沢千塚古墳群は群形成の開始が早い古式群集墳であるから、その年代は鳥屋ミサンザイ古墳や桝山古墳と併行するものであると考えてよい。また、奈良県天理市石《いその》上《かみ》・豊田《とよだ》古墳群（約二五〇基）の場合も、隣接地に同時期の大型前方後円墳として全長一〇七メートルの石上大塚古墳や全長一一〇メートルのウワナリ塚古墳が築かれている。鳥屋ミサンザイ、桝山、石上大塚、ウワナリ塚各古墳の被葬者はいずれもヤマト政権の大王か、もしくはその有力構成員である中央豪族であったことはまちがいないから、これらの群集墳にはそうした中央豪族に管掌される同族集団の奥津《おくつ》城《き》だったのであろう。

三番目に、群集墳に近接して大・中型古墳が存在するが、後者は前者よりもかなり以前に造られていた場合がある。奈良県天理市龍王山《りゅうおうざん》古墳群は小型円墳約三〇〇基と横穴約三〇〇〇基から構成される奈良県最大の群集墳である。同古墳群が分布する丘陵の裾部には大和《おおやまと》・柳本《やなぎもと》古墳群が存在しており、特にその中の行燈山古墳や渋谷向山古墳は初期ヤマト政権の大王墓としてふさわしいものである。一見すると龍王山古墳群は古墳時代後期後半、大和・柳本古墳群は前期前葉で時期的にかけ離れているから、両者は直接の関係を持たないようにみえる。しかしこの場合には、前者を造営した擬制的同族集団が自らの系譜を後者に葬られた大王に結びつけていた現れであると考えうる。

ここで注目したいのは、大和・柳本古墳群の古墳時代前期の巨大前方後円墳から、古墳時代中期に降る遺物がしばしばみいだされることである。たとえば、渋谷向山古墳では墳丘に巡らされた円筒埴輪のひとつの中に、古墳時代中期の須恵器𤭯が落とし込まれていた。これはおそらく、古墳時代中期のヤマト政権中枢部の有力者が、大和・柳本古墳群の大型前方後円墳の被葬者たちを自らの始祖として位置づけ、そこで祭祀をおこなったことをあらわしているのであろう。すなわち、古墳時代中期から後期にかけて、こうした擬制的同族集団の結成による社会の再構成が進んでいったと考えうるのである。新式群集墳とは、こうした社会変化に応じて登場した新しい墓制だったのである。

「北近畿型最古式群集墳」の提唱　近畿地方中央部から周縁部へと目を移すと、早い時期から群集墳が特異な発達を遂げる地域が存在することが知られる。兵庫県北部（但馬国）と京都府北部（丹波国の北半部および丹後国）がそれである。この地域においては、平野を取り巻く丘陵の尾根上に、まるで数珠玉《じゅずだま》を並べたように小さな古墳が連続して築かれていることがしばしばみられる。近畿地方中央部の古式群集墳や新式群集墳が丘陵裾部の緩斜面や平坦面を利用することが通例であるのに対して、近畿地方北部の群集墳はまずこうした立地の上で際立った特色を持っている。また、その数が半端なものでなく、兵庫県豊岡市だけをとっても古墳数は一八〇〇基を超え、その大半がこうした尾根上に群集する小古墳からなっているのである。

京都府京丹後市大宮町の小池古墳群の場合、周囲の平地からの比高が一五メートル《メートル》ほどの低い丘陵上に約六〇基の小型円墳・小型方墳が並ぶ（図34）。群の北部における発掘調査では、古墳時代中期後半（五世紀中葉）に始まり、後期前半（六世紀前葉）まで小古墳の造営が続く。注目されるのは、同じ群内ではあるが尾根を違えたところに弥生時代中期の方形台状墓群と土坑墓群が築かれており、土坑墓群は古墳時代中期・後期にも連続するところである。京都府福知山市豊富谷《とよとみだに》丘陵古墳群の場合、東西約二キロ、南北約四〇〇メートルの丘陵上に九〇基を超える数の小古墳が点在する。発掘調査されたものだけから判断すると、小古墳の造営は弥生時代後期末（庄内式土器の時期）に始まり、古墳時代前期から

図34　京都府小池古墳群（北近畿型最古式群集墳）

中期前半（布留式土器の時期）にはやや低調になるが、古墳時代中期後半（須恵器出現期）には群の形成が再開されるようである。この古墳群の西端の大道寺《だいどうじ》支群や論田《ろんでん》支群では、数珠玉形に連続する古墳の中に弥生時代後期末のものと古墳時代中期後半のものが共存している。京都府京丹後市弥《や》栄町《さかちょう》の奈具岡《なぐおか》北・南両古墳群では、四十数基の古墳が確認されている。多くが、ひとつの墳丘に二～四基の木棺を埋納する一墳多葬墳である。群中には弥生時代後期の

方形台状墓が数基含まれている。古墳時代前期前半には墓の築造が断絶するが、前期後半に群が形成され始め、古墳時代後期前半（六世紀中葉）まで存続するようである。また、群中に、朝鮮系陶質土器などの大陸色の強い副葬品を持ち、古墳時代中期の初頭に築かれた全長六〇メートルの前方後円墳である奈具岡北一号墳が含まれている。

こうした古墳群は、ちょっとみたところでは近畿地方中央部にもみられる古式群集墳のひとつの類型であるように思われる。確かに、多くの小規模古墳がぎっしりと並んでいることからすると、これを「群集墳」と呼ばない理由をみいだすことはできないだろう。しかしこれらは、近畿地方中央部の古式群集墳とは立地条件や築造開始時期の点で明らかに異なっている。特に、近畿地方中央部の古式群集墳の盛期が古墳時代中期後半から後期前半にかけてであるのに対して、近畿地方北部のこれらの古墳群の中には前期後半に造営を開始するものがあるし、群の域内に弥生時代の方形台状墓群が含まれることとすらみられる。そこで、これらの古墳群も群集墳の一類型と考えた上で、時期的な先駆性を評価してこれらを「最古式群集墳」と仮称しよう。そして、地域性をも加味することにより、これらの群集墳を「北近畿型最古式群集墳」と呼ぶことを提唱したい。

京都府北部や兵庫県北部は、弥生時代にも方形台状墓群が盛んに造営される地域である。たとえば、京都府京丹後市丹後町の大山《おおやま》墳墓群は、弥生時代中期後半から後期前半にかけて低い墳丘を持つ方形台状墓群が築かれ、さらにその周囲にはそれらに従属する木棺墓が営まれる。中期の方形台状墓が複数の埋葬主体を持つ「墓域」であったのに対して、後期のそれは中心埋葬主体が明確な個人墓に変化していることは注目されるのである。

要するに、北近畿型最古式群集墳は、弥生時代の方形台状墓群の性格を色濃く残す群集墳なのである。しかし、だからといって弥生時代の方形台状墓群と北近畿型最古式群集墳がまったく同じものであるわけではない。前者と後者は場所を異にすることが通例であるし、北近畿型最古式群集墳の域内に弥生時代の墳墓群が含まれる場合にもその両者の間には時間的な断絶があることが多いからである。また、京都府京丹後市赤坂今井古墳（弥生時代後期）の被葬者のような首長が登場しているものの、まだまだ階級分化の途上にあったとみられる弥生時代の社会と、全長一四五メートルの京都府与謝野町蛭子《えびす》山《やま》古墳のような巨大な前方後円墳に葬られるような王者が出現していた古墳時代の社会とを同一に論ずることはできまい。近畿地方北部に登場した大前方後円墳の被葬者たちは広範な在地の人々を自らの支配下に組織したであろうし、またヤマト政権を構成する大王や有勢者もこの地域に触手を伸ばすことがあったかもしれない。しかし、近畿地方北部においては弥生時代から受け継がれてきた地域共同体の紐帯が他の地域よりもはるかに強固に残っていたのであろう。この地域の社会の再編成とは、そうした紐帯を断ち切るのではなくできるだけ温存し再活用しながらおこなわれたのではなかろうか。つまり、近畿地方北部では他の地域のような擬制的同族関係の確立を待つことなく、はるかに早い段階で地域共同体を基礎として再組織化が進展し、その結果として北近畿型最古式群集墳が生まれ出たと考えたいのである。

群集墳の終末　古墳時代の終焉をどこに設定するかについては、学界でも議論がある。最も早くにその画期をみいだすのは、近畿地方中央部における前方後円墳の衰退期である六世紀後半とする説である。ただ、六世紀後半は新式群集墳の最盛期であり、全国でおびただしい数の古墳が造られ続けていた時期でもある。そして、近畿地方中央部では群集墳の拡大にブレーキがかかるのは七世紀前葉のことであり、それ以降は群集墳は急激に衰退することが知られている。たとえば、京都市右京区の嵯峨野・太秦古墳群の中で最も古墳の密度の高い御堂《おんど》ケ《が》池《いけ》古墳群は、二三基のうち一一基で発掘調査がおこなわれている。出土した須恵器は高蔵寺《たかくらじ》四三号窯式から高蔵寺二一七号窯式古段階までのもので、この群集墳が六世紀後葉に始まり、七世紀前葉にはすべての構成墳の築造を終えていたことが知られる。こうした変化を重視する立場からは、群集墳の衰退こそが古墳時代の終焉を告げる大きな画期だということになる。古墳時代が終わってもなお造り続けられていた古墳のことを「終末期古墳」と呼ぶ（したがって、この場合には「古墳時代終末期」という用語は正しくない）が、提唱者の森浩一によると、それは近畿地方中央部において群集墳が衰退した以後の古墳のことだということになる（森編一九七二）。

以上のように、近畿地方を中心とする地域では群集墳の築造はほぼ七世紀前葉に終了し、一部で終末期群集墳が造営されるに限られる。従来は、近畿地方以外の地域においてもこうした傾向は変わらず、群集墳の終末は全国でほぼ同時期であると考えられてきた。これは群集墳から出土する須恵器が、立ち上がりと受け部を持つ杯身、椀形の杯蓋、長脚の高杯、𤭯、提瓶などによって特徴づけられる、いわゆる「古墳時代タイプ」というもの（図30）であり、そうした須恵器の終末の時期が全国でほぼ一律であると考えられたからである。ところが、全国各地の須恵器編年の比較研究が進むにつれて、こうした前提は誤りであることが判明してきた（山田 一九九八）。地域によっては「古墳時代タイプ」の須恵器はずっと後まで作られ続け、宝珠形つまみ付の杯蓋に代表されるいわゆる「飛鳥時代タイプ」の須恵器と併存しているのである。この時代、一般の日常生活には主として「飛鳥時代タイプ」の須恵器が、また群集墳における葬送祭祀には「古墳時代タイプ」の須恵器がそれぞれ使われるという、機能分化がおこなわれていたようである。たとえば、愛知県名古屋市西部の猿投山《さなげやま》西南麓窯址群においては「古墳時代タイプ」の須恵器が七世紀後半にいたるまで作られており、同県一宮市浅《あざ》井《い》古墳群（三四基）のように、そうした様式の須恵器を副葬する群集墳が存在しているのである。そして、一方、同県名古屋市守山区東谷山《とうごくさん》（五二基）・吉根《きつこ》（一九基）・松ケ洞《まつがほら》（二六基）各古墳群が七世紀初頭で群の築造を終えている。つまり、愛知県西部地域における群集墳は、七世紀初頭に造営を終了する群と七世紀後半まで継続する群とに分かれるのである。これは、それぞれの群の被葬者集団の性格の違いを示唆するものであろう。おそらく、地域の集団によっては群集墳を造営させることが支配の手段としてまだまだ有効だとみなされていたのであろう。

前方後円墳の終焉 近畿地方中央部においては、前方後円墳の築造は六世紀後半で下火になる。特に、大王陵とみられる巨大古墳においては、欽明天皇三二年（五七一）に崩じた同天皇の山陵《さんりょう》の可能性のある奈良県橿原市五条野丸山古墳や同県明日香村平田梅山古墳の築造をもって、ほぼ前方後円墳は終末を迎える。前方後円墳によって古墳時代を定義づける説による場合には、古墳時代は六世紀後

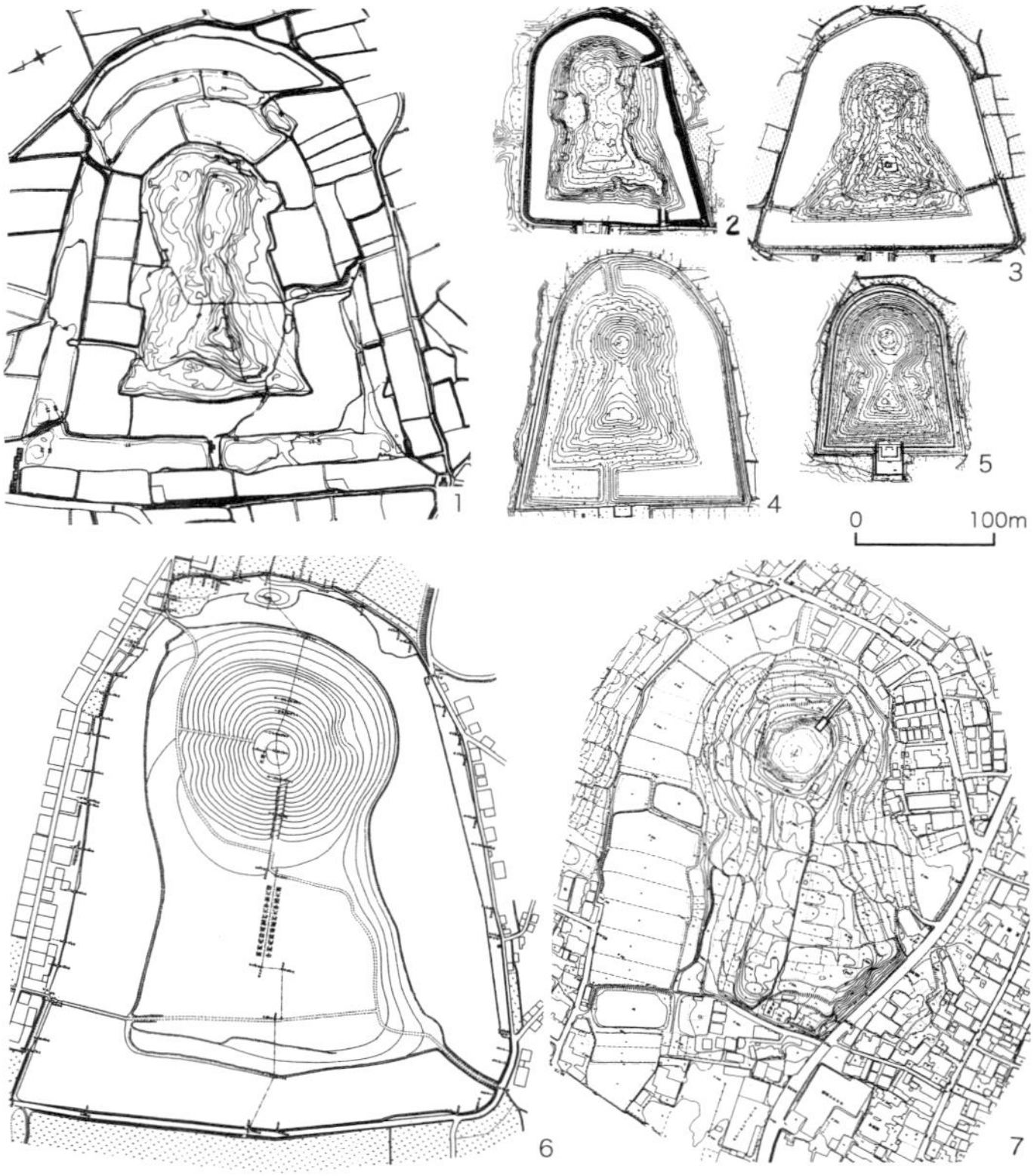

図35　古墳時代後期の大型前方後円墳

（1：大阪府今城塚古墳，2：大阪府高屋築山古墳〈治定安閑天皇陵〉，3：大阪府白髪山古墳〈治定清寧天皇陵〉，4：奈良県平田梅山古墳〈治定欽明天皇陵〉，5：大阪府太子西山古墳〈治定敏達天皇陵〉，6：大阪府河内大塚山古墳，7：奈良県五条野丸山古墳）

半に終わったことになる。

なお、大王陵における最後の前方後円墳は敏達《びだつ》天皇陵であったとする説が有力である。敏達天皇は同天皇十四年（五八五）に崩じ、崇峻《すしゅん》天皇四年（五九一）に母后である石姫《いしひめ》皇女の山陵に合葬されている。そして、宮内庁は敏達天皇陵を大阪府太子町太子西山古墳という全長九四《メートル》の前方後円墳（図35-5）に治定しているのである。しかし、同古墳は円筒埴輪列を巡らせていることが知られている。近畿地方中央部では埴輪自体は六世紀後半まで残存するものの、古墳の周囲に埴輪を巡らせる風は六世紀中葉までに絶えてしまっていた。現に、敏達天皇の父の欽明天皇の山陵の候補としては五条野丸山古墳と平田梅山古墳があげられるが、前者には埴輪が確認されていない。後者には埴輪自体は存在したらしいが、それが古墳を囲繞する埴輪列であった可能性は低い。石姫皇女が崩御した時期は不明であるが、同皇女は敏達天皇即位時に皇太后の尊号を与えられたという記事があって生存が確認されるから、その崩御は少なくとも欽明天皇の崩御よりも後であることになる。したがって、石姫皇女の陵に埴輪が巡らされることはいささか考えがたいのではなかろうか。さらに、太子西山古墳と平田梅山古墳の墳形をみると、前者がくびれ部の両側に見事な造り出しを持っている。それに対して、後者には造り出しは確認されているけれども、それはきわめて矮小化したものであったらしい。このことも太子西山古墳が平田梅山古墳に先行する可能性を示唆している。ここから考えると、太子西山古墳を敏達天皇の真陵と考えるのには問題が残るように思う。

近畿地方中央部における最終末の前方後円墳は、京都市右京区蛇塚《へびづか》古墳（図36）であろう。この古

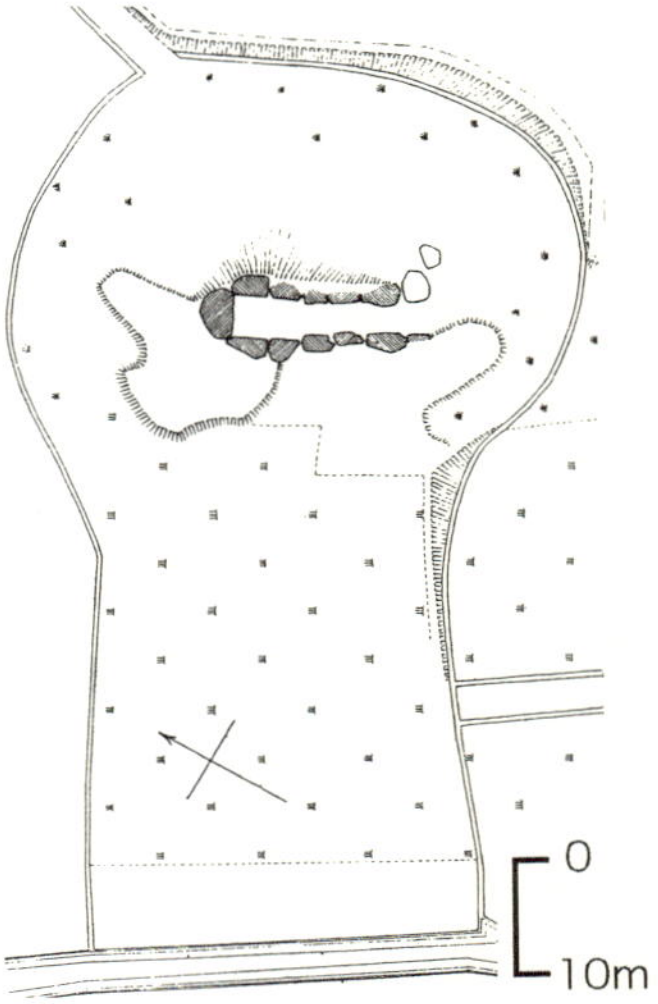

図36　京都府蛇塚古墳

墳は大正期の開墾で墳丘を失って全長一七・八メートルを測る長大な横穴式石室が露出するにいたったが、現在も全長七五メートルの前方後円墳の痕跡が住宅地の地割に残っている。この横穴式石室は巨大な石材を使用している点で奈良県明日香村石舞台《いしぶたい》古墳のそれに代表される「石舞台式」に含まれるものであり、石舞台古墳は推古《すいこ》天皇三十四年（六二六）に薨《こう》じた大臣《おおおみ》蘇我馬子《そがのうまこ》の墓である可能性が高いから、蛇塚古墳もまた七世紀初頭の築造と考えてよい。ただし、ここまで前方後円墳の築造が遅れるのは近畿地方中央部としてはきわめて異例のことであり、この地域の大勢としては六世紀後半の段階で前方後円墳は終焉を迎えている。

視点を他の地域に転じた場合でも、中部地方以西では六世紀後半に最後の前方後円墳が築かれるのが通例である（古代学研究会編　一九八四）。ただ、関東地方では千葉県木更津《きさらづ》市金鈴塚《きんれいづか》古墳や埼玉県行田《ぎょうだ》市若王子《わかおうじ》古墳など、前方後円墳の終焉が七世紀初頭に比定される事例がみられるし、山口県防府市大日《だいにち》古墳や福島県白河《しらかわ》市笊内《ざるうち》二号墳は七世紀中葉に降ると考えられており、地域によっては例外的にそうした時期まで前方後円墳の終焉がずれこむ場合があるのである。

二　古代の葬送と墓制

1　飛鳥・奈良時代から平安時代前期

大王陵・天皇陵　六世紀後半から七世紀前半にかけて、大王陵はその姿を大きく変えた。墳形が前方後円墳から方墳、さらには八角墳に変化するとともに、大王の改葬が一般的となったのである。

用明《ようめい》天皇二年（五八七）に崩じた用明天皇は最初は大和国磐余池上陵《いわれのいけのえのみささぎ》に葬られたが、推古天皇元年（五九三）に河内《かわちの》磯《し》長《なが》陵に改葬された。現在の治定陵は一辺六七メートル、高さ一〇メートルの方墳である大阪府太子《たいし》町《ちょう》春日《かすが》向山《むかいやま》古墳で、用明天皇の真陵と考えても矛盾はない。推古天皇三十六年（六二八）に崩じた推古天皇は大和国の大野岡《おおののおか》にあった竹田皇子《たけだのおうじ》墓に合葬《がっそう》され、さらに後になって河内国の磯《し》長《ながの》山田《やまだ》陵に改葬された。当初の推古天皇陵となった大野岡陵は奈良県橿原《かしはら》市植山《うえやま》古墳（図1）であるとみてよい。同古墳は東西四〇メートル、南北二七メートル、高さ六メートルの横長の方墳である。東西に並んだふたつの横穴式石室《よこあなしきせきしつ》を持っており、東側が竹田皇子、西側が推古天皇の石室であると推定されている。すなわち、ここでいう「合葬」とはひとつの横穴式石室の中に棺を追加したのではなく、ひとつの墳丘《ふんきゅう》の

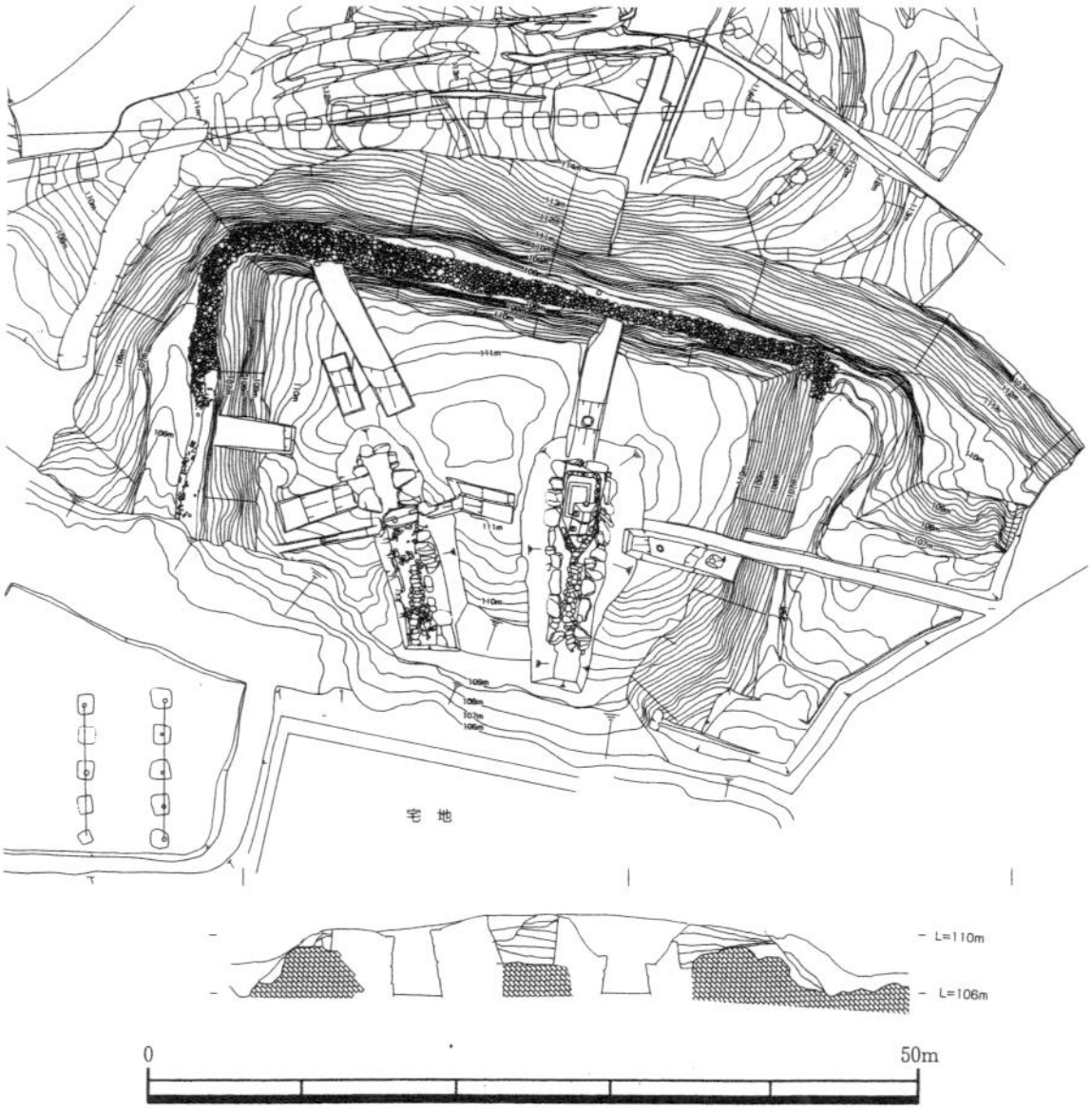

図１　奈良県植山古墳

中のふたつの石室にそれぞれの人物を埋葬する、ということだったのである。改葬後の推古天皇磯長山田陵は、現在の宮内庁の治定陵である大阪府太子町山田《やまだ》高塚《たかつか》古墳であるとみてまちがいない。同古墳は東西六一メートル、南北五五メートル、高さ一二メートルの方墳である。墳丘の平面が長方形なのは、植山古墳と同様に竹田皇子と推古天皇のためのふたつの石室が内蔵されているのであろう。このように、六世紀末から七世紀前半にかけての一時期、大王陵は方墳の形態をとるようになったのである。

続く舒明《じょめい》天皇（同天皇十三年〈六四一〉崩）は、最初は大和国滑谷岡《なめはざまのおか》に葬られ、皇極《こうぎょく》天皇二年（六四三）にいたって大和国の押坂《おさか》陵に改葬された。この山陵は、宮内庁の治定どおり奈良県桜井《さくらい》市段ノ塚《だんのつか》古墳（図2上）で誤りない。同古墳のユニークな点は、三段の方形壇（最下段の一辺は一〇六メートル）を築いた上に対辺間四二メートル、高さ一二メートルの八角墳《はっかくふん》を載せるという前例をみない構造を採用しているということである。ただ、本体の墳丘も正面部分の角だけはさらに小さな辺に作られているから、正確にいうと不等辺九角形ということになる。また、この古墳は丘陵斜面に造られているから、方形壇は古墳の前面にだけ設けられ、背後には及ばない。その点で、この古墳の平面形は一見すると前方後円墳《ぜんぽうこうえんふん》に近似したものになる。これは偶然ではなく、このような墳形の方形壇が前方後円墳の前方部が変化することによって成立したものであることを示している。

舒明天皇陵で成立した八角墳という墳丘形式はその後にも受け継がれた。天智天皇《てんじ》（天智天皇十年〈六七一〉崩）山科陵《やましな》は治定通り京都市山科区御廟野古墳《ごびょうの》（図2下）であるとみてよい。この古墳は一辺七〇メートルの方形壇の上に対辺間四二メートルの八角墳を載せている。その次代の天武天皇《てんむ》（朱鳥《しゅちょう》元年〈六八六〉崩）と持統天皇《じとう》（大宝《たいほう》二年〈七〇二〉崩）の合葬陵である奈良県明日香《あすか》村野口王墓《のぐちおうのはか》古墳になると下部の方形壇がなくなり、対辺間三九メートル、高さ七メートルの五段築成の八角墳となった。文武天皇《もんむ》（慶雲《けいうん》四年〈七〇七〉崩）の真陵と推定される奈良県明日香村中尾山《なかおやま》古墳では対辺間三〇メートルの八角形の石敷の中央に対辺間二〇メートルの八角墳を据えている。なお、近年、奈良県明日香村牽牛子塚《けんごしづか》古墳が発掘調査によって対辺間二二メートル、高さ四・五メートルの八角墳であることが確認され、天智・天武両天皇の母である斉明天皇《さいめい》（同天皇七年〈六六一〉崩）の真陵である可能性が高まった。ただしこの古墳は段ノ塚古墳（舒明天皇陵）や御廟野古墳（天智天皇陵）のような方形壇を持っていない。斉明天皇陵は文武天皇三年（六九九）に修築されたことが知られており、あるいはこの際に墳形が変更されたのかもしれない。

さらに、八角墳という墳形自体は兵庫県宝塚《たからづか》市中山荘園《なかやましょうえん》古墳、京都府亀岡《かめおか》市国分《こくぶ》四五号墳、東京都多摩市百草稲荷塚《もぐさいなりづか》古墳、山梨県笛吹《ふえふき》市経塚《きょうづか》古墳といった大和以外の中小古墳でもわずかながら事例があり、必ずしも大王陵・天皇陵に限られるということはない。ただ、八角墳という特異な墳形が七世紀中葉から八世紀初頭の大王陵・天皇陵に特徴的に採用されたことは確かである。

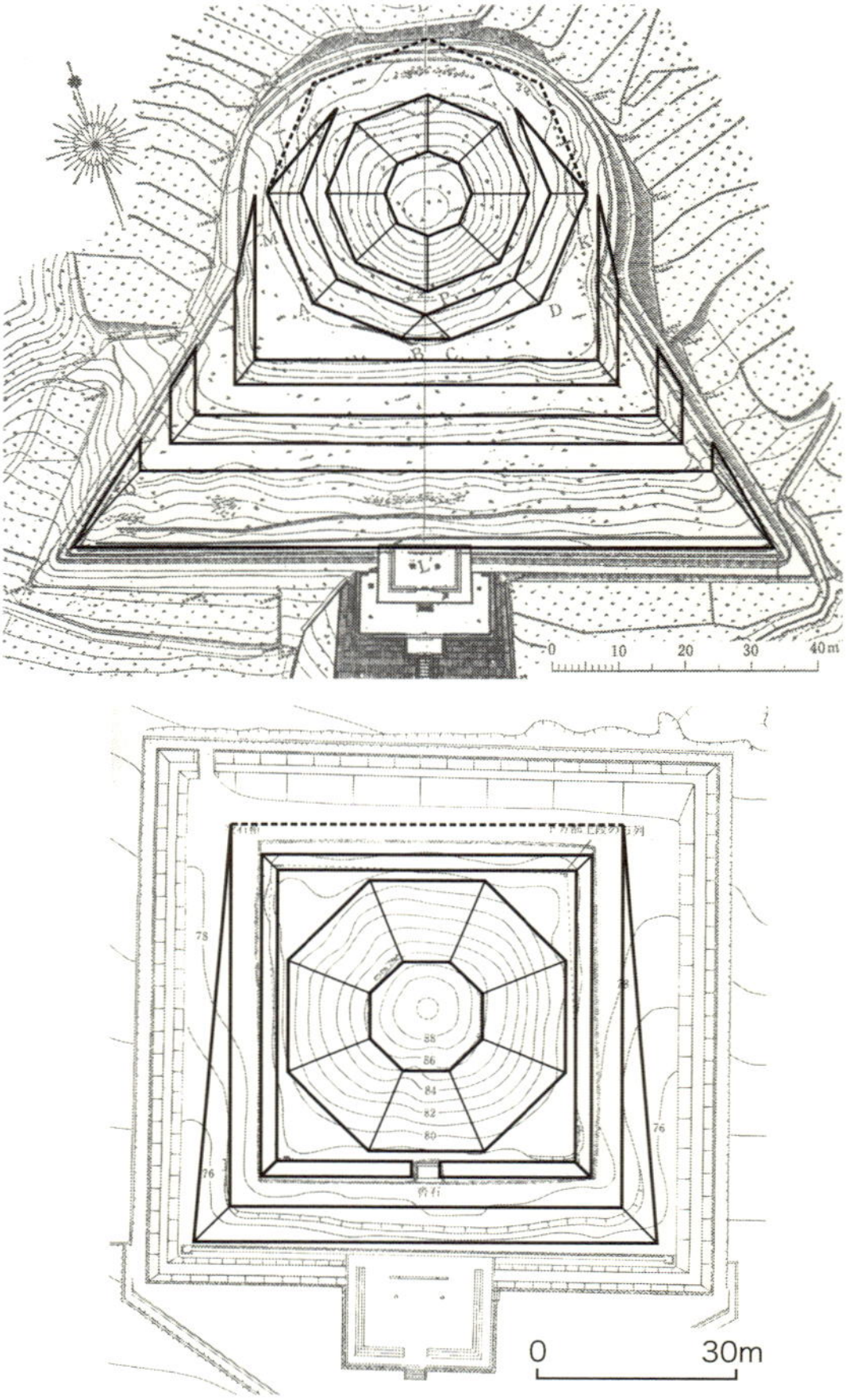

図2　大王陵の八角墳
(上：奈良県段ノ塚古墳〈治定舒明天皇陵〉,
下：京都府御廟野古墳〈治定天智天皇陵〉)

単葬墓としての終末期古墳　近畿地方中央部においても、七世紀中葉以降に比定される群集墳がないわけではない。京都府井手町小玉岩《こだまいわ》古墳群は平地からの比高差三〇〇㍍の山頂に造られた三基の古墳からなる群集墳で、直径一二㍍と九㍍の円墳二基と、一辺六㍍の方墳一基から構成されている。時

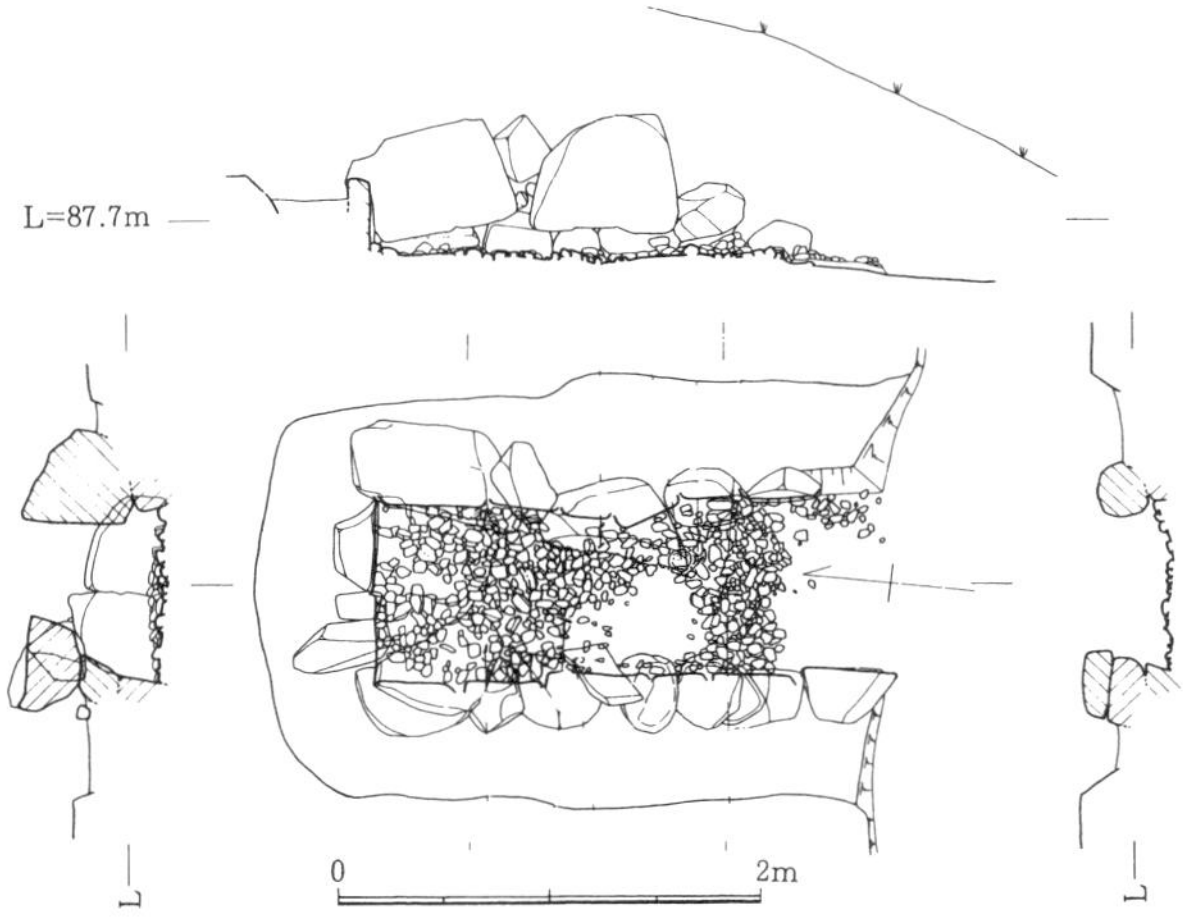

図３　京都府下司６号墳

期は七世紀中葉であろう。いずれも横穴式石室を内蔵しているが、玄室《げんしつ》の長さは最小で一・五㍍、最大でも二・四㍍という小規模なものであった。同府京《きょう》田辺《たなべ》市下司古墳群は八基から構成されており、七世紀前葉から中葉にかけて築造された。最大の規模を誇る一号墳の横穴式石室が全長八・五五㍍、それに次ぐ二号墳の横穴式石室が全長七・〇五㍍を測るが、三号墳は玄室の長さ二・五㍍、五号墳は石室の推定長三・五㍍、六号墳（図３）は石室の全長二・四五㍍という小規模なものであった。つまり、下司《げし》一号墳と二号墳を別とすると、下司古墳群でも小玉岩古墳群でもその構成墳の埋葬主体である横穴式石室は人ひとりを埋葬するのがようやくの規模であり、とうてい追葬に耐えうるものではないのである。古墳時

代後期の群集墳が基本的には追葬をおこなう家族墓であったのに、終末期の群集墳はそうした機能を失なう方向に動いていったということになる。これは、同じ群集墳とはいいながら、その両者の間には大きな性格の違いがあったことを物語っている。こうした群集墳を区別するためには、「終末期群集墳」といった用語を使うべきであろう。

七世紀にはいると、近畿地方中央部の古墳の中には、横口式石槨《よこぐちしきせっかく》と呼ばれる特異な埋葬主体を備えるものが現れた（山本　二〇〇七）。横口式石槨とはそれまでの横穴式石室と比べて、棺を納める玄室をきわめて小さくした埋葬施設である。横穴式石室の玄室を縮小したもの、石棺《せっかん》そのものを玄室の替わりとしたもの、巨石をくりぬいたり切石を組み合わせて造った玄室に形骸化した羨道《えんどう》を付けたり、または羨道をまったく省略してしまったものなど、さまざまなタイプがある。

極彩色の壁画で知られる奈良県明日香村高松塚《たかまつづか》古墳（図4）は横口式石槨としても最終末の時期のものである。この古墳の実年代には議論があったが、最近の研究では八世紀前葉に降り、七一〇年の平城京遷都よりも新しいとする説が有力となっている（白石　二〇〇〇）。墳丘は最大径二五メートルをはかり、横口式石槨は長さ二・七メートル、幅一・〇メートル、高さ一・一メートルである。遺体を入れる木棺《もっかん》は長さ約二メートル、幅約〇・六メートルほどであったと推定されるから、木棺を納めたならば横口式石槨の内部にはほとんど空間が残らない。このように、横口式石槨は人間ひとりを埋葬するのが精一杯であり、基本的には複数埋葬や追葬は考えられていなかったはずである。それでもなお複数埋葬が予定されていた場合には、奈良県明日香村牽牛子塚古墳（斉明天皇陵と推定）のように、最初からひとつの石材にふたつの横口式石槨を造ることがおこなわれた。

改　葬　『養老令《ようろうりょう》』の「仮寧令《けにょうりょう》」には「凡改葬。一年服給二仮廿日一。五月服十日。三月服七日。一月服三日。七日服一日」とある。すなわち、官人が近親者を改葬しようとする際には、その服喪の期間の長短（これは故人との血縁関係の濃さに連動する）にしたがって与えられる休暇期間に基準を設ける、ということが規定されている。この条文は、飛鳥・奈良時代において、改葬の風が決して珍しくはなかったことを示唆している。

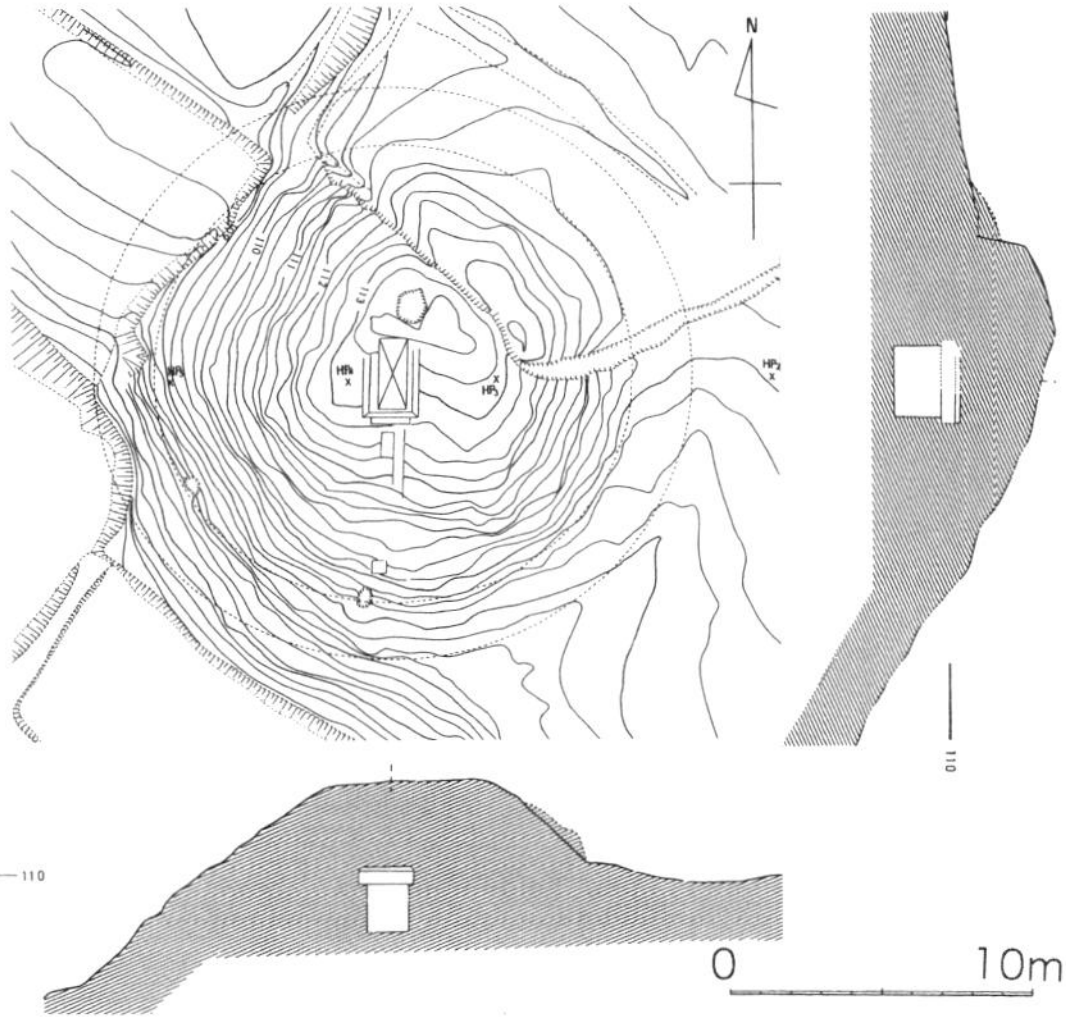

図４　奈良県高松塚古墳

大阪府柏原市の松岳山《まつおかやま》の頂上に営まれた船《ふなの》王後《おうご》墓には墓誌《ぼし》が納められており、そこには「殯亡於阿須迦　天皇之末歳次辛丑十二月三日庚寅故戊辰十二月殯葬於松岳山上」と記されている。つまり、被葬者である船王後は舒明天皇（阿須迦天皇）の辛丑年（舒明天皇十三年〈六四一〉）十二月三日にこの世を去り、戊辰年（天智天皇七年〈六六八〉）に松岳山に葬られたのである。ここで「殯葬」の文字が使われているけれども、これは殯《もがり》儀礼ではな

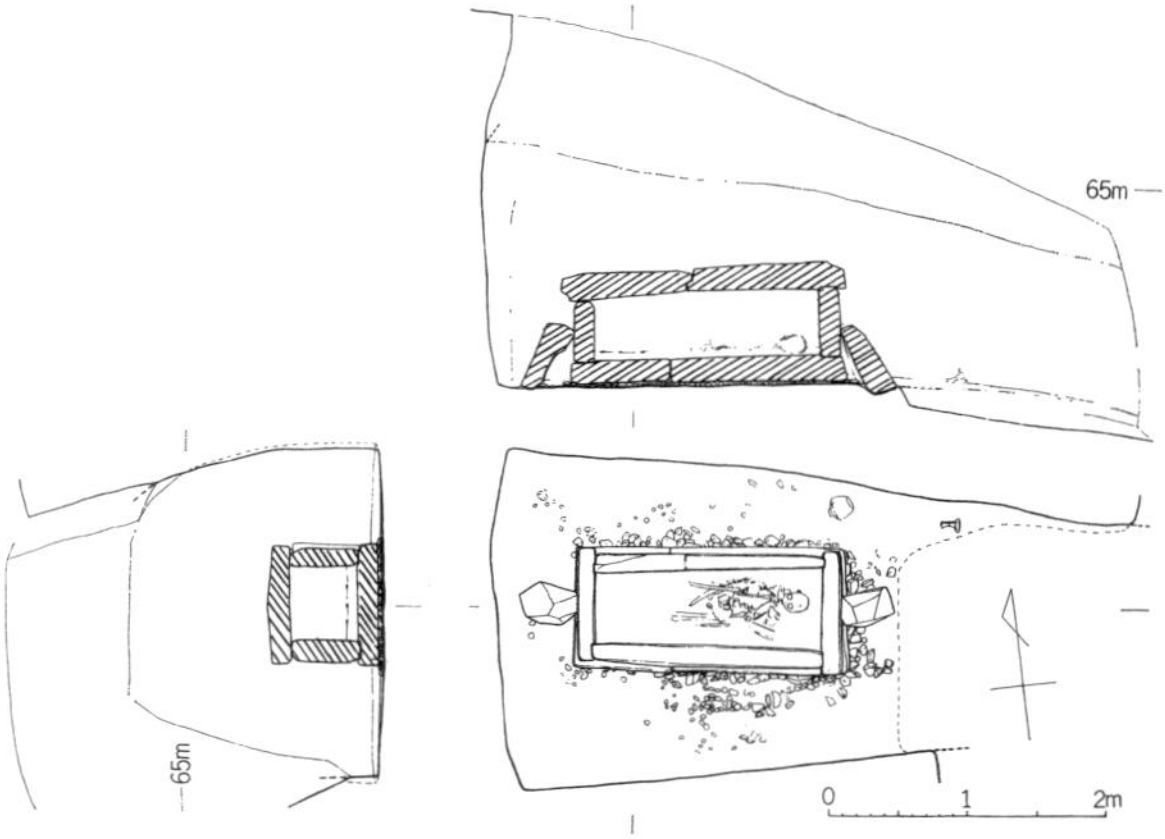

図5　京都府堀切6号横穴

く「埋葬」を意味している。死去から埋葬までの二七年という長い年月を殯儀礼の期間と考えるのには無理があるから、船王後は改葬されたことを意味していると解されねばならない。

前述したように、用明天皇、推古天皇、舒明天皇といった飛鳥時代の大王は、いったんある場所に葬られながら、後に別の場所に改葬されている。推古天皇の初葬陵である可能性の高い奈良県橿原市植山古墳では、横穴式石室の内部に納められた家形石棺が開けられた様子がそのまま残されていた。これは改葬の痕と考えてよい。

ここで注意したいのは、京都府京田辺市堀切《ほりきり》六号横穴（図5）である。これは七世紀初頭に築造された横穴墓であるが、玄室に組合式の家形石棺《いえがたせっかん》が納められており、その内部には一体の人骨が横たわっていた。一見する限りでは納められた遺体がそのまま骨化したもののようにみえるが、適切な位置に存在したのは頭蓋骨《とうがいこつ》や骨盤《こつばん》などだけであり、その他の骨は上下左右や表裏が反転していたし、細かい骨は棺の隅にまとめて置かれていた。これは明らかに、他の場所で骨化させた後、骨を整理した後に再び納棺したものである。また、奈良県宇陀《うだ》市の能峠《ゆきとうげ》二号墳（七世紀中葉）では、全長一二八センチの小型の箱式石棺に成人人骨四体が納められていたし、茨城県つくば市の旧小田村《おだむら》所在古墳でも全長一八〇センチの箱式《はこしき》石棺に二体分の人骨が整理された状態で入っていた（楠元　一九九六）。こうした事例については、殯儀礼によって骨化させた後の処理であるという可能性を指摘する向きもある。ただ、殯儀礼が普遍的におこなわれていたと推定されるのに対して、骨化した後に整理して納棺したと確言できる人骨の検出例は必ずしも多くはない。そうすると、このような事例については改葬に起因するものと考えたほうがよいであろう。

大化薄葬令から喪葬令へ　大化二年（六四六）三月二十二日、孝徳天皇は難波長柄豊碕宮《なにわながらとよさきのみや》において長文の詔《みことのり》を発布した。大化二年三月甲申詔《こうしんしょう》と呼ばれているものである。この詔は前後のふたつの部分に分かれており、前半を「大化薄葬令《たいかはくそうれい》」、後半を「旧俗廃止令《きゅうぞくはいしれい》」と呼んでいる。なお、孝徳天皇が推し進めたとされる「大化改新」については、否定論から肯定論にいたるまでさまざまな評価がなされている。しかし、近年の研究では、大化改新の全てを後世の虚構とする説は次第に影を潜め、『日本書紀』の記述に加えられている潤色を認めながらも、大筋においては孝徳朝の大規模な政治改革の存在の信憑性を認める方向に動いているとみてよい。

大化薄葬令は、まず、中国の皇帝（魏〈曹魏〉の武帝・文帝）が薄葬を命じた故事を引用する。そして、「廼者《このごろ》、我民貧絶、専《たくめ》由レ営レ墓」と断じ、「爰《ここ》陳二其制《そののり》一、尊卑《たかさひくさ》使レ別」つまり身分に応じた墓の制度を定めることを述べている。そこでは、被葬者の身分は王以上、上臣、下臣、大仁《だいにん》および小仁《しょうにん》、大礼《だいれい》以下小智《しょうち》以上、庶民の六階層に分けられ、それぞれに内（墓室）と外域（墳丘）の規模、役（労役）の人数と日数、帷帳《いちょう》（葬送具）の種類、石材の大きさなどが決められている。また、それまで通例であった殯の風習、副葬品としての宝物の納入、誄儀礼にあたっての自傷行為などについても全面的に禁止されたのである。

大化薄葬令については、その実態と実効性について多様な議論が戦わされてきた。まず、この実効性を否定するか、または薄葬令そのものに後世の潤色ないし虚構が含まれているとする説がある。そもそも薄葬令の規定に完全に合致する古墳の実例は決して多いとはいえない。薄葬令の本質は墓の大きさによって新たな身分制を現出させることにあるのであるから、それに合致する古墳が少ないことは薄葬令に実効性がなかったことの証左である、とするのである。さらに、薄葬令では、たとえば王以上の墓の墳丘は方九尋《ひろ》、高五尋と規定されているが、それでは墳丘の傾斜角が高くなりすぎて現実には築造することは困難である、とする見解もある。また、薄葬令の本質は「公葬制《こうそうせい》」であるとする解釈もある（岡田　一九六六）。それまでは墓の築造はあくまで私的な営みであったのに対して、公葬制の実施によって公的なものに転換した、というのである。

その一方で、薄葬令はそれぞれの身分ごとの墓の規模の上限を定めたもの、つまり法解釈でいう「制限法」として理解すべきであるという考え方も提出されている（網干ほか　一九七四）。この理解にもとづくならば、薄葬令の規定を下回る規模の墓の築造はむしろ奨励されるべきことであり、その規定に厳密に合致する古墳が少なくても薄葬令の実効性を認めることができることになる。ここで注意されるのは、近年の高橋照彦の見解である（高橋　二〇〇九）。高橋は終末期古墳の規模の分析から、大化薄葬令の次の段階に出されたもうひとつの造墓規制の存在を想定し、それは大化薄葬令の厳密な規制をかなり緩和したものであったと考えるのである。この仮説によるならば、薄葬令の規定に厳密には合致しない古墳であっても、この第二段階の造墓規制に基づいて造られたと理解することができることになる。ただ、ここで想定された第二段階の造墓規制は文献史料には記載がない点に問題が残る。

大化薄葬令の実効性については今後とも議論を深化させる必要があるが、少なくとも現段階では、薄葬令の規定に厳密に合致する古墳の事例が数少ないことは認めなければならない。さらに、薄葬令の前半が中国における薄葬思想に倣うことを主題に置いている以上、この法令の本質を公葬制の実施とみることにはいささか無理があり、大化薄葬令は営墓の上限を定めた制限法として理解することが自然であると思う。さらに、全体としてみるならば近畿地方中央部では七世紀中葉を境として古墳の規模の縮小傾向に拍車がかかることは事実である。そうすると、やはり大化薄葬令の実効性を一定程度の枠の中で認めねばならないであろう。薄葬令に合致しない古墳が多く存在することも事実であるが、違法行為はいつの時代でもありうるし、また被葬者の特権的地位にもとづく例外的事象と解釈することもできるであろうから、そうした事例があることがただちに薄葬令自体の効力を疑う根拠にはなりえないであろう。

八世紀にはいると、中国の律令《りつりょう》制度を取り入れることによって、わが国においても国家の根本法典である律令が編纂された。周知のように、大宝元年（七〇一）頃には大宝律令が施行され、続く天《てん》平宝字《びょうほうじ》元年（七五七）にはその改定版である養老律令が施行されている。この中で、葬儀について規定しているのは巻第二六の「喪葬令《もそうりょう》」である。喪葬令においては、天皇・皇族・貴族・官人に対して、それぞれの地位に応じた服喪のありかたや、それにともなって支給される賻物《ふぶつ》（故人への贈物）の種類と量を詳細に規定している。たとえば、正一位・従一位に叙せられていた人物が薨去《こうきょ》した場合、喪の儀礼は治部《じぶ》大輔に監護させるとともに、賻物として絁《あしぎぬ》三〇疋《ひき》、布一二〇端《たん》、鉄一〇連を給付、さらに葬送具として鼓八〇面、大角四〇口《こう》、小角八〇口、幡四〇〇竿、轜車（葬車）一具、鐃鼓《にょうこ》二面、鉦《しょう》二面、楯七枚を給い、さらに発喪は三日とすることが規定されているのである。ただ、大化薄葬令と異なり、喪葬令は墓の規模や造営期間については何ら規定していない。おそらくこれは、律令の公布時期には古墳の造営が一部の例外を除くとほとんど後を絶っていたことによるものであろう。喪葬令ではそれよりも、身分ごとの葬送儀礼を秩序づけることに重点が置かれたのである。

　喪葬令の中で最も注目されるのは、「凡三位以上。及別祖氏宗《べつそしそう》。並得レ営レ墓。以外不レ合」、つまり「墓」を造営する資格のある者を三位以上の貴族、分立した氏の始祖、氏族の長に限り、それ以外の人々には墓の造営を禁止するという規定である。この規定の文言を字義通りとするならば、ここから外れる人々については埋葬自体がおこなわれないことになってしまうけれども、現実にはこれは考えがたい。一方、ここでいう「墓」とは墓碑の意だとする理解もあるけれども、そうすると喪葬令の別の条に規定される「凡墓。皆立レ碑。記二具官姓名之墓一」という理念と矛盾することになり、従いがたい。おそらくこれは、まったく新しい地に独立した墳墓を営むことは三位以上と別祖氏宗の者に限定し、それ以外の人々の埋葬地はあらかじめ定められていた氏族の墓地内とする、という意味だったのではなかろうか。この法令がどこまでの実効性をもったかは確言できないけれども、大化薄葬令に引き続いて律令国家の墓地規制の理想をここにみることは許されるだろう。

火葬の採用　文武天皇四年（七〇〇）三月十日、僧道昭《どうしょう》が入寂《にゅうじゃく》し、その遺体は火葬に付された。『続日本紀』はこれについて「弟子等奉二遺教一、火二葬於粟原《あわはら》一。天下火葬従レ此而始也。世伝云、火葬畢、親族与二弟子一相争、欲下取二和上骨一斂上之、飄風《つむじ》忽起、吹《ふき》二颺《あげ》灰骨一、終不レ知二其処一。時人異焉。」と伝えている。つまり、道昭の火葬は彼自身の遺言によるものであり、彼の親族や弟子がその遺骨を分配しようとして争った、というのである。インドの伝承によると、釈迦《しゃか》が入寂して火葬された際、その遺骨（仏舎利《ぶっしゃり》）をどこに置くかをめぐって諸国が争った。その結果、仏舎利と火葬の遺灰は一〇等分されて諸国の寺院に納められたという。道昭の火葬とその遺骨をめぐる争いという所伝は、明らかにこの釈迦の故事をベースとしている。ただ、そうはいっても、この伝承の信憑性のすべてを否定する必要はない。道昭がその遺言によって飛鳥の粟原で火葬されたこと、そしてそれが我が国の火葬の開始と受けとめられたことは事実と認めてよいであろう。

大宝二年（七〇二）十二月二十二日、持統太上《だいじょう》天皇が崩じた。ただちに藤原宮《ふじわらきゅう》の西殿《せいでん》に殯宮《ひんきゅう》が造営され、そこで誄儀礼がおこなわれることになった（『続日本紀』大宝二年十二月二十九日条）。崩御から一年後の大宝三年十二月十七日、当麻智徳《たいまのちとく》が持統太上天皇の殯宮において誄を奉り、天皇の遺体は飛鳥の岡において荼毘《だび》に付され、同月二十六日に遺骨は彼女の亡夫である天武天皇の大内《おおうち》山陵に合葬されたのであった（『同』大宝三年十二月十七日・二十六日両条）。この持統天皇の事例が、天皇としての火葬の最初のものとなる。持統天皇の孫の文武天皇は慶雲四年（七〇七）六月十五日に崩じ、殯宮儀礼を経て同年十一月十二日に飛鳥の岡において火葬、同月二十日に檜隈安古《ひのくまのあこ》山陵に葬られている。天武・持統両天皇合葬陵が奈良県明日香村野口王墓古墳、文武天皇陵が同村中尾山古墳に比定されることは前述した通りである。

従来の通説では道昭と持統天皇をもってわが国における火葬の初現としてきたけれども、最近の研究（北山　二〇〇九）では、道昭の遷化以前の七世紀にも火葬がおこなわれてた可能性が指摘されている。そこで挙げられている事例には必ずしも遺構の性格が明瞭でなかったり、明確な時期比定が難しいものが多いのが残念であるが、奈良県高取町《たかとりちょう》小谷遺跡の墳墓一は小規模な墓坑《ぼこう》から鉄釘《てつくぎ》・須恵《すえ》器《き》と焼骨《しょうこつ》が検出されており、木櫃《もくひつ》を骨蔵器《こつぞうき》とする火葬墓であると推定されている。出土須恵器は七世紀初頭に比定されるものであり、これが遺構の時期を直截にあらわしているとみてよいかどうかは判断に迷うけれども、もしそう考えてよいならば、道昭よりも百年近くさかのぼる火葬の事例だということになる。道昭の火葬が社会に大きなインパクトを与え、それが火葬の本格的な開始として人々に受け止められたことは確かであるし、また八世紀にはいって火葬が爆発的に普及するのも事実であるが、それに先立って火葬の試みが開始されていた可能性は認めておきたい。

なお、古墳時代後期の六世紀末葉には、一部の地域において特異な様式の火葬がすでに始まっていた。横穴式木芯粘土室《ねんどしつ》（横穴式埴室《はにしつ》）と呼ばれる埋葬主体を持つ古墳の一部の事例（「窯槨《かまどかく》」。なお、この種の古墳を「窯塚《かまどづか》」と呼ぶことがあるが、これは大阪府堺市陶器千塚《とうきせんづか》古墳群の一基の固有名詞とするのが正しい）がそれである（柴田　一九八三）。横穴式木芯粘土室自体は六世紀末葉から七世紀前半にかけて大阪府、静岡県西部、兵庫県西南部などに三七例が確認されているもので、木材で組み上げた骨組みの上を厚く粘土で覆うという特異な構造の横穴式の墓室を持っている。そして、この中の一四例が埋葬後に内部に火をかけて遺体を骨化しているのである。たとえば、七世紀初頭に築造されたと推定される静岡県磐田市《いわた》明ヶ島《みょうがしま》一〇号墳（図６）は一辺約一〇メートル、高さ約一メートルの小規模な方墳で、奥行約二・五メートル、幅約一・五メートルの玄室を本体とする横穴式木芯粘土室を内蔵しており、埋葬後に玄室に火をかけている。

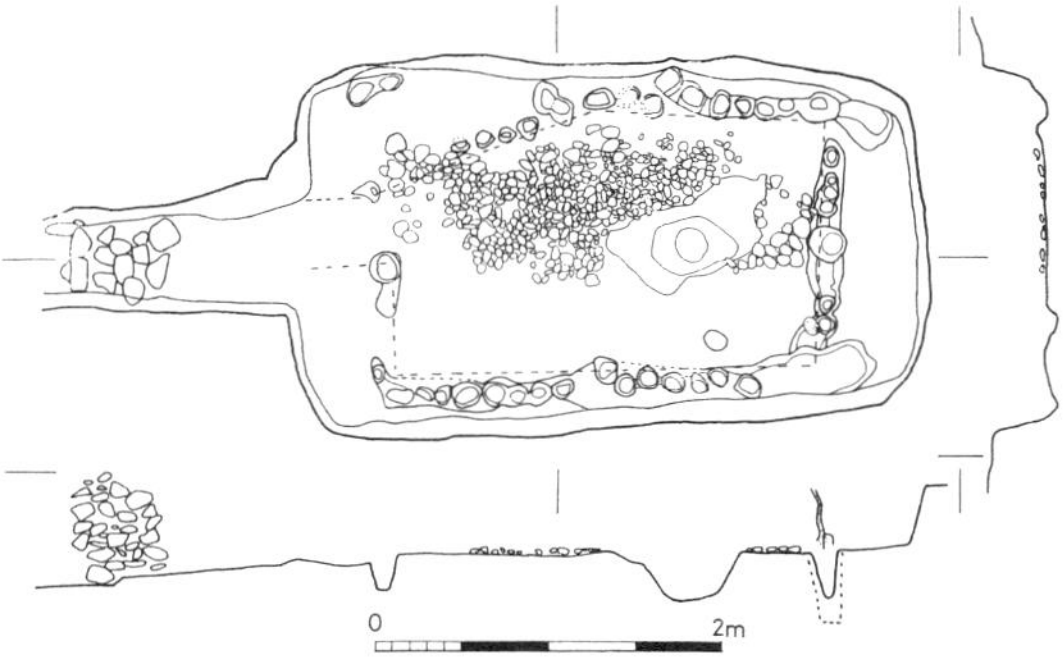

図６　静岡県明ヶ島10号墳

　ただ、道昭などの火葬と、古墳時代後期の横穴式木芯粘土室の火葬とは、本質的なところで大きな違いを持っている。前者が、遺体を焼いて骨化した後に遺骨を採集し、それを骨蔵器におさめて別の場所に埋葬することを原則としていたのに対して、後者は玄室に火をかけたならば再び開口させることはなかったのである。遺体を骨化させてそれを別のところに移して埋葬することは「複次葬」と呼ばれているし、当初の埋葬場所から遺体を移すことがない葬法は「単次葬」といわれる。すなわち、一般の火葬は複次葬であったのに対して、横穴式木芯粘土室の火葬は単次葬であるというところに根本的な違いを持っているのである。おそらく、この両者は直接的な系譜関係を持つものではないであろう。前者が大陸伝来の仏教思想の影響によるものであるのに対して、後者は炎を扱い慣れた人々（須恵器工人など）の創案になる独自の葬法だったのであろう。

飛鳥・奈良時代の墳墓の展開　八世紀初頭以降、火葬の風はまたたく間に全国に広がった。八世紀代の火葬墓の多くは土坑の中に骨蔵器を納めている。骨蔵器は土師器《はじき》や須恵器の壺や甕の転用、木櫃、石櫃《せきひつ》、金属製の専用容器などがあったことが知られている。各種の骨蔵器の中でも特に好まれたのは、「薬壺《やっこ》」と通称される須恵器の蓋付《ふたつき》の台付《だいつき》短頸壺であった。石櫃は須恵器や土師器の骨蔵器の外容器に使われることもあったが、奈良県葛城《かつらぎ》市穴虫《あなむし》古墓（八世紀）では、凝灰岩《ぎょうかいがん》製の家形櫃の中に直接火葬骨を入れている。木櫃は土中で腐朽してしまうので遺存例が少ないが、天平宝字六年（七六二）の墓誌をもつ大阪府高槻《たかつき》市の石川年足《いしかわのとしたり》墓では、高野槇《こうやまき》製の木櫃の一部が残存していた。その他の骨蔵器としては、慶雲四年（七〇七）銘の墓誌を持つ奈良県宇陀市の文禰麻呂《ふみのねまろ》墓のように、ガラス製骨蔵器を金銅製の専用容器に納めるという豪華な事例も存在する。

場合によっては、骨蔵器を外容器に納めることもあった。京都市西京区宇治宿禰《うじのすくね》墓（図7）は「□雲二年」（慶雲二年〈七〇五〉または神護景雲二年〈七六八〉）の銘をもつ銅製墓誌をともなっており、土坑内に自然石一五個を積み固めた中に、円筒形合子形《ごうすがた》の銅製骨蔵器を入れた石櫃を納めている。和銅七年（七一四）銘の銀製墓誌をともなう奈良県天理市の僧道薬《どうやく》墓も、土坑内に二〇余個の自然石を入れ、そこに須恵器製骨蔵器を置いた上で、これを大型の須恵器甕によって覆っている。また、奈良県葛城市の威奈大村《いなのおおむら》墓は墓誌銘（慶雲四年〈七〇七〉銘）を刻んだ金銅製の見事な球形壺の骨蔵器で知られているが、その中には火葬骨を入れた漆器が納められており、金銅製壺はその外容器であったらしい。そして、さらにその上を大甕で覆うという丁寧な埋葬方法を採っている。

中級貴族の火葬墓の構造がある程度判明する事例として、奈良県奈良市の太安万侶《おおのやすまろ》（養老七年〈七二三〉卒）墓や、同市の小治田安万侶《おはりだのやすまろ》（神亀六年〈天平元年、七二九〉卒）墓（図8）がある。前者は、東西一七〇～一九〇センチ、南北一五五～一七五センチ、推定深さ六〇～一六〇センチのほぼ正方形の墓坑を掘り、その中央部に空間部を設ける。その空間部を木炭で埋めつつ、そこに墓誌と木製の骨蔵器（木櫃）を納めている。そして、木櫃が隠れた段階で、墓坑の上部を版築土《はんちくど》によって埋め戻している。また、墓坑背後に半円形の溝が巡っていることから、もともとは直径四・五メートル程度の小規模な円形墳丘を持っていたことが推測されている。後

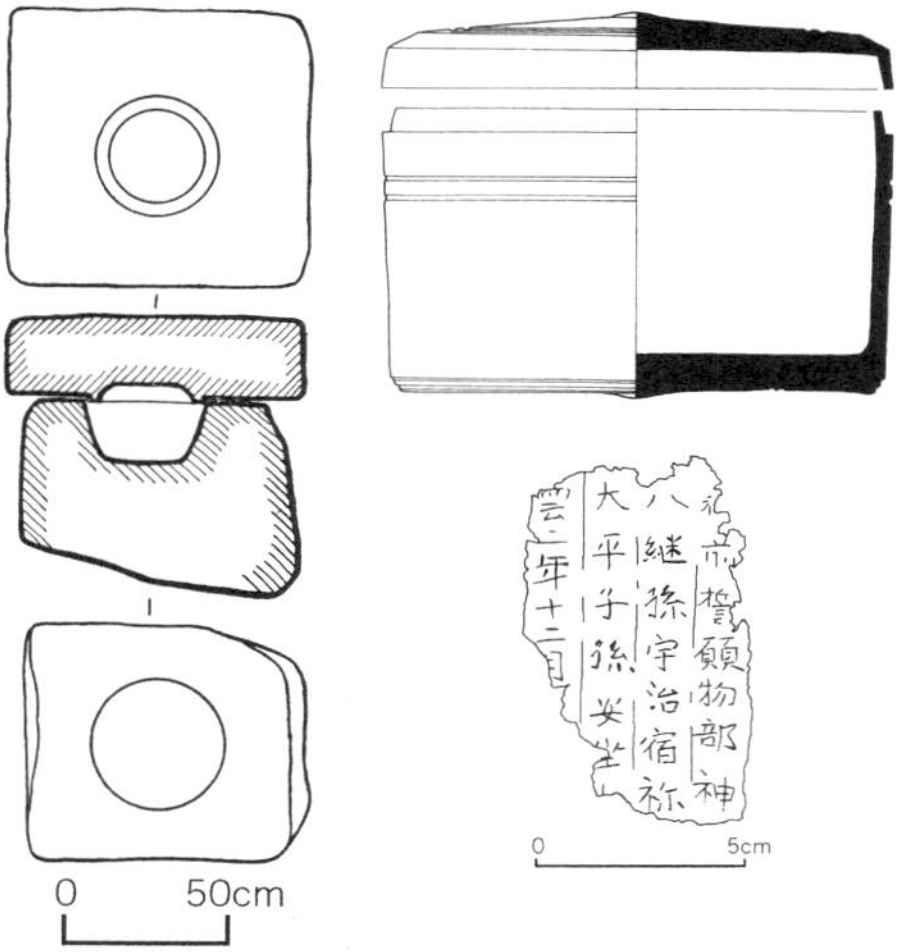

図７　京都府宇治宿禰墓

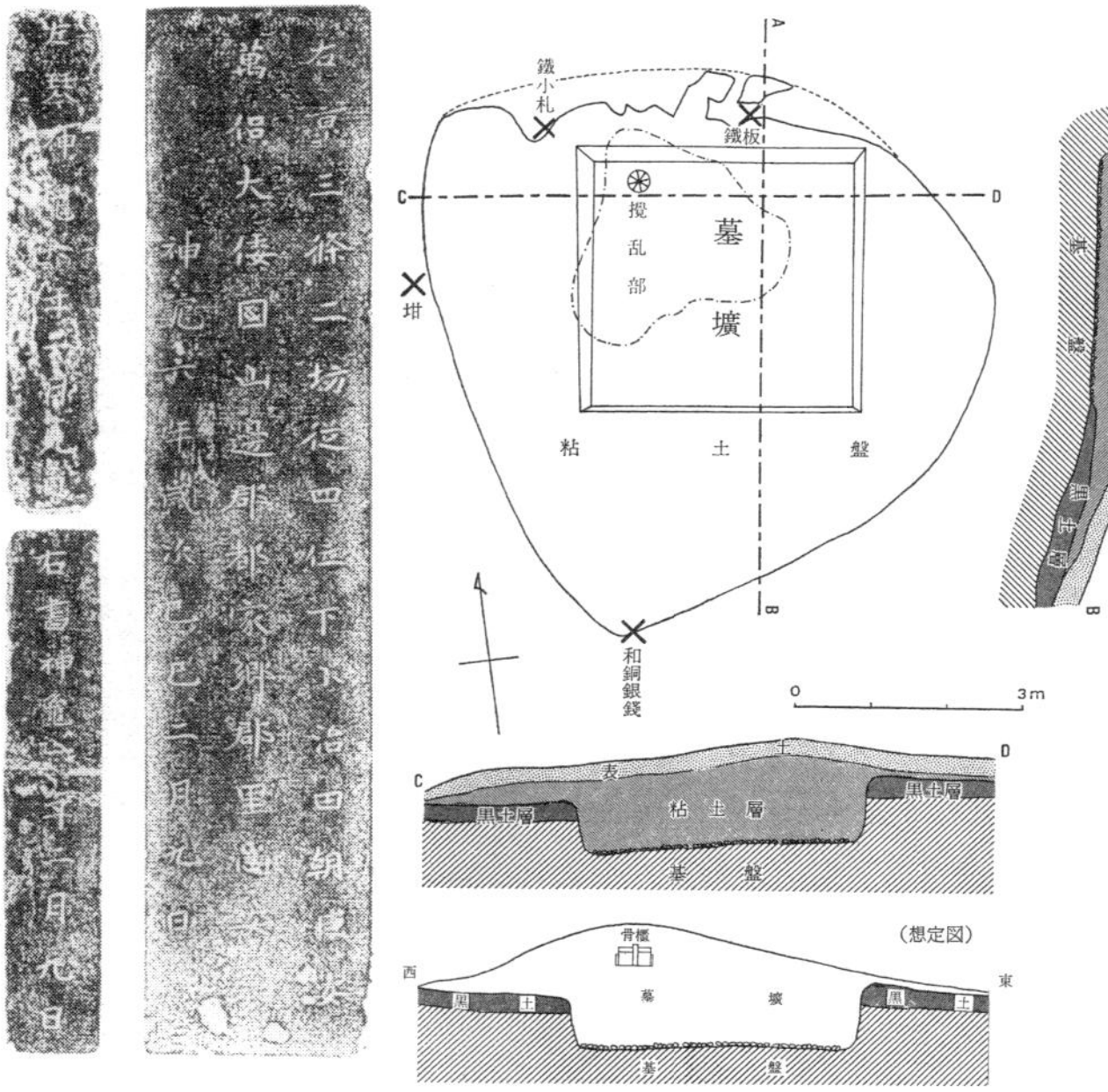

図8　奈良県小治田安万侶墓

者は、一辺約三・五メートル、深さ約八〇センチの墓坑を掘り、その底面に薄く玉石を敷く。そして、墓坑を覆うように緻密な粘土を叩き締め、一辺約七・五メートルの隅丸三角形の粘土盤を作り上げる。その過程で、粘土盤の中に木製骨蔵器（木櫃）と墓誌を埋め込んだようである。最終的にはこの墓も、小規模な墳丘を作り上げていたと推定される。

火葬墓が爆発的に普及したといっても、土葬墓が消滅したわけではない。八世紀後半の築造と考えられる京都府向日《むこう》市の長野古墓は、長さ一・八メートル、幅〇・九メートルの小規模な墓坑を掘り、その中にぎりぎりに収まるような木棺を据え、空閑部は木炭を充満させていたらしい。「飛鳥浄御原宮治天下天皇」（天武天皇）の「丁丑年」（六七七）銘の墓誌を持つ京都市左京区の小野毛人《おののえみし》墓の場合、埋葬主体部は板状の石材によって組合式石棺のような形に作った小規模な竪穴式石室であった（図９）。江戸時代に掘られてしまったために詳細は不明であるが、その中には木棺が納められていたのであろう。なお、小野毛人墓の墓誌については六七七年当初のものではなくそれよりもやや後に造られたと推定されており、この墓も八世紀初頭にいたって改葬されたものである可能性が高い。

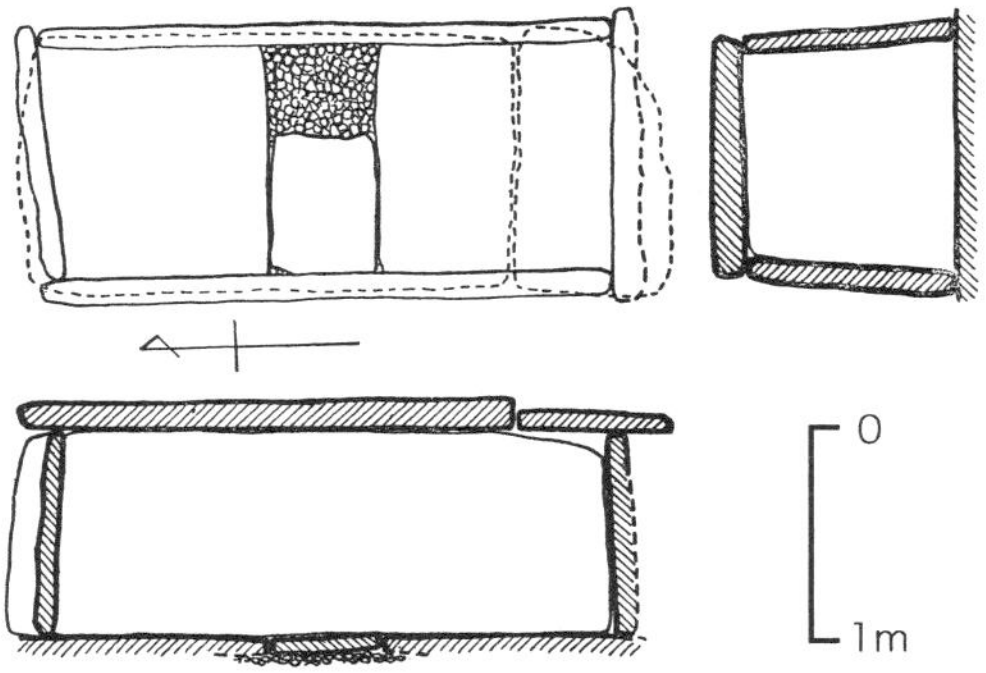

図９　京都府小野毛人墓

　特異な事例なのかもしれないけれども、土葬や火葬の他に、わが国古代においても洗骨葬《せんこつ》がおこなわれていた可能性がある。徳島県鳴門《なると》市の樋殿谷《ひどのだに》古墳は平安時代初期の墳墓であるが、凝灰岩製の家形骨蔵器を埋納していた。注目されるのは、ここに納められていた人骨が火葬骨ではなく、洗骨されたものであったと報告されていることである。さらに、この骨蔵器の内容積は二〇〇立方センチ程度しかないから、とうてい人間一体分の骨が入るはずはない。すなわちここでは、別の場所で骨化させた遺骨を洗骨し、その一部分だけを取り上げて骨蔵器に納めたということになる。

　奈良時代には、ひとつの氏族が共同墓地を営むことがあっ

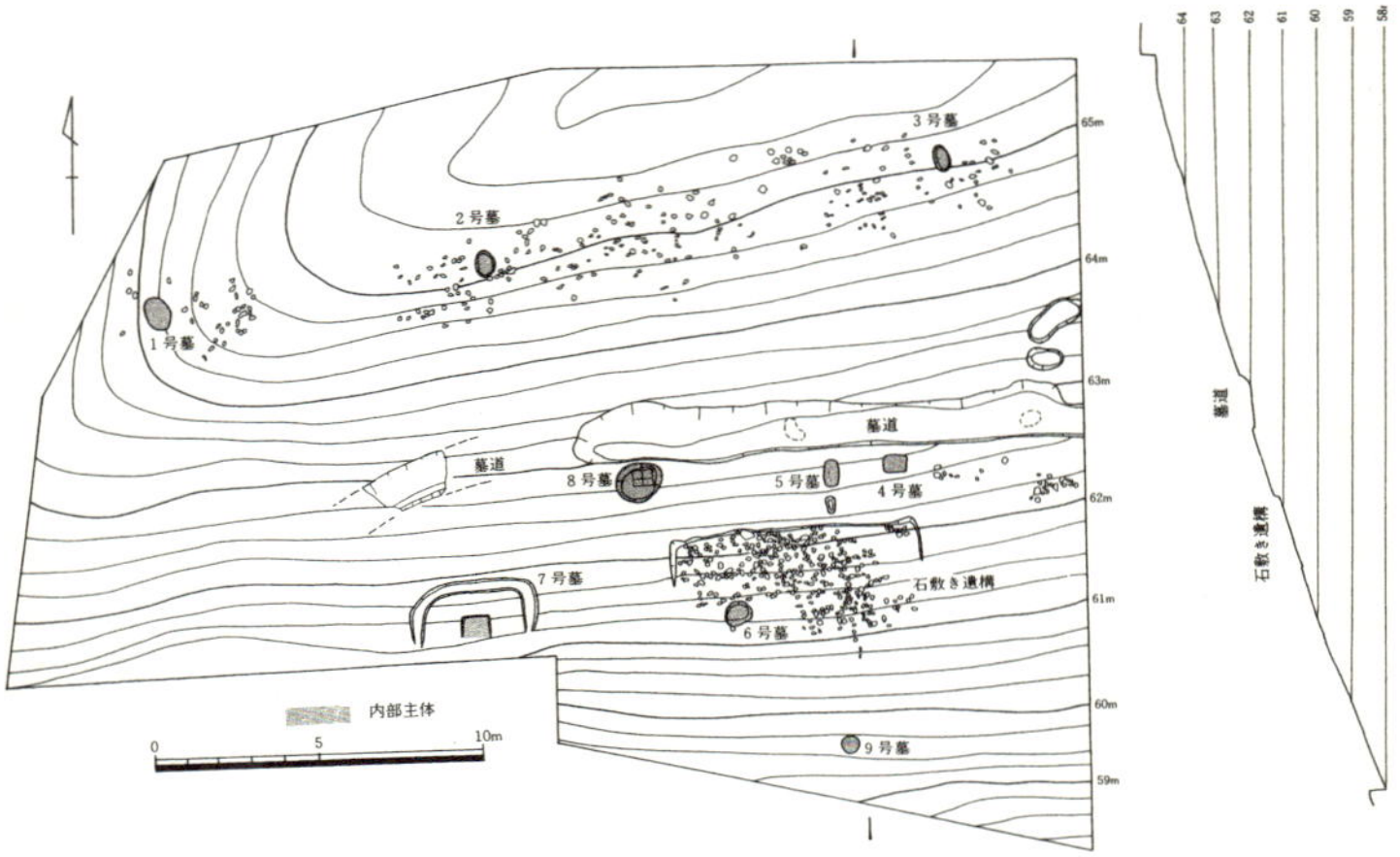

図10　大阪府田辺墳墓群

た。大阪府柏原市では田辺《たなべ》墳墓群（図10）が調査されている。これは古墳時代後期から飛鳥時代にかけての田辺古墳群の隣接地に所在しており、両者が時期を異にした同一氏族の墓地であったことを示唆している。墳墓群はゆるやかな丘陵斜面を利用しており、その中央に墓道が通っている。確認されている墓は八基であるが、本来はもっと多くの墓が営まれていたのであろう。いずれも火葬墓で、そのうち七基は木櫃骨蔵器を土坑内に埋設し、その周囲に自然石をちりばめる。一辺三メートルの方形区画を持つものもある。また、二基は土器の骨蔵器を持つもので、須恵器の蓋付短頸壺（薬壺形）を使用するものと、土坑内に塼《せん》を敷き、その上に火葬骨を盛り上げ、須恵器甕をうつぶせにして蓋としたものがある。注目されるのは、墓地の中に七・八×四・四メートルの石敷遺構が造られていることである。墓地全体の祭祀に使用されたものかもしれない。この墓地は、古墳時代から奈良時代にかけてこの附近を本貫として栄えた田辺史《たなべのふひと》氏によって営まれたものだと推定されている。

墓誌と墓碑　前項で例示した飛鳥・奈良時代の墓には、墓誌を伴うものが含まれている（奈良国立文化財研究所飛鳥資料館編　一九七七）。現在知られている飛鳥・奈良時代の墓誌は、現存しないものや信憑性に問題があるものまでも含めると、表に示す一八例が知られている。ただし、このうち最古の紀年銘をもつ船王後と小野毛人のものは改葬の際の新造だと考えられているからそれを除外すると、墓誌が制作された時期は八世紀初頭から八世紀末葉までに限られることになる。すなわち、日本古代における墓誌の埋納の風習は、ほとんどすべてが奈良時代の範疇に収まることになる。

一方、稀少な例ではあるが、墓に石造の碑を建てる場合もある。その最古の例として知られるのは、群馬県高崎市の山ノ上《やまのうえ》古墳の前に建てられた山ノ上碑である。これは「辛巳」の年に放光寺《ほうこうじ》の僧長《ちょう》利《り》が母の黒売刀自《くろめとじ》のために造った墓碑で、辛巳年は六八一年であると推定される。徳島県石井町に所在する阿波国造碑《あわこくぞうひ》は阿波国造粟凡直弟臣《あわのおおしのあたいおとおみ》の墓碑で、養老七年（七二三）の銘を持っている。墓碑に準ずるものとして、江戸時代に河内国石川郡春日村帷子山《かたびらやま》（現・大阪府太子町）で発見された采女《うねめ》氏塋域碑《しえいいきひ》がある。これは己丑年（持統天皇三年、六八九）の紀年銘を持っており、采女竹良《ちくら》が自らの氏族の墓域を画し、その地を清浄に保つことを示したものであった。また、養老五年（七二一）一二月七日に崩じた元明天皇は、その遺詔の中で「又其地者。皆殖㆓常葉之樹㆒。即立㆓刻字之碑㆒」（『続日本紀』養老五年十月十三日・同月十六日条）、すなわち自らの陵に常緑樹を植え、石碑を建てることを命じたのである（山田　一九九九）。この元明天皇陵碑は江戸時代に発見され、陵上に現存している。

表　飛鳥・奈良時代の墓誌

被葬者	紀年銘
船王後	戊辰年（668），改葬と推定
小野毛人	丁丑年（677），改葬と推定
文禰麻呂	慶雲４年（707）
威奈大村	（同）
宇治宿禰	慶雲２年（705）または神護景雲２年（768）
下道圀勝・圀依母	和銅元年（708）
伊福吉部徳足比売	和銅３年（710）
道薬	和銅７年（714）
太安万侶	養老７年（723）
山代真作	戊辰年（728）
小治田安万侶	神亀６年（729）
美努岡万	天平２年（730）
吉備真備母楊貴氏	天平11年（739），ただし偽作説あり
行基	天平21年（749）
石川年足	天平宝字６年（762）
高屋枚人	宝亀７年（776）
紀吉継	延暦３年（784）
日置部公	紀年なし

唐令においては五品以上の身分の者の墓には「碑（方形の石碑）」を、また七品から四品までの身分の者の墓には「碣《けつ》（円形の石碑）」を建立するとした上に、それぞれの石碑の大きさや形式を細かく定めていた。一方、日本の喪葬令は「凡《およそ》墓。皆立レ碑。記二具官《ぐかん》姓名之墓一」と規定するだけで、唐のような細分はおこなっていない。ただ、日本古代の墓碑の実例をみると、山ノ上碑と釆女氏塋域碑の銘文は「具官姓名之墓」という形式に則っていない。さらに、天皇の陵と臣下の墓は画然と区別されていたから、元明天皇陵碑は律令の規定の枠の外にあるとみなくてはならない。そうすると、厳密な意

味で喪葬令の墓碑規定に合致する実例は阿波国造碑だけに限られるということになる。もちろん未発見の墓碑も存在するであろうし、墓誌もまた墓碑に準ずる存在であると解されていた可能性もあるけれども、それにしても墓碑の実例は少なすぎ、とうてい「凡墓。皆立㆑碑」の規定にあてはまるとは思えない。すなわち、この条文に関する限り、律令の規定は実際には遵守されていなかったといわねばならないのである。

天皇陵の転換　奈良時代から平安時代前期にかけて、天皇陵も大きな転換をとげた。前述した通り、平城京への遷都を果たした元明天皇は崩御にあたって残した遺詔の中で、自らの葬儀は薄葬とすること、山中で火葬して場所を移動させないこと、陵は自然の地形をそのまま利用したものとして人工的なマウンドを造らないこと、常緑樹と陵碑だけを陵のしるしとすること、などを命じたのである。従来の天皇陵が大規模な古墳であったからすると、この元明天皇の遺詔は天皇陵における古墳の終結宣言であったといってよい。こうした陵墓のありかたを「山丘形陵墓《さんきゅうがたりょうぼ》」と呼ぶ。続く元正《げんしょう》天皇、聖《しょう》武《む》天皇、聖武天皇皇后藤原光明子《こうみょうし》（安宿媛《あすかべひめ》、仁正《にんしょう》皇后）、桓武《かんむ》天皇といった天皇・皇后の陵もまた、山丘形陵墓の形式をとっていたらしい。長岡京・平安京に都を移した桓武天皇は大同元年（八〇六）に崩じて山城《やましろ》国紀伊《きい》郡（京都市伏見区）の柏原《かしわばら》陵に葬られた。同天皇陵が一三世紀に盗掘された際の実検記には、その規模を「件山陵登㆓十許丈㆒、壇廻八十余丈」（『仁部記』文永十二年二月十七日・二十一日両条）と記されており、これは桓武天皇陵が自然の山丘の頂上を区画して造られたことをあらわしていると推定される（山田　一九九九b）。

承和《じょうわ》七年（八四〇）五月八日と同九年（八四二）七月十五日には、淳和《じゅんな》上皇と嵯峨《さが》上皇が相次いで世を去った。この両上皇の葬儀にあたって、天皇陵の歴史はまた大きな変革をとげる。両上皇はその遺詔でいずれも徹底した薄葬の理想を語っているのである（山田　一九九九a）。特に淳和上皇は極端で、みずからの遺骨を砕いて粉にし、山中からまき散らす散骨葬《さんこつそう》を命じている。嵯峨上皇も、自らの陵の墓坑は棺を入れるだけの大きさとし、墳丘を造らず、樹木を植えず、地面を平らにして草が生えるにまかせ、永続的な祭祀《さいし》はおこなってはならない、と述べたのである。陵の存在そのものを否定する両上皇の遺詔は、大化薄葬令以降追求されてきた薄葬思想の極限の姿を示している。

ただ、淳和・嵯峨両上皇の薄葬思想は当時の社会にとってはあまりにもラディカルで、受け入れがたいものであると感じられたようである。淳和上皇の側近の中納言藤原吉野《ふじわらのよしの》ですら、「我國自二上古一。不レ起二山陵一。所レ未レ聞也。山陵猶二宗廟一也。縦無二宗廟一。臣下何處仰」（我が国では古くから天皇の山陵を造らないということは聞いたことがない。山陵は宗廟《そうびょう》であり、宗廟がなければ臣下は何を仰げばよいのであろうか）（『続日本後紀』承和七年五月六日条）と述べて上皇の意志に反対したのである。さらに、承和十一年（八四四）、仁明《にんみょう》天皇は「先霊の祟り」を否定した嵯峨天皇の遺詔をくつがえして祟りの存在を承認した。祟りが存在する以上、先霊に対する祭祀は欠かせないものとなるわけであり、仁明天皇のこの宣言は山陵祭祀の全面的な肯定を意味している。すなわち、ここにおいて淳和・嵯峨両上皇の薄葬思想は公式に否認されたのである。

平安時代初期の陵墓でもうひとつ注目されるのは、陵墓のそばに被葬者の菩提《ぼだい》を弔うための寺院が建立されたことである。こうした風習の先駆的な事例として、光仁《こうにん》天皇皇后井上内親王《いのえないしんのう》の宇智陵（大和国宇智郡）と霊安寺《りょうあんじ》、光仁天皇皇子早良《さわら》親王（追尊崇道《ついそんすどう》天皇）の八嶋《やしま》陵（大和国添上郡）と八嶋寺が挙げられる。この両者はいずれも、非業の死に追い込まれて怨霊となったと信じられた皇族であった。天皇陵に本格的に陵寺が建立されるのは、嘉祥三年（八五〇）に崩じた仁明天皇の深草《ふかくさ》山陵（山城国紀伊郡）に始まる。仁明天皇陵の側には平安宮《へいあんきゅう》内裏《だいり》清涼殿《せいりょうでん》の建物が移築され、これが陵寺としての嘉祥寺とされたのである。さらに、醍醐《だいご》天皇陵の祭祀を陵の近辺にある醍醐寺が担当したように、陵寺そのものとはいえないが、特定の寺院が山陵と密接な関係を取り結んでその護持《ごじ》と祭祀にあたることも目立つようになっていく。このようにして平安時代の陵墓は仏教寺院との関係を深めていくことになる。さらに、長元《ちょうげん》九年（一〇三六）に崩じた後一条《ごいちじょう》天皇の場合、火葬所の跡地に菩提樹院《ぼだいじゅいん》と名付けられる御堂が建立され、そこに天皇の遺骨と肖像がおさめられた。こうしたものは「堂塔式陵墓」と呼ばれている。天皇陵と仏教寺院の関係はついに、天皇陵自体が寺院のひとつの堂塔となるところまで行き着いたのである（山田　二〇〇六）。

平安京の葬送地　延暦十三年（七九四）、桓武天皇はわが国最後の古代都城となる平安京に遷都した。こうした古代都城《とじょう》に居住した多数の人々は、少なくともその当初においては、従来からこの地と関係を持っていた民衆ではなく、新たに移住してきた非在地系の都市民だったはずである。そこでは、従来の農村部におけるものとはまったく異なった都市的な葬法が作り出されるにいたったのである。

その際、平安京の庶民の手軽な葬地として使われたのは、京の近辺を流れる河川の河原であった。貞観十三年（八七一）には無秩序な葬送を禁止し、その代わりとして葛野《かどの》郡と紀伊郡のふたつの葬地を指定した（『類聚三代格』巻一六）。この両者は桂川《かつらがわ》の河原およびその周辺に所在していた。承和九年（八四二）、朝廷は嶋田《しまだ》（現在地不明）および鴨川《かもがわ》河原に散乱する髑髏《どくろ》を焼却させたが、その数は五五〇〇余頭にのぼっていた（『続日本後紀』承和九年十月十四日条）。この事例が示すように、河原への葬送の実態は遺体遺棄か、埋葬したにしても簡略なものにとどまっていたのであろう。

一方、平安京の郊外の山野もまた、葬送の地として使われるようになった。この中には東山の西麓の鳥部野《とりべの》（鳥辺野、鳥戸野）、平安京北郊の蓮台野、平安京西郊で嵯峨の北側の化野《あだしの》などが存在した。それは、『徒然草』（第七段）の「あだし野の露きゆる時なく、鳥部山の烟立ちさらでのみ住みはつる習ひならば、いかに、もののあはれもなからん」という記述によってあまねく知られている通りである。ここで注目されるのは、鳥部野に恒世《つねよ》親王（淳和天皇皇子）墓、俊子《としこ》内親王（嵯峨天皇皇女）墓、藤原沢子《ふじわらのさわこ》（仁明天皇女御）中尾陵、藤原定子《さだこ》（一条天皇皇后）鳥戸野陵、施薬院管理下の藤原氏墓地などが設けられており、蓮台野でも後冷泉《ごれいぜい》・近衛《このえ》両天皇や媞子《やすこ》内親王（白河天皇皇女）が火葬されたように、鳥部野は一般庶民だけのものではなく、皇族や貴族の葬地としても使われていたことである。さらに、これらの葬地は朝廷が設置したわけでも、在地集団が伝統的に使い続けてきたわけでもなく、平安京の成熟とともに自然発生的に誕生したものであった。つまり、こうしたものを被葬者の範囲や階層を限定しない大規模複合的葬地として評価し、「鳥部野型葬地」と類型づけることができる（山

田 一九九九）。鳥部野型葬地こそは、流動的な大量の人口を抱えていた平安京ならではの葬送空間だったのである。

一方、京内に墓を造ることは、「喪葬令」の「凡皇都及道路側近《そくごん》、並不レ得二葬埋一」という規定によって禁止されていた。ただ、平安京右京七条四坊一町跡では九世紀の小児甕棺墓《かめかんぼ》が、右京三条三坊十町跡では一〇世紀前半の貴族の木棺墓が、右京五条二坊五町の西北の西堀川小路の路面の跡から一二世紀前半の木棺墓（図11）がそれぞれ発掘されている。ただ、だからといって平安京の全域に無秩序に墓が広がっていたわけではないから、京内に埋葬しないという喪葬令の規定は一定の実効性を持っていたといえるし、それに反する事例はあくまで例外とみなくてはなるまい。

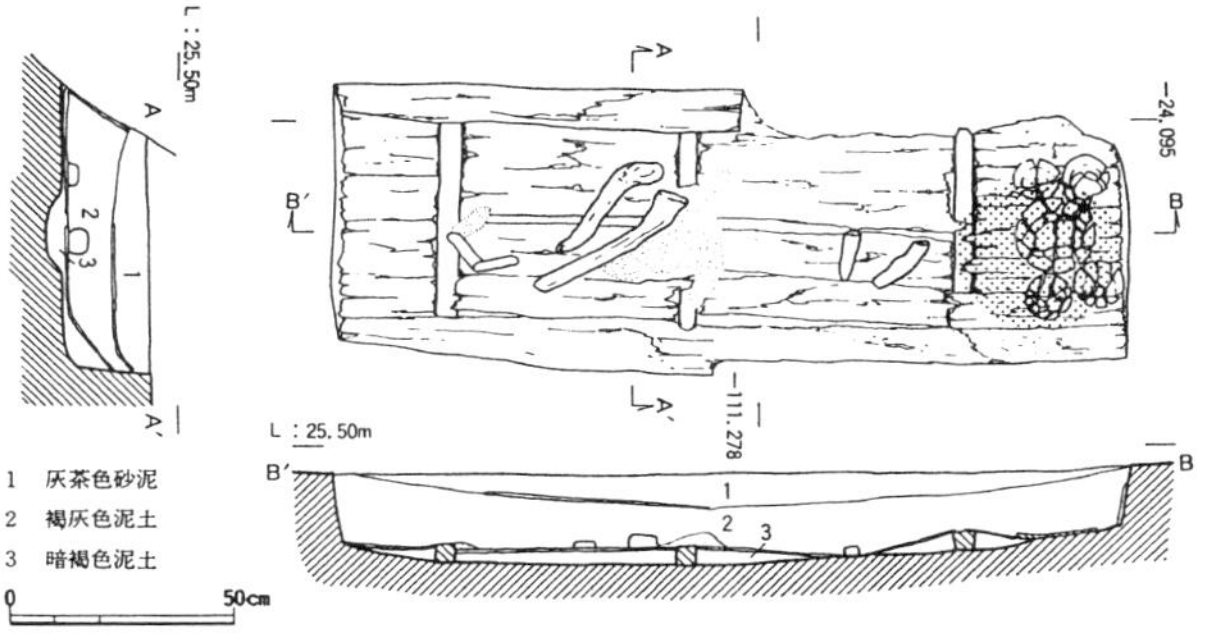

図11　平安京右京五条二坊五町跡の木棺墓

ただ、埋葬ではなく、京内の道路上や空閑地に遺体を遺棄することはしばしばみられた。平安京でも、朱雀《すざく》大路と左女牛《さめうし》小路の交差点、右京八条二坊二町の西側の西靫負《にしゆげい》小路、朱雀大路と樋口《ひぐち》小路の交差点、朱雀大路と左女牛小路の交差点などでは、道路側溝や流路から人骨が出土している。荒廃した羅城門《らじょうもん》の楼上《ろうじょう》に人の遺骸が放置されていたという有名な説話（『今昔物語集』巻第二九）も、死体遺棄の風習の存続を示している。また、犬などの動物が人間の死体を大内裏・里内裏・貴族邸宅といった場所にくわえこみ、それが触穢《しょくえ》となることがしばしば記録される。動物が何キロも離れた葬地から死体を運んでくることは想像しにくいから、こうした事実は都市内における遺棄葬の存在を物語っている。平安時代後期から鎌倉時代にかけての事例では、そうした人骨の近辺から供《く》養木簡《ようもつかん》や卒塔婆《そとば》が検出されることもあり、民間の宗教者である「聖《ひじり》」が、市街のあちこちに遺棄された死体に霊魂供養をおこなったことが判明する。現代人からは異様にみえる遺棄葬であるが、平安時代において庶民のかなりの部分はこうした葬制を採っていたのである。

2　古代社会と墓の変遷

死体放置　古代以来、一般民衆は風葬《ふうそう》、すなわち地上に死者を置いてそのまま帰るのが普通だったと思われる。肉親がそうする場合は供物《くもつ》を添えることもあったことが『餓鬼草紙《がきぞうし》』や後述の一の谷中世墳墓群遺跡から推定されるので、死体を棄てるのではなく葬るという意識があったのだろう。しかしその後の死体は犬や鳥に食われるので、京都では犬が死体の一部をくわえて貴族の屋敷に持ってくることが多発した。このような場合、当時の制度では屋敷が「五体不具穢《ごたいふぐえ》」（死体の一部だけが存在する場合の穢）に汚染されたことになり、七日間は穢《けがれ》の伝染に注意を払う必要があった。穢が生じると公的行事にも影響を与えるので、五体不具穢は京都の貴族の日記によく現れる。この事例を収集すれば京内の死体の放置状況をある程度把握できるが、平安京の中心部である左京北半でも五体不具穢が多発していることがわかる（勝田　二〇〇三）。疫病《えきびょう》や飢饉《ききん》のさいは死者が路頭に満ちるなどと史料で描写されるが、そのような非常時に限らず、十二世紀から十三世紀初頭にかけては毎年のように五体不具穢の史料が見つかるのである。たとえば里内裏《さとだいり》として長く使われた閑院では一一七九年から一二〇三年までの期間に六回の五体不具穢が発生しており、九条《くじょう》に住んでいた九条兼実《かねざね》の屋敷では養和元年（一一八二）の一年間に三回の五体不具穢が起こった。これは鴨川《かもがわ》の河原に近かったことが原因かと思われる。

十一世紀以前でも放置死体の事例は多いが、「五体不具穢」という穢の範疇が十世紀半ばにならないと成立せず、それまでは死体の一部であっても死体全部と考えるか（この場合は三十日の穢になる）、穢とみなさないかのどちらかだったため、頭部だけが見つかったような事例は史料に現れる頻度が低い。また十世紀・十一世紀の古記録はそれ以後に比べて少ない。しかし発掘がさかんに行われているにもかかわらず一般庶民の墓がほとんど見つからないことや、奈良時代の河川敷から曲げ物を添えられ、薦《こも》にくるまれた人骨が発見されていること、『万葉集』に行路死人《こうろしにん》を詠んだ挽歌《ばんか》が多く、「衾道《ふすまじ》の引手《ひきて》の山に　妹を置きて　山道を行けば　生けりともなし」（巻二・二一二）「天ざかる　鄙《ひな》の荒野に君を置きて　思ひつつあれば　生けるともなし」（二二七）など風葬を詠んだと解釈される歌があることなどからも、古くから行われていたことは確かである。

平安末期には風葬は貧しい階層の葬法とされていた。『今昔物語集』巻十七第二十六話では、近江国甲賀郡の下人《げにん》が「家貧しくして憑《たの》む所無し」とされ、その妻は人に雇われて機織《はたお》りをしていたが、下人が死んだので妻は死体を金の山崎というところに棄てたとある。また巻二十九第十八話では、羅《ら》城門《じようもん》の上層に「死にたる人の葬りなどえせぬをば、この門の上にぞ置きける」とあって、立派な葬儀のできない人が置いたとされている。

風葬が多かったのは貧しくて葬儀ができないという消極的な理由だけではなく、それを積極的に肯定する観念があったのではないかと思われるが、詳細は不明である。平安時代には七歳以下の子供は天皇の子であっても風葬されるのが決まりで、承保四年（一〇七七）九月に白河《しらかわ》天皇の皇子敦文親王が四歳で死んだときは遺体を産着《うぶぎ》や胞衣《えな》とともに縫い包み、東山大谷に棄てた。『水左記《すいさき》』の記主　源《みなもとの》俊房《としふさ》は「七歳のうち、尊卑ただ同じことなり」と書いている。七歳までは尊卑の区別がないということは、「卑」は風葬が当然だということになろう。

仏教では捨身飼虎《しやしんしこ》の説話など、死体を動物に施すのを功徳《くどく》とする教えがあり、『拾遺往生伝』巻下第二十七話の善法という僧は死んだら必ず林野に置いて鳥獣に施せと遺言し、それが実行されたという。鎌倉時代の親鸞《しんらん》や一遍《いつぺん》も（実際にはそうされなかったものの）風葬を遺言している。仏教が風葬を広めたわけではないだろうが、風葬に否定的な態度を見せなかったことが、これが長く続いた一因ではあったのだろう。

互助の未発達　貧しいから風葬すると考えるとしても、後世の民俗なら互助組織があるので近所の人が集まって葬儀の手伝いをしてくれるが、この時代にはまだそれは成立していなかった。十二世紀初頭の『拾遺往生伝《しゅういおうじょうでん》』中巻第二十六話では、左京陶化坊《とうかぼう》（九条）の住人下道重武《しもつみちのしげたけ》が病気になって上人《しょうにん》を呼び、うちには貯えもなく親族もないので、死骸を収斂《しゅうれん》できないと言い、妻子の負担を省くため自分で八条河原《はちじょうがわら》の荒蕪地《こうぶち》に赴いて死んだ話がある。近所の数名が送ったとあるが、この人たちは彼が死ぬと埋めたりはせずに帰ったようである。財物があれば人を雇うことはできたが、それがなければ家族で葬るしかなかった。このため一人暮らしの人が死ぬと死体はそのまま家の中にあった。

使用人が病気になると、家の中で死なれては家が穢になるというので、死ぬ前に家の前の路上に出すことも行われていた。弘仁四年（八一三）には京畿百姓《ひゃくせい》がふだん僕隷《ぼくれい》を使役《しえき》しながら、それが病気になると路辺に出して餓死させることを禁じているが、その後も行われ続けた。もっとも院政期には食べ物を添えることが多く、また回復すれば家に戻れただろうが、寒い時期に病人が路上に出されれば多くは死んだであろう。平安京の門などにはこのような病者が雨風を避けて集まっていた。疫病の流行時に死骸が路頭に満ちると古記録で描写されるが、その多くはこのようにして家から出された人たちだったろう。この風習は中世後期まで続いたが、その時代には路上ではなく家から離れた堂舎《どうしゃ》などの建物に入れることが多い。平安京で五体不具穢が多発した原因の一つは、単身で貴族の家などに雇われ、葬送してくれる親族を持たない人が多かったことによるだろう。

行路死人については『万葉集』の挽歌が多く、また元慶七年（八八三）には渤海使《ぼっかいし》の入京に備えて、使者が通行する山城・近江・越前・加賀などの国に対して路辺の死骸を埋めるよう命令が出された（『日本三代実録《にほんさんだいじつろく》』）。日本人はさほど気にしなくても外国の使者に見栄を張りたい気持ちはあったようだ。律令《りつりょう》では賦役《ふえき》に動員された人や防人《さきもり》が路辺で死んだら埋葬するよう規定されているが、それが順守されていれば渤海使の入京に際して慌てることもなかっただろう。

放置死体は長期間を経ると骨も消滅するのが普通なので考古学的な痕跡を残しにくいが、平安京の発掘例は前節でも紹介されており、水中に遺棄された場合は保存されていることがある。この時代では兵庫県豊岡市日高町深田遺跡の十一世紀の溝から出土した人骨に犬の嚙み跡が多く残されていた。また大宰府《だざいふ》の五条路と十二坊路の交差点付近で平安末期の十二坊路側溝からも人骨が折り重なって出土し、溝に入れられる前にすでに白骨化していたと推定されているなど、各地で発見が進んでいる。

処刑された死体もその場所に放置されることが中世前期までは多かったようで、場所も京都では鴨川の河原などが選ばれた。『保元物語《ほうげんものがたり》』は保元の乱の後、源為義《ためよし》の幼い子らが船岡山で斬られたと述べ、斬り手が子供たちに、源頼賢など五人があそこの草むらの高いところで昨日斬られた、その死骸だろうか鳶や烏がはためいていると言っている。また南都焼き討ちの罪を問われて南都の大衆に引き渡され、木津河原《きづがわら》で斬られた平 重衡《たいらのしげひら》について『平家物語』巻十二は北の方が、たとえ首をはねられても「むくろ躯」はきっと捨て置いてあるだろうから、それを取り寄せて孝養しようと輿を派遣したところ、本当に胴体が河原に捨てられていたと記す。処刑死体が放置されるのは血縁のない死者の葬送を忌避したこととも関係すると思われる。

屋敷墓　一般人の墓がほとんど見つからないと書いたが、その例外として屋敷墓《やしきばか》がある。近代の墓制《ぼせい》では集落から離れた場所に共同墓地が造られることが多い一方、自分の家の敷地内や裏山に家族全員の墓を造る屋敷墓も広い範囲に見られる。これは古い成立であろうとの見解があったが、近年では発掘の進展で具体的に確かめられている。橘田正徳によると屋敷墓は畿内で十世紀後半ころに始まり、十一世紀後半には河内や摂津などの農村で広くみられる。十二世紀になると中国・四国・九州さらに東日本にも広がっていくが、中世後期になると近畿周辺では造られなくなるという（橘田　二〇〇一・二〇〇四）。

平安・鎌倉時代の屋敷墓は一、二基の墓しかないのが普通なので、被葬者は特別な人で、おそらくその屋敷を初めて構えた先祖の墓だと思われる。先祖の霊が屋敷と建物をいつまでも守るようにとの願いから生まれたものであろう。発掘される屋敷墓は十一世紀には屋敷地の隅ではなく建物に隣接して造られるので、当初は敷地より建物を守護していたのではないかとされる。また十二世紀になると男女一対の屋敷墓が近畿地方や瀬戸内海沿岸の平野部で造られるが、これはまず女性が埋められ、その二〇年から三〇年後に墓を並べて男性が葬られることが比較的多いという。またこのころには屋敷地の端の方の人に見える場所に屋敷墓を構えることが多くなるという。男女は母と息子ではないかと橘田は推測しているが、屋敷を最初に建てるときには妻（およびその実家）の発言権が大きかったのかもしれない。また男女の屋敷墓が造られるようになってしばらく後には三つ以上の屋敷墓をもつ例もみられるようになり、十三世紀には各地で造られる。被葬者の性別が判明するのはいずれも男性で、二〇～三〇年の間をおいて造られているので、男性の当主を次々に葬ったのではないかとされる。

発掘される屋敷墓はほとんど土葬である。この時代には地方で墓を造る場合は土葬が多いこともあるが、土葬の方が墓にいつまでも霊がとどまると考えられていたのかもしれない。いずれにしても平安時代には風葬される人が多く、貴族でも墓は造るものの墓参《ぼさん》の習慣には乏しかったのに比べて、屋敷墓はきわだって墓を重視しているといえるだろう。

　これらの屋敷墓は有力農民の墓と考えられるが、文献的には十三世紀後半の若狭国太良《たら》荘で、名《みょう》主《しゅ》の乗蓮《じょうれん》が死んで「重代相伝《そうでん》の垣中の墓所」に葬られたが、相論《そうろん》で名主職を奪われていたため敵方がその墓の樹木を掘り捨てたという史料がある。これについて乗蓮の娘は散々な目に遭わせると言っているが、墓に木を植えていたこと、それがおそらく墓標《ぼひょう》の前段階の霊の依代《よりしろ》だったことを示している。死者が「草葉の蔭」から子孫を見守っているという表現は中世にもあり、嘉禎四年（一二三八）に尾張国の星崎《ほしざき》を笠寺観音《かさでらかんのん》に寄進《きしん》した女性は、子孫の中でこの土地に妨げをなす者がいたら「親のかたき、先祖のかたき」で「草の陰にても口惜しと思ふ」と書いている。また日蓮は文永十二年（一二七五）支援者の南条兵衛七郎《なんじょうひょうえしちろう》が壮齢で死んだと聞いてその墓を訪れ、殿が「木のもと、くさむらのかげ」で寂しくしていると思うと涙もとまらないと手紙に書いた。真名本『曾我物語《そがものがたり》』巻九には、仇討ちを前にした曾我兄弟が母にあてて遺書をしたため、生を変えても「叢魂《くさだましい》の影」となり、守護神になろうと書いている。日蓮の手紙なども考え合わせれば墓の草のことであろう。その中にいる影のような存在になり、その姿で母とその家（再婚先の曾我家）を守護しようというのだから、屋敷墓に近い心意が現れているといえる。

　ただ現行民俗の屋敷墓は東日本に多くみられるが、これが平安末期からの畿内の屋敷墓と連続するものかどうかは再検討が必要である。『日本の中世墓』によると、平安から中世初期の屋敷墓は畿内から各地に広がったが、東海では静岡県中部が東限であり、信濃では千曲《ちくま》川・犀《さい》川流域や木曽《きそ》川流域には周辺から伝わっているものの、甲斐には見られないという。また北関東には中世前期の典型的屋敷墓が存在しないが、戦国期には屋敷の隅に一～二基、あるいは敷地から少し離れて数基の墓が造られるようになる。これは民俗例とも近いもので、現行民俗の東日本の屋敷墓は平安～鎌倉の畿内の屋敷墓とは直接連続しないのかもしれない。

火葬のにないて　一般民衆が風葬され、一部は屋敷墓に葬られた平安時代でも、天皇や貴族、高位の僧侶は火葬されることが多かった（土葬もある）。後の時代には火葬の作業に携わる三昧聖《さんまいひじり》とよばれる人々が史料に現れてくるが、火葬の担い手は古い時代にはどのような人たちだったのだろうか。

火葬は仏教が伝えた葬法だから、当初火葬を行ったのは僧侶であった可能性が高い。平安初期の説話集『日本霊異記《にほんりょういき》』下巻第三十八話には、編者である私度僧の景戒《きょうかい》が見た夢の話がある。夢の中で自分が死んで、その死体を人が火葬にしているが、うまく焼けない。死体とは別にそれを見ている自分がいて、自ら道具を取って死体をつついて裏返し「こうやって焼け」と指示した。やがて身体各部がみな焼け落ちたという。描写からみて、景戒自身が火葬の作業をしたことがあったと思われる。夢の中で初め火葬を行っているのは「他人」とあるだけで、特定の身分を示す表現はない。

同時期の『東大寺諷誦文稿《とうだいじふじゅもんこう》』には、死んだ子供を火葬にして「物部の利き木《と》を以てぞ、指く《つ》指くぞ指き腕《まろ》ばし焼きける」という表現があるが、丹生谷哲一はこの「物部」について、『延喜式《えんぎしき》』の頃には囚獄司に所属して処刑のさい首斬りをつとめた「物部」の一部が「非人化」して火葬を行うようになったとした。しかしこの文は韻文なので、「もののふの」と読んで「利き」にかかる枕詞《まくらことば》であろう。『万葉集』ではこの枕詞は「八十」にかかるので、かかり方が異なるが、『東大寺諷誦文稿』の方が延喜式よりも古いのと、奈良の状況を念頭に置いていると考えられることから、平安京の物部がここに現れて火葬をしているというより、ここでは一般人が自ら火葬の作業も行っているようすを諷誦で描写したとみたい。

平安時代の天皇の葬儀では、火葬のさいの点火は貴族が行い、その後火の番は貴族と僧侶が二名ずつぐらいで行うことが多いが、その下で実際の作業をする人がいたかどうかは記録に残されていない。上層の葬儀では燃料も豊富に用意できるから、『日本霊異記』の景戒のように少ない薪《まき》で上手に焼こうとして転がす必要も少なかったであろう。

火葬は奈良時代から平安初期にかけては地方でも律令官人層が行っていたので火葬墓が発掘されており、また京都では各時代を通じて行われていたのだが、十世紀ごろから地方では火葬が減少する。平安中後期には墓そのものが少ないが、発掘された少数の墓もそのほとんどが土葬である。火葬が地方で復活してくるのは十二世紀からとされる。したがって火葬作業の知識が必要とされるのも全国的には中世からといってよいだろう。

火葬が増加してくる平安末~鎌倉時代の説話には、漂泊の遁世者《とんせいしゃ》が死体を焼く話がある。『平家物語』のよく知られた俊寛僧都《しゅんかんそうず》の説話（巻三、有王《ありおう》が島下りの事）では、鬼界ヶ島《きかいがしま》で自ら食を断って死んだ俊寛の遺体を弟子の有王が庵《いおり》の部材や枯枝で火葬にし、骨を拾って首にかけ、九州へ戻ったとある。また主人公を西行《さいぎょう》に仮託した鎌倉時代の説話集『撰集抄《せんしゅうしょう》』巻六では、信濃国を旅した西行が野辺の庵で和歌をたしなむ僧をゆかしく思ったが、山に入るとそこにも庵があって僧がいた。この僧は死んでいたので火葬にし、野辺の庵を再訪すると先の僧も死んでいたのでやはり火葬したという。これらの話は主人公以外に火葬の実作業をする人がいたとは考えられない状況設定である。

鎌倉時代初期の説話集『発心集《ほっしんしゅう》』巻七第十三話では、尾張国の在庁官人《ざいちょうかんじん》の子が道心を起こして俊乗《しゅんじょう》房重源《ぼうちょうげん》の下で出家し、重源が開いた高野山の新別所《しんべつしょ》に入り、往生院《おうじょういん》の二四人の結衆の一人になった。この新別所の習いとして結衆の中に先立つ人があれば残りの人が集まって葬り、これを「所の大事」としていたが、この聖がいる間は他の聖にさせず、自分一人で木を伐って火葬し骨を拾った。その丁寧さは父母を葬るようだったという。古くは寛和二年（九八六）の『横川首楞厳院《よかわしゅりょうごんいん》二十五三昧起請』でも、源信が結成した二十五三昧会のメンバーに死者があれば結衆が力を尽くして葬送し、終夜念仏し遺骨を埋めて帰るよう定めており、これも結衆自らが火葬作業を行ったものと思う。現行民俗で古くから火葬だった地域では村落の共同作業として行ったり、新潟県などでは親族が火葬していた。火葬のような死体を扱う作業は昔から「賤民《せんみん》」が行ったはずだと決めつける必要はないので、中世初期までの遁世僧《とんせいそう》の間では、同法の僧を火葬にすることが作業のノウハウと精神的態度の双方の面で伝統的に受け継がれていたと思われる。院政期に各地に造られた大寺院の別所に住む聖などが具体的な担い手として想定されよう。中世に火葬が増えてくるとこのような人々の知識が必要とされ、次第に専門職となって後世の三昧聖が発生してくるのであろう。

火葬作業の詳細には不明な点も多いが、文治四年（一一八八）の九条良通の火葬では藁《わら》が燃料とされたが、父の兼実はこれは近代の工夫で、第一の上計だというと書いている（『玉葉』文治四年二月二十八条）。同年に鎌倉でも藁を用いた火葬が行われた。頓死した窟《いわや》堂の阿弥陀仏房《あみだぶつぼう》という聖を勝長寿院《しょうちょうじゅいん》の供僧良覚《りょうかく》が沙汰《さた》して入棺し、藁で火葬したという（『吾妻鏡』文治四年十月十日条）。近年まで民俗として火葬を行っていた地方では藁束で棺の周囲や上を覆い、蒸し焼きにするところが多いが、それは中世初期に始まったらしい。これらの例で火葬作業を実際に行ったのが誰かは史料に記載がないが、おそらく僧の一人だろうと思われる。

平安貴族の葬儀　当時の葬儀の詳細は史料的制約からどうしても京都の貴族のもの以外は不明なところが多いが、鎌倉時代までは葬送は夜に行われていた。この理由を記した史料は見当たらないが、貴族は身内が死ぬとまず郊外の安置所に遺体を移し、そこから改めて葬列を出した。安置所まで運ぶときは葬列の形を取らず、平生の外出のように装うことも多かった。このときは念仏を唱えたり磬を打ったりせず、棺を乗せた車に付き添う人々も生前のようにした。これはおそらく葬列を見るのを忌む人が多かったためとみられる。夜に葬送するのは人目を憚る意味があっただろう。後世の民俗でも、農村では葬式は集落全体の行事で誰かを憚る必要もないが、東京などの都市部では明治ころまで夜の葬式が残っていた。しかし平安時代でも天皇の葬儀なら人目を憚る必要もなさそうだが、それでも夜に行っている。民俗で野焼きするさい、燃料の上にヒカクシというものを吊したところが多いが、

「お日様」の目に触れないようにするといった宗教的意味があったのかもしれない。夜に行われることもあって葬列の飾りも少なく、長元九年（一〇三六）の後一条天皇の葬儀では、真言《しんごん》を書いた黄色の幡《はた》一本だけが装飾といえるものである。棺のまわりは行障・歩障と呼ばれる移動式の幕で囲って外から見えないようにしていた。これは現在でも神社の遷宮で神体を移動するさいに用いられている。夜に行われることから、葬列の先頭には前火《さきび》と呼ばれる二本の松明《たいまつ》が行くが、この火は死者を安置する枕元に灯していた火から点火し、その役は僧が勤めた。前火の火は火葬の薪に点火するのにも用いられた。

都以外に住む人々も夜に葬送していたようで、『今昔物語集』巻二十七第三十六話では、播磨《はりま》の印南野に野宿した男が夜間に葬列がやってくるのを見ている。これに対して中世後期では禅宗が豪華な葬儀を発達させ、昼に行われて多くの見物人を集めることになった。もっとも院政期の天皇・上皇の葬儀でも、夜にもかかわらず見物しようとする野次馬《やじうま》が集まり、葬儀の妨げになることさえあった。

葬儀前に死者を安置するときは枕元に火をともすほか、逆さ屏風《さかびょうぶ》も平安時代から行われていた。しかし枕飯《まくらめし》や枕団子《まくらだんご》が作られた記録はない。死者は生前の衣を脱がせて野草衣・引覆という梵字を書いた衣を被せたが、この実物は平泉《ひらいずみ》の中尊寺金色堂《ちゅうそんじこんじきどう》に残されている。棺は寝棺《ねかん》で、入棺のあと死者の子供は「あまがつ」（人形《ひとがた》）を入れた。現行民俗で友引《ともびき》の日に葬式を出す場合とか、同じ家で一年に二人の死者が出た場合など、棺に人形を入れて死者が生者を死の世界に引くのを防ごうとする習俗は各地にあるが、これもそのような意味だったのだろう。

万寿二年（一〇二五）に出産直後に赤斑瘡《あかもがさ》（はしか）のため東宮妃藤原嬉子《きし》が十九歳で死んだときは、父の道長《みちなが》は陰陽師《おんみょうじ》に上東門院《じょうとうもんいん》の屋根の上で魂《たま》呼びを行わせた。藤原実資《さねすけ》は「近代聞かざる事」であり、また太后彰子《しょうし》の御所では忌みがあると批判している。古代中国でも『儀礼』などに魂呼びの方法が見え、また現行民俗でも屋根の上で魂呼びをすることは広く見られたが、平安貴族はめったに行わなかったようだ。

出棺のときは普通の門から出さず、築垣を崩してそこから出し、そのあとで築垣を直した。現行民俗で仮門を作って棺を通すところが多いが、これらと同様に死者の帰還を防いだものだろう。十二世紀には出棺すると家の中を竹箒で掃いた。また養和元年（一一八一）の皇嘉門院《こうかもんいん》の葬儀（『玉葉《ぎょくよう》』）や元久元年（一二〇四）の藤原俊成《としなり》の葬儀（『明月記《めいげつき》』）では葬式の帰りに行きと違う道を通ることも行われている。これらは民俗的な呪法が貴族の葬儀に取り入れられたものといえよう。

葬儀が終わると喪主は喪家と呼ばれる家や寺院に中陰《ちゅういん》の期間籠もる。「籠僧」という僧を頼むこともあった。『蜻蛉日記《かげろうにっき》』の作者は母の死後山寺に籠もっているとき、念仏をする僧たちが雑談で、死者の姿が遠くからははっきり見えるが、近づくと消えてしまうという「みみらくの島」の話をするのを聞いた。この忌み籠もりは古い時代には死者に近い状態に一定期間身を置くという重要な意味があったのかもしれない。それを行うのが家族の義務であり、他人に対して行うことはできないというのが身内でない死者の葬送を忌避した根底にあったと思われる。

卒塔婆と石塔　平安時代中期までは、「墓標」というべきものは未発達だったが、仏教的な墓上施設として木製の卒塔婆《そとば》を立てることはあった。延長八年（九三〇）に土葬された醍醐《だいご》天皇の山陵には「卒都婆三基」が立てられたが（『李部王記』）、木製のものであろう。また右にも触れた『今昔物語集』巻二十七第三十六話では、播磨の印南野に宿った男の前にやってきた葬列は棺を地上に置いて塚を築き、その上に「卒都婆」を持ってきて立てたというので、院政期には一般にも行われるようになっていたらしい。

後述のように平安時代には墓参は一般的ではなかったが、摂関家の木幡《こばた》の墓地などは古くから続いていた。しかし庶民は風葬が普通であったが、この葬法では墓参りの対象がない。また仏教の教理としても墓にいつまでも「霊」がいるわけではなく、もしそのようなものが現世にいるならそれは得脱させなければならないことになる。そこで当時から墓を造っていた上層についても、そこに永続的に「霊」がいると思っていたかどうかについて議論があるわけである。

墓に石塔を建てた初見とされるのは、延暦寺座主《えんりやくじざす》、元三大師《がんさん》良源《りようげん》が天禄三年（九七二）に認《したた》めた遺告で、骨を埋めた上に四十九日までに石卒塔婆を建てるよう指示した。これは「遺弟ら時々来礼の表示なり」という。また石卒塔婆の中には種々の真言を書いて安置するよう定めた。死者が次の生を受けるまでの中有《ちゆうう》の期間である四十九日までにこれを建てるようにいっていることから、小林義孝はこの塔は良源が転生するまでの間の功徳を期したもので、そこにいつまでも「霊」が残るという意味での墓塔ではないとしている。しかし中世になると十三世紀、とくに後半から石塔に死者の戒名《かいみよう》や没年月日を刻むものが増加し、この段階で石塔は墓塔になるという（小林　二〇〇四）。

藤原道長が浄妙寺《じょうみょうじ》を建立する以前、木幡の墓地には「石卒塔婆」が一本立っているだけだったという（『栄花物語』巻十五、うたがひ）。多くの墓に対して一本なので、墓標というより、この石卒塔婆の功徳が墓地全体にわたるようにという意味だったろう。道長が建立した浄妙寺もこの石卒塔婆の機能を拡大したもので、『大鏡』では道長が若いころ兼家の慶び申しの供をして木幡に参った際、多くの先祖の遺骨が鐘の声を聞かないでいるのを残念に思い、自分の自由になる時代が来たら三昧堂《さんまいどう》を建立しようと思ったと記す。三昧堂では法華三昧が三昧僧の交代でたえず行われるが、藤原忠実は三昧堂を建てると子孫が繁栄すると語った（『中外抄』下巻第二十四話）。

後一条天皇の葬儀では、火葬した場所に石卒塔婆を立てて陀羅尼《だらに》を納め、まわりに釘貫《くぎぬき》（柵）と堀をめぐらせた（『類従雑例』長元九年〈一〇三六〉五月十九日条）。遺骨はここではなく、拾骨《しゅうこつ》して浄土寺に運ばれていた。堀河天皇のときも同様に、火葬地に石卒塔婆を立てている（『中右記』嘉承二年〈一一〇七〉七月二十五日条）。このように火葬地に墓のような施設を造るものを火葬塚といい、京都大学構内遺跡や長岡京《ながおかきょう》市西陣町遺跡で発掘されている。文献史料では上に立てられた石卒塔婆の形状は明らかでないが、西陣町遺跡の復元図では石造宝塔《ほうとう》とみている。仁和寺宮を想定した葬送作法書『吉事略儀』では、火葬の地に墓を造るなら骨を少し残し、そうでなければ大半を拾骨するとしているので、火葬塚も墓の一種とされていた。平安時代の天皇の葬儀史料では、火葬塚のことを陵と書いていることも多い。

三　中世の葬送と墓制

1 中世的葬送の胎動

散在する墓　平安末期（十二世紀後半）になるまでは、多くの墓が集まった共同墓地が非常に少ない時代が長く続いていた。摂関家の木幡《こばた》の墓地は例外の一つだが、これは平安初期の氏族墓が摂関家の隆盛に伴って、その地位を支える一種の聖地とされたために存続したものと思われ、被葬者は藤原《ふじわら》氏の中でも高位に昇った人や入内《じゅだい》した娘（平安中・後期には后妃となった女性は摂関家や村上源氏《むらかみげんじ》など出身の氏の墓地に葬ることが多い）に限られていた。藤原公任《きんとう》が妹の遵子《じゅんし》（円融《えんゆう》天皇中宮）の遺骨を散骨《さんこつ》したいと思って実資《さねすけ》に相談したとき、実資はわれわれの一門が木幡を墓地に定めてから帝王国母が絶えないと言っており、木幡の墓地が藤氏に繁栄をもたらしたと考えていたようである（『小右記』寛仁二年〈一〇一八〉六月十六日条）。

平安中後期の一般社会でもすべての人が風葬されていたわけではなく、上層は墓を造ることがあったであろう。天皇や貴族は火葬されて墓に葬られたが、上層のやり方を真似したいと思うのは時代を問わない人々の志向と思われる。しかし毎年各地で多数の発掘が行われているにもかかわらず、平安時代の一般の墓の発掘例は少なく、またその中では火葬墓が特に少ない。この時代の墓は集落の近くで一〜数基の墓が検出される程度であるという。近年各地の発掘が進み、『中世墓資料集成』やそれを基にした論集『日本の中世墓』が刊行されて、このあたりの事情がかなりわかるようになってきている。たとえば近畿地方では十世紀後半から屋敷墓《やしきばか》が始まるが、それ以外の墓は少なく、十世紀後半から十一世紀前半に火葬墓・土葬墓の墓地がいくつか発掘されているが、十一世紀後半から十二世紀前半にかけては墓地形成がほとんどみられない。十二世紀後半より前の共同墓地が少ないのは全国的な傾向のようである。今後発掘でこの時期の大きな共同墓地が発見される可能性が絶無とはいえないが、もしそうしたものがあるとしてもきわめてまれであることは確かである。

十二世紀前半の説話集『今昔物語集』巻二十七第三十六話では、西国から都へ上る男が播磨《はりま》の印南野で日が暮れたので田の中の庵に宿ったところ、夜中に葬列がやってきて庵の近くに埋葬した。男はそれをみて、葬送するところはあらかじめその用意がしてあってはっきりわかるものだが、昼間そうはみえなかったのは怪しいと考えた。この話はこのあと塚から鬼が出て男を襲う怪談になるが、男が葬送の場所には用意（儲《もうけ》）をしてあるはずだと考えたのは興味深い。ここが前からの共同墓地であれば、このような表現はしないであろう。つまり当時は野原のように何もないところに墓を造ることは普通にみられたが、その場合はあらかじめ結界《けっかい》のようなものを設けて、墓の予定地であることを世人に示していたようである。この話からは当時の墓がかたまった共同墓地をなさず、あちこちに分散していたことがうかがえるが、発掘で墓がみつかりにくいのはこのような墓の散在にも原因があると思われる。墓が散在する理由はよくわからないが、当時の天皇の場合、よい方角を占いで決め、その方角に葬送していた。このため天皇陵は毎回異なった場所に造られているが、民間でもそうしていたため墓が分散したのかもしれない。ただ死者が墓に永くとどまるという観念があったり、それと関連して墓参の慣行があったりしたら分散する墓はいかにも不便である。この時代には墓標が未発達であることともあわせて、墓をいつまでも祭祀《さいし》の対象とする意識は薄かったと思われる。

共同墓地の形成　中世の共同墓地が形成され始めるのは十二世紀後半とみられる。それまでは多くの墓が集まる共同墓地がほとんど存在しなかったのに、このころから十三世紀にかけて各地で多くの共同墓地が出現するのである。

十二世紀中頃には京都の大共同墓地の一つ、蓮台野《れんだいの》が形成されていた。現在の千本通《せんぼんどおり》（平安京の朱雀大路）を北に進むと、船岡山《ふなおかやま》の西に上品蓮台寺があるが、中世～近世の蓮台野は上品蓮台寺の十二坊が運営する墓地で、船岡山の西に広がっていた。現在は宅地化が進んで広い墓地は少ないが、上品蓮台寺塔頭真言院の墓地に西大寺《さいだいじ》様式の五輪塔《ごりんのとう》（寺伝では弘法大師の母阿刀氏の塔とする）があり、また昔の墓地にあったと思われる多数の石仏が集積されている。

蓮台野はその名前では十二世紀前半までの史料に現れないが、古くから「蓮台」と呼ばれる施設があり、十一世紀前半には場所は不明ながら「蓮台廟」という寺廟があって、その聖《ひじり》が前斎院選子内親王の葬儀に関係していた（『類従雑例』（左経記）長元八年〈一〇三五〉六月二十五日条）。十二世紀には

図１　上品蓮台寺真言院の石仏群

現在の大徳寺《だいとくじ》周辺にあった雲林院《うんりんいん》の二十五三昧《ざんまい》と関係する「蓮台」という施設の名が史料に現れている。二十五三昧は源信僧都《げんしんそうず》が十世紀に結成した念仏結社《ねんぶつけっしゃ》の流れを汲む組織で、念仏による往生《おうじょう》や葬送の準備などで活動していたものと思われる。鎌倉末期に作られた『野守鏡』は源信の二十五三昧会の会員が次々と往生するのをうらやんだ蓮台野の定覚上人が墓地を結界して、ここに墓を造る人は必ず引摂されるよう発願《ほつがん》したと伝えている。源信の時代にはまだ蓮台野はなかったが、「蓮台廟」はそう遠くない時代に存在しており、十二世紀の「蓮台」は雲林院の二十五三昧と関係していたので、この伝えにも一脈の真実性はあるようである。「蓮台」は火葬場ではないが、しばらく棺を安置して葬列を出す準備をするような場所だったと思われる。

保元二年（一一五七）三月、東宮《とうぐう》（のちの二条天皇）の母藤原懿子《いし》に位を追贈することになり、「蓮台野」に勅使《ちょくし》が向かったが、墓は「野中」にあったという。これが蓮台野の初見で、墓地としてすでに範囲が定まっているようにみえる。また史料に記された行路から判断してこの墓は船岡山より東にあるようにみえるので、当時は船岡山の東も含めた広い範囲を蓮台野と言っていたのかもしれない。「蓮台」の付近の野原が墓地として結界されたのであろう。

平安末期にはこれ以外にも京都周辺で寺院の僧が墓地を結界する動きがあったことが史料からわかる。仁安三年（一一六八）高倉《たかくら》天皇の外祖父母（平時信《たいらのときのぶ》・藤原祐子）に位を追贈するため勅使が十楽院東の墓地に行った。ここは故顕尋法眼が結界した地で、縁があって時信夫婦が葬られていたという（『兵範記』仁安三年六月二十九日条）。おそらく十楽院に付属する寺僧墓地として最初は開かれたものが資縁のある俗人にも使用されたのだろうが、夫婦で墓を並べることもこのころから史料にみえるようになる。また寿永二年（一一八三）には吉田経房の長女が死に、大原《おおはら》に葬られたが、ここは時叙《ときのぶ》少将が鎮めておいた山だったという。時叙少将は法名《ほうみょう》を寂源といい、大原の勝林院《しょうりんいん》を開いた人で『拾《しゅう》遺《い》往生伝』にもみえる。十一世紀前半に没しているのでかなり昔の人で、実際にその時代に墓地が開かれたのかは不明だが、寿永ころの寺僧はそのように由緒を宣伝していたのだろう。

保元の乱で流れ矢に当たって戦死した藤原頼長《よりなが》の遺体は奈良の「般若野の五三昧」に葬られたことが『百練抄《ひゃくれんしょう》』や『保元物語《ほうげんものがたり》』にみえるが、後者は頼長が埋められた場所を玄円律師や実成得業の墓の近くと記しており、ここも僧の墓地として蓮台野と同じころに形成されていた模様である。「五三昧」はおそらく二十五三昧の省略形で、源信の流れを汲む念仏組織が奈良でも結成され、墓地の造営にも関係していたのだろう。文永六年（一二六九）の叡尊《えいぞん》の願文にはこの墓地について「(般若寺《はんにゃじ》の）南に死屍の墳墓あり、亡魂を救ふ媒《なかだち》となす」とあって、寺僧だけの墓地ではなく一般にも開放されていたようにみえる。この墓地は現在も北山十八間《きたやまじゅうはっけん》戸《と》の近くに残っている。石工伊《い》行末《ぎょうまつ》の子伊行吉が弘長元年（一二六一）に父母の追善《ついぜん》・逆修《げきしゅ》のため建てた石造笠塔婆《かさとうば》二基は現在は般若寺境内にあるが、明治維新まではこの墓地の入口にあったという。古くは東大寺の寺僧墓地だったのかもしれない。このような寺僧墓地が一般の被葬者も受け入れていくのが中世墓地発展のひとつのコースとして考えられる。

図２　般若寺の笠塔婆

発掘された中世の共同墓地の中にも三重県松阪《まつざか》市の横尾《よこお》墳墓群や京都府福知山《ふくちやま》市の大道寺《だいどうじ》経塚《きょうづか》などのように墓地の初発に経塚が造られているものがあり、墓地を結界した僧の活動がうかがわれる。

兵庫県川西市の満願寺《まんがんじ》の文書の中には文永十年（一二七三）に寺の近くの池山の殺生を禁断した禁制

があり、池山は「満願寺仏前たるの上、如法経《にょほうきょう》数部奉納の地たり、諸人幽霊の墓所なり」とみえるので、これ以前に池山が諸人の墓地になっていたこと、そこに如法経つまり規則に従って経典（多くは法華経《ほっけきょう》）を書写して埋めることが行われていたことがわかる。経塚を造ったり四方を結界したりすることによって、その範囲が墓地として適切な場所となるのであろう。平安末期から共同墓地の造営が活発になる背景には人々の墓に対する考え方の変化や、それに伴う墓地への潜在的需要があっただろうが、各地で同時多発的に墓地ができるのは、僧の活動によるところが大きいと思われる。

共同墓地が各地で造営される前夜とみられる天養元年（一一四四）に刻まれた極楽寺の瓦経《かわらきょう》（現在の姫路市須加院の常福寺《じょうふくじ》裏山から出土）によると、寺僧の禅慧は二年前にこの寺に来て以来、光明《こうみょう》真言《しんごん》や尊勝陀羅尼《そんしょうだらに》で加持《かじ》した土砂を寺域や国内の何千何万という「尸蹤墓所」に散らしたという。この表現から当時はまだ墓が分散しており、放置された白骨も多かったことがうかがえるが、彼はまた寺僧や荘民を勧進《かんじん》して石塔《せきとう》八万四千基や泥塔《でいとう》十万基を造るなど多くの人々を結集する宗教活動を行っていた。このように広範な人々の宗教的需要をとらえることができる僧が人々の後生善処への希望を「墓」という形で現実化したのが、墓所に好適な場所を選定して結界し、経塚などを造営してそこを聖地化するという動きだったのだろう。

中世前期の共同墓地　平安末から鎌倉時代にかけて形成された共同墓地で発掘されているものは多く、数百基以上の墓が密集しているものも少なくない。火葬も土葬もみられ、両者が混在している場合もある。もっとも著名なのは一九八〇年代に保存運動が行われた静岡県磐田《いわた》市の一の谷中世墳墓群遺跡であろう。ここは古代の国府、中世の守護所《しゅごしょ》が置かれた見付《みつけ》の町の北方丘陵にあるため、都市との関連でも注目を集めた。十二世紀後半に墓地が始まり、当初は塚墓とよばれる方形の塚状の土葬墓が造られたが、被葬者は国府《こくふ》の在庁官人《ざいちょうかんじん》層とみられている。十三世紀前半になると塚墓の系譜を引く土坑墓とともに、石を積んだ集石墓《しゅうせきぼ》が多数造られた。これは火葬墓で、被葬者は台頭してきた見付の都市民ではないかと考えられている。

集石墓はこの時代の他の遺跡でもしばしばみられ、また『餓鬼草紙《がきぞうし》』に描かれた墓地にも石を円形に積んで上に多数の小塔婆と笠塔婆を立てた墓がみえるが、このような石積みの墓を造った理由ははっきりしない。死霊を封じるような意味があったのかもしれないし、または後世の石塔に連なるような石に対する感覚があったのかもしれない。石塔以前から木製の塔婆など仏教的な墓上施設があったことは『餓鬼草紙』の絵からも想像されるが、遺跡ではほとんどの場合残存しない。しかし新潟市の浦廻《うらまわり》遺跡では水中にあったため多くの木簡《もっかん》や塔婆が残っていた。ここは普通の意味での墓地ではなく、中之口《なかのくち》川の旧流路だったとみられる水の中に多くの人骨があり、中には犬の噛み跡があるものもある。水葬されたか、または他の場所の放置死体を運んできたところと思われるが、水の流れは強くなかったとされる。木簡には経文《きょうもん》が書かれており、地上に立てられたらしく下が尖っているものもある。木簡の一つには元応二年（一三二〇）の年号があった。また木簡に加えて上等な漆器《しっき》二〇点も出土しており、この場所で死者供養が行われていたことを示している。鎌倉末期には水中に入れられた死体に対してもこのような供養がされたのだから、墓には中世の初期から木製卒塔婆などが立てられていた可能性は高い。

浦廻遺跡の放置人骨の例をあげたが、中世前期の共同墓地には墓だけではなく放置死体もあったようである。『餓鬼草紙』の絵が有名だが、鴨長明《かものちょうめい》の『発心集《ほっしんしゅう》』巻四第六話には「たましひ去り、寿《いのち》尽きぬる後は、空しく塚のほとりに捨つべし」ともある。ただこれらの記述が実景を表すかどうかは議論があったが、一の谷中世墳墓群では塚墓の周溝《しゅうこう》からみつかった釘が出土状態から棺の釘と推定されており、同様に土器の皿二点と鎌が発見された墓もあった。福岡県太宰府《だざいふ》市の篠振遺跡（十五世紀）や奈良県高取町《たかとりちょう》の佐田遺跡群小谷遺跡（十世紀）などでも墓（小谷遺跡では古墳）の墳丘斜面から遺物が出土しており、既存の墓や古墳のある場所に放置死体があった可能性が指摘されている。

これと関連して、京都では平安時代にはきわめて多かった五体不具穢《ごたいふぐ》が鎌倉時代の十三世紀前半に急減することが史料に現れる穢の統計的処理から推定される。風葬から土葬・火葬への変化は互助組織の普及など社会的な変化を必要とするので、長期にわたると思われる。この時期に五体不具穢が急減するのは、死体が京内の空き地などに放置されることが少なくなり、郊外に出現した共同墓地に運ばれていくようになったためとみられる。

初期の中世墓地では風葬も行われていたとすると、その利用者は墓を造れる有力者だけではないことになる。この点は中世墓地の被葬者をどの階層とみるかにもかかわって重要である。考古学では鎌倉時代の中世墓地は有力者の一族墓のような形態から出発したと考える人が多い。確かに現在の近畿地方の墓地にも上段の一番よい場所に中世以来の旧家の墓があるものもあり、発掘された墓も墓地開

図３　木津惣墓五輪塔

設当初のものは有力者の墓と思われる立派なものである。しかし京都の蓮台野が一族墓から出発したなどとは考えられない。また有名な山城木津惣墓の五輪塔は正応五年（一二九二）に建立されたものだが、和泉《いずみ》木津《きづ》の僧衆ら二十二人が協力して「五郷甲乙諸人」を勧進して造立したとの銘があり、僧の主導のもとで五つの郷の多くの人々の援助があったことを語っている。滋賀県米原市番場《ばんば》の蓮華寺《れんげじ》の梵鐘《ぼんしょう》は弘安七年（一二八四）の鋳造で「右、当寺は、弥陀《みだ》安置の道場、念仏勤行《ごんぎょう》の霊砌《れいせい》なり。よって近隣の諸人等、寺中の勝地《しょうち》を葬殮《そうれん》の墓所となす」とあり、「近隣の諸人」が墓所の利用者とされる。これらの表現は特定の有力者の一族のみを指すものではないことや、風葬地としての一般人の利用も想定されることから、中世墓地は当初から住民各層にかなり開かれたものとして造営されることも多かっただろうと考えている。

由比ヶ浜南遺跡　鎌倉市の由比《ゆい》ヶ《が》浜南《はまみなみ》遺跡は中世に前浜と呼ばれた海岸だったところだが、発掘でおびただしい人骨を投げ入れた穴が多数発見された。大きな穴の中には二〇〇体以上の人骨を入れたものもあり、人骨の総数は三〇〇〇体以上になる。刀創痕のある骨もあるが、全体としては十五歳以下の幼小児骨が四〇パーセント以上を占めるので、戦死者の埋葬遺跡ではないとみられる。人骨を分析した鵜澤和宏によると、大きな穴に多数の人骨を入れた集積埋葬では全身骨が揃っているものは少なく、頭部（頭蓋骨《とうがいこつ》・下顎骨《かがくこつ》）と下肢（寛骨・大腿骨《だいたいこつ》・脛骨など）が多い。また骨の縁に犬の嚙み跡があるものが多い。このことから鵜澤は当初死体がどこかに放置され、手などは早い時期に犬が持ち去って頭部や下肢が残ったものが集められ、穴に入れられたものと推定した。これは京都でいえば都市部にある死体を集めて鴨川《かもがわ》の河原に棄てるような作業に相当する。この遺跡は土器など年代がわかる遺物を伴わないため年代が不明確だが、鎌倉時代のものとみてよいと思われる。鎌倉で市中の造墓を禁止する法が出ていたと考えられることを根拠に、この遺跡の年代を幕府滅亡後に遅らせる考えがあるが、京都で鴨川の河原が平安京に含まれなかったのと同様、前浜も埋葬を禁止される市中には含まれないと考えられる。ただ浜の穴に入れられる前の死体が都市部の路上などに放置されて犬に食われ、残骸だけが拾われたものとすれば当初は市中にあったことになるが、京都でも律令時代から葬埋が禁止されていて、実際に京内での墓の発掘例は平安時代には少ないにもかかわらず、京内で五体不具穢が多発している。路頭に出された病人がそこで息を引き取るのも含めて、京都でも鎌倉でも路上の死骸は珍しくなかったので、鎌倉でも都市管理者がたまに市中をまわって死体を集めていたのだろう。この遺跡は風葬の世界の広がりを眼前にみせてくれたものだが、この時代を過ぎて中世後期になると風葬は次第に減少していくだろう。

年忌供養と墓参　平安末期から上層の墓として石塔が建てられるようになるが、石塔のような永続的な墓標を建てることと関係すると思われるのが、院政期から鎌倉期にかけて普及する年忌供養である。高木豊・佐藤健治らの研究によると、十世紀までは一周忌が最後の法事で、「はて」とよばれ盛大に行われた。天皇の諒闇《りょうあん》ではこれを境に人々も薄鈍《うすにび》の喪服を脱ぎ、通常の生活に戻ることになっていた。摂関期の貴族は一周忌後も忌日に仏事を行うことがあり、古くは藤原鎌足《ふじわらのかまたり》の忌日を結願とする興福寺《こうふくじ》の維摩会《ゆいまえ》をはじめ、藤原忠平《ただひら》のための法性寺《ほっしょうじ》御八講、道長《みちなが》の忌日に行う法成寺《ほうじょうじ》御八講など有力な人々の忌日は摂関家全体の恒例の仏事として営まれ、またそれほどでない人のためにも子や孫が毎年の忌日に法要を行うことはあった。しかし毎年でなく三回忌・七回忌など特定の年に仏事を行い、しかもそれは多くの人が修すべきことであるという考えは平安末期になるまで存在しなかった。三回忌などの年忌は中国で成立した十王信仰の伝来に伴うが、冥界の十王に順々に裁きを受けるという十仏事は初七日から七七日までの七度に百ヶ日・一周忌・三回忌を加えた十回であった。のちにこれに七回忌・十三回忌・三十三回忌が加わる。それぞれに配当した本地仏は十三仏とよばれる。年忌供養の普及は一様ではなく、十三回忌が平安末期に一部で行われており、鎌倉時代に入るとかなり広く行われた。三回忌については『吾妻鏡』には頼朝《よりとも》の三回忌の記事がなく（欠巻ではない）、実朝に始まる。一方、七回忌と三十三回忌はかなり遅れ、鎌倉末期に例はあるものの、永仁五年（一二九七）の『普通唱導集』が没後の仏事として三回忌と十三回忌を挙げるのみで七回忌と三十三回忌にはふれていない。この二つが普及するのは南北朝期に下るという。

仏事は寺院で行うことが多いので必ずしも墓参と結びつかないが、年忌が次第に長くなってくるのは、定期的な墓参の習慣が生まれたために、この世に長い間霊がとどまっているという観念が広がってきたことが背景にあるのかもしれない。十世紀の藤原忠平は若いころ毎年のように木幡にある父基《もと》経《つね》の墓に参っていたが、その後の時代の貴族は大臣になった慶び申しのときぐらいしか墓参しなくなったし、盂蘭盆《うらぼん》の盆供は『盂蘭盆経』の説くところに基づいて寺院に送って僧を供養していた。もっとも藤原実資などは毎年の元日に木幡の墓地を家から遙拝していた。

鎌倉時代になると盂蘭盆などの行事としての墓参が史料に現れ始める。貴族の吉田経長《よしだつねなが》は文永八年（一二七一）の盆で「墳墓」に参った（『吉続記』文永八年七月十五日条）。鎌倉では歳末に魂が訪れるという考えが京都より長く残っていたが（『徒然草』十九段）、『吾妻鏡』にも北条泰時や時頼が年末に源頼朝と北条義時《ほうじょうよしとき》の法華堂《ほっけどう》に参った記事が散見される（仁治二年〈一二四一〉十二月三十日条、宝治二年〈一二四八〉閏十二月十三日条、建長二年〈一二五〇〉十二月二十九日条）。紀伊国の沙弥仏心《しゃみぶつしん》という人物は武士だったらしいが、弘安十年（一二八七）に安養寺《あんようじ》に安居料として田を寄進し、自分は独り身で子がないので「七月半ばの盂蘭（ママ）は、花を折るべき孝子なし。一年満の極月は、古墳を尋ぬるべきの輩なし」（沙弥仏心田地寄進状、安養寺文書）と嘆いており、紀伊でも歳末の墓参が鎌倉時代にあったことがわかる。平安時代の京都では歳末に魂が「くる」として、ユズリハの葉の上に食物を供えたりしたが（『枕草子』花の木ならぬは）、その霊はどこかから自発的にやってくるもので、墓参して迎えることはしていなかったようである。しかし鎌倉時代になると同じ歳末の魂祭でも墓参りをするようになっているのは、墓に霊がいるという観念が広まっていることを表すものだろう。

鎌倉時代には共同墓地が各地に造られるようになるが、このころはまだ風葬も広く行われていたので、墓地の塚の周辺に死体が放置されることが珍しくなかった。そうすると木幡のように管理されたところは別として、一般の共同墓地にはうっかり墓参りもできないという感覚があったのかもしれない。京都の貴族は中世になると家ごとの墓地をもつようになるが、墓参する習慣は放置死体の心配がないように囲われた上層の一族墓から始まるとも考えられる。

納骨信仰のひろがり　十一世紀ころから、仏教の霊場に火葬骨を納める習慣がおこってくる。文献的には伊勢神宮の史料『太神宮諸雑事記』長久五年（一〇四四）十一月六日の条に、都から神宮に向かう勅使《ちょくし》を先導していたらしい衛士《えじ》が鈴鹿《すずか》峠《とうげ》付近の山中で通りかかった僧の持ち物を奪ったが、その中に僧が比叡山《ひえいざん》の法華堂に納めようとしていた骨壺があった。事情を知った勅使たちは穢《けがれ》を恐れて何度も祓いをしたが、それでも神の祟りか馬が途中で死んだり雷雨があったりしたという。この僧は藤原惟盛《これもり》という人の妻の遺言でその遺骨を運んでいたというので、この時代から納骨が行われていたことがわかる。法華堂は法華三昧を修する堂で、中世にも鎌倉の頼朝の法華堂など、墓堂にもなった法華堂の例がある。延暦寺の法華堂は墓堂として造られたものではないが、そのどこかに納骨して法華三昧の功徳《くどく》を受けたいと考えたのだろう。

著名な高野山奥の院も納骨は平安末期まで下る（田中　一九七八）。堀河《ほりかわ》天皇の崩御の翌年の嘉承三年（一一〇八）正月に天皇の遺品を整理していると、元服《げんぷく》のとき切った髪がみつかった。仏像の胎内に納めようか、それとも清浄な地で焼こうかと相談したが、仏像に納めても数百年の間にはどうなるかわからない。高野山は弘法大師入定《にゅうじょう》の聖跡で清浄な地でもあり、また先帝も大師と同様に弥勒慈尊《みろくじそん》の三会に値遇することを望んでいたとして、そこに法華経とともに納めることに決まった(『中右記《ちゅうゆうき》』)。

これは遺髪であるが、高野山への納骨の初見は仁平三年(一一五三)の御室覚法法親王の例とされている(『兵範記』仁平三年十二月八日条)。保元三年(一一五八)には花山院忠雅・中山忠親《なかやまただちか》兄弟が母の遺骨を高野に納めた。忠雅が高野山に大日如来《だいにちにょらい》を安置する一間四面の堂を建て、忠親が登山して納骨した(『山槐記《さんかいき》』保元三年九月二十九日条)。永暦元年(一一六〇)には鳥羽《とば》法皇の寵妃美福門院《びふくもんいん》の遺骨が高野山に納められた。鳥羽院は鳥羽離宮の安楽寿院《あんらくじゅいん》に院と女院の墓を並べることを望み、二基の塔を建立していた。自分は先に死んで塔の一つに葬られ、美福門院の遺骨ももう一つの塔に一時納められたが、女院の遺言は高野への納骨だった。そこで塔の三昧僧たちの反対を押し切って遺骨を取り出し、高野に運ぶことになった(『山槐記』永暦元年十二月六日条)。このとき三昧僧は分骨を求めたが拒否されているので、このころにはまだ分骨は一般的でなかったとも思われる。考古学的には奥の院の弘法大師廟の近くから天永四年(一一一三)の経筒《きょうづつ》をはじめ十二世紀前半の経塚遺物が多数発見されており、十二世紀後半から廟の周囲に納骨遺構が営まれるようになった(時枝 二〇〇五)。

鎌倉時代には信濃の善光寺も納骨霊場として著名になった。『沙石集』巻七の二では鎌倉の女が恋煩いで死に、両親は遺骨を善光寺《ぜんこうじ》に納めようとしたが、鎌倉の寺にも置くために取り分けたとあるので、鎌倉後期には分骨が行われている。真名本『曾我物語』では大磯の虎が十郎と五郎の遺骨を首にかけて善光寺に参り、曼荼羅堂《まんだらどう》に納骨した帰りに上州松井田《まついだ》の宿で京の小次郎（曾我兄弟の兄）の妻と邂逅した。小次郎は仇討ちには参加しなかったが不慮の死を遂げ、その妻はやはり夫の遺骨を善光寺に納骨したのち、宿の亭主に引き止められて女房になっていたという。真名本『曾我物語』が成立した鎌倉末期には京都からはるばる善光寺に納骨する人も現れてきたのだろうか。

信濃では飯田《いいだ》市の文永寺《ぶんえいじ》の石室も知られている。石室は弘安六年（一二八三）の刻銘があり、その床石の上に五輪塔を据え、五輪塔の前の床石に穴をあけて納骨するようになっていた。穴の下には大甕があり、この甕は十二世紀後半のもので石室と年代が合わないが、石室や塔はあとで整備されたと狭川真一は考えている。もし十二世紀後半から納骨が開始されたとすると、当時から遺骨の一部を分骨することが行われていたのかもしれない。

摂津の勝尾寺では、建長六年（一二五四）に「東谷の骨堂」に田が寄進されており（勝尾寺文書）、高野山につづいて各寺院に納骨の場が設けられていったことをうかがわせる。『一遍聖絵《いっぺんひじりえ》』には近江の関寺《せきでら》の門前が描かれているが、関寺の築地《ついじ》の外の小屋に白衣の俗人が二人おり、今日でいえば西国三十三所の札所寺院にある納経所《のうきょうじょ》のような感じである。ここに男が白布に包まれたものを持って歩み寄っているが、『日本常民生活絵引』はこの小屋を納骨の受付と解釈している。確かに男が持つものは骨壺の上を碗で蓋したようにみえ、穢を寺内に入れないため築地の外に受付があるのかもしれない。またこの小屋の外には塚があって卒塔婆が四本立てられている。

日本三景の松島の雄島《おしま》には鳥羽院のころに見仏という僧が庵を結び、その名声は都にも聞こえたという。徳治元年（一三〇六）に雄島に建てられた頼賢という僧を顕彰する碑に見仏の伝承も記されている。雄島には弘安八年（一二八五）から板碑《いたび》の建立が始まり、多くの板碑が残されており、海中にも多数あるという。板碑周辺から十四世紀以降の分骨（少量の火葬骨を埋納）の跡も発見されており、観応年間（一三五〇～五二）に松島を訪れた歌人宗久《そうきゅう》は、雄島の南に一町ほど海にさし出た場所に陸奥国の人は遺骨を納め、発心《ほっしん》した人が切った元結《もとゆい》なども多くあると『都のつと』に記している。

中世以来の納骨霊場として著名な奈良市の元興寺《がんごうじ》極楽《ごくらく》坊《ぼう》本堂や西大寺《さいだいじ》奥院骨堂、会津若松《あいづわかまつ》市の八葉寺などには小型の木製五輪塔に遺骨を入れて奉納されたものがおびただしく残されている。

図４　関寺門前の卒塔婆（『一遍聖絵』）

[2] 仏教的葬儀の展開

上人の沙汰　平安時代の貴族の葬儀では沐浴《もくよく》・入棺《にゅうかん》・骨拾いなど葬送の実務は身内で行うのが普通で、天皇の葬儀でも臣下が入棺したり、火葬場では点火やその後の作業も分担して行っていたが、鎌倉時代にはこれらの作業は僧に一任されることが多くなった。早い例では寿永二年（一一八三）に行われた吉田経房の娘の葬送について「一向に明定上人に示してこれを沙汰せしむ」とあって、明定という僧に行わせたと書かれている。明定は籠僧・護摩師《ごまし》も務めている。この後の史料でも「一向上人沙汰」とか「一向聖沙汰」という表現がよくみられるが、この「一向」は一向宗や専修念仏の意味ではなく、「ひたすらに」「全体的に」の意味である。天皇家では文保元年（一三一七）の伏見《ふしみ》上皇の葬送が「一向上人沙汰」とされており、以後はそれが慣例となった。貴族の日記では後の参考にするため葬儀の実際が細かく書かれていたのが、僧が沙汰するようになってからは書かれなくなるので葬送研究に制約が出るのだが、それはともかくこのように僧が葬式を仕切るようになるのはなぜだろうか。貴族が葬儀の実務を嫌うようになったとも思われるが、そうだとしても平安貴族も内心は同じだったろう。むしろ僧がこれらの作業を積極的に請け負うようになったことに注意すべきである。平安時代でも亡者の追善に僧が読経《どきょう》したり護摩を焚いたりするのは一般的で、これは現在の葬儀における僧の役割と同様である。しかし鎌倉時代以後の貴族の葬送では僧が今日の葬儀社や火葬場のような役割を担っているのである。
これらの作業を担当する僧は高位の顕密僧《けんみつそう》ではない。死者の追善を行う伝統的寺院とは別に、葬送を行う寺があった。伏見上皇のときの「上人」は浄金剛院《じょうこんごういん》の本道上人で、大石雅章によればこの寺は浄土宗西山派だった。また康永二年（一三四三）の大覚寺《だいかくじ》聖無動院の道我の葬送では、大覚寺の寺僧の葬送を担当していた律宗《りつしゅう》の不壊化身院長老が行っており「一向に長老これを執り沙汰す」と言われている。南北朝・室町時代の足利将軍家の葬儀は臨済宗《りんざいしゅう》の等持院《とうじいん》で行われたが、足利尊氏のときは「一向禅宗之沙汰」（『愚管記』延文三年〈一三五八〉五月三日条）とされた。

律宗と時宗　律宗の葬祭活動については細川涼一・大石雅章・松尾剛次など多くの研究があるが、中世京都では上層の葬儀を担当することが多かった。北京律《ほっきょうりつ》の泉涌寺《せんにゅうじ》は仁治元年（一二四二）に四《し》条《じょう》天皇の火葬が行われ、応安七年（一三七四）の後光厳院《ごこうごんいん》の葬儀以来は天皇を泉涌寺で火葬するのが慣例となった。東山の太子堂（白毫寺、速成就院《そくじょうじゅいん》）は西大寺末で、花園《はなぞの》法皇や近衛道嗣の葬儀が行われている。嘉慶元年（一三八七）の近衛道嗣の火葬のときは燃料の炭木が少なかったようで火葬中に死骸が露出し、見物人に笑われるという事態になり、あわてて薪や石を持ってきて隠した。三条《さんじょう》実冬《さねふゆ》は、俗人はこういうことは知らないので、ただ悲歎するばかりだったと書いており（『実冬公記』）、火葬が「俗人」ではない聖などの専門的作業とされていることがわかる。
細川涼一は唐招提寺《とうしょうだいじ》や西大寺など大和の律宗寺院の中に「斎戒衆《さいかいしゅう》」と呼ばれる下級の僧がおり、勧進聖であるとともに火葬などの葬送作業も行ったと指摘している。行基《ぎょうき》を葬ったと伝える大和の竹林寺《ちくりんじ》の斎戒衆は鎌倉末期には竹林寺奥の院の輿山往生院《おうじょういん》で毎年営まれた行基追善の法要のさい、行基の棺を担ぐ「輿役《こしやく》」を勤めていた（『竹林寺略録』）。この斎戒衆は輿山往生院を拠点としていたようだが、往生院本堂横には正元元年（一二五九）の宝篋印塔《ほうきょういんとう》があるなど古くから墓地で、後には周辺集落の惣墓となっている。また法隆寺《ほうりゅうじ》は法相宗であるが、子院の北室に律僧がおり、その下にも斎戒衆がいた。法隆寺の北に現在も極楽寺墓地という大きな郷墓があるが、中世には法隆寺寺僧の墓地や刑場として使われていた。この墓地にあった極楽寺という墓寺は律宗で、応安五年（一三七二）には三人の斎戒衆がいた。太子堂のような京都の律宗寺院にも斎戒衆に相当する聖がいたのだろう。前に述べたように鎌倉後期以後、京都の貴顕の葬儀は「一向上人沙汰」「一向聖沙汰」などとされるが、入棺、棺担ぎ、火葬などの実作業を担った僧の姿をわずかにうかがうことができる。

律宗寺院が真言宗の門跡寺院《もんぜきじいん》の葬式寺になっていることも多い。醍醐寺《だいごじ》の寺僧墓地がある菩提寺（戦国期には泉涌寺末）、仁和寺宮の葬儀を行った法金剛院、前述した大覚寺の聖無動院道我の葬儀を行った不壊化身院《ふえけしんいん》、東寺観智院主の葬儀を執行した亭子院《ていしいん》などがあり、真言宗と関係の深い律宗が密教寺院の門主などの葬儀を行っていた。松尾剛次は太子堂は十五世紀半ばにも近江から日本海側の数ヵ所の荘園所職や京都周辺の田畠を持っていたことを明らかにしているが、律宗は十五世紀後半には退潮したようで、応仁の乱では泉涌寺が焼かれ、天文二年（一五三三）三月には東山の太子堂が住持もなく正体ない状態だとされている（『お湯殿の上の日記』）。律宗は社会事業を行ったことがよく知られているが、その財源を荘園に依存していたことが衰退の背景にあるのだろう。

中世京都の時宗《じしゅう》は火葬場を運営していた。四条道場金蓮寺《こんれんじ》は鳥辺野《とりべの》に火葬場を持っていたが、永徳元年（一三八一）には火葬を行う鳥辺野道場は金蓮寺末寺の「東山宝福寺」の名を持っている（金蓮寺文書）。明徳の乱の後、討たれた山名満幸の遺体は四条道場に送られ、四条の聖が「鳥部野の道場」で火葬した（『明徳記』『実冬公記』）。宝福寺は近世には一時退転して、跡地に公儀が設定した無縁墓地が「南無地蔵」と呼ばれた。

市屋道場金光寺は東寺の西方の狐塚《きつねづか》を荼毘所《だびしょ》としていたが、応永五年（一三九八）には東寺の観智院主賢宝の火葬が行われており、善阿弥《ぜんあみ》という聖の名や火葬場の取り分がわかる（『観智院法印御房中陰記』）。このときは葬儀自体は律宗の亭子院の長老が執行したが、火葬場は時宗寺院が運営するものだった。金光寺という時宗寺院は京都に二つあり、もう一つの七条道場金光寺もさかんに葬儀を行っていた。中世の豪華な葬儀では葬列の最後に馬を引いて導師に与えることがあり、これを引馬といったが、正長元年（一四二八）には引馬があるときは一貫文を権利料として清水坂に与えることが定められた（七条金光寺文書）。七条道場は立派な葬儀の引導《いんどう》も務めたのだろう。この寺が運営する火葬場は中世には鳥辺野の赤築地付近にあったが、近世初期に七条に移り、近世京都を代表する火葬場の一つとなった。

嘉吉三年（一四四三）には斎藤美作入道という武士の葬儀が「上辺道場」で行われたが、これも時宗の一条道場迎称寺かと思われる。このときは延寿堂《えんじゅどう》（火葬場）が混んでいたため、寅刻（午前四時ころ）の予定が昼間になったという。

室町時代に京都の新善光寺御影堂に風呂があり、僧や神主もよく使用していたが、醍醐寺の三宝院《さんぼういん》門跡は時衆は葬送に関与する者が多いから今後の利用は遠慮した方がよいだろうと書いた（『満済准后日記』応永三十四年〈一四二七〉正月二十三日条）。戦国時代の天文十五年（一五四六）にも境内への土葬や墓の造立を幕府から認められている（新善光寺文書）。なお十五世紀に公家の万里小路時房《までのこうじときふさ》の外祖母の墓が「新善光寺」にあったが（『建内記』永享元年〈一四二九〉七月十三日条）、新善光寺という寺院は他に浄土宗と律宗のが京都に現存するのでそのどれにあたるのか断定しがたい。

武士との関係では時宗の僧が陣僧《じんそう》を務め、自害する武士に十念を授けたり国元への通報を行ったとも知られている。元弘三年（一三三三）五月二十八日、幕府滅亡直後の鎌倉で遊行《ゆぎょう》上人は街は大騒ぎだが道場は静かだと述べ、道場の僧たちが浜に出て、斬られる武士に念仏を勧めていると書いた（信濃金台寺文書）。また遊行十一代自空《じくう》は応永六年（一三九九）陣僧の心得を箇条書きにしている（七条金光寺文書）。

『太平記』巻二十によれば、戦死した新田義貞《にったよしさだ》の死体は輿に乗せ、時衆八人に舁かせて寺に送ったという。一方これも『太平記』巻十五には都の合戦の後で楠木正成《くすのきまさしげ》は一計を案じ、律僧二、三〇人を仕立てて都で死体を探させ、合戦で新田義貞・北畠顕家《きたばたけあきいえ》・楠木正成ら要人七人が討たれたという偽情報を流して足利尊氏を油断させたという。律僧もこの時代同様の役割を担っていたことがわかる。

戦国時代の三昧聖が戦死者を火葬していたことは宣教師フロイスも書いているが、職業的な三昧聖は戦死者を葬送したり火葬場を運営した律宗や時宗の僧から発生するのかもしれない。

禅宗の葬儀　室町時代には臨済宗が幕府の庇護を受けて強大な宗派となったが、平安時代以来の顕密仏教の大寺院と異なり、禅宗は早くから葬送に関与していた。室町時代には京都五山など臨済宗の大寺院はそれぞれ専属の火葬場（延寿堂）を持っており、南禅寺《なんぜんじ》、建仁寺《けんにんじ》、相国寺《しょうこくじ》、大徳寺などの火葬場が史料にみえる。中世以後に葬儀の軌範となる葬具などにも禅宗が発展させたものが多い。平安・鎌倉時代の葬儀では寝棺《ねかん》が普通だったが、中世後期には座棺《ざかん》が用いられ、これが全国各地で数十年前まで続いていた。座棺は龕《がん》と呼ばれる輿に納めて葬送したが、龕の使用は中国禅宗の『禅苑清規』にみえるもので、中国から伝来した。丹波山国の常照寺《じょうしょうじ》で没した北朝の光厳院の葬儀について中原師守《なかはらもろもり》は「唐様《からよう》に龕をもって葬り申すと云々」と日記に書いた（『師守記』貞治三年〈一三六四〉七月十日条）。このころは龕で葬るのは「唐様」と意識されたが、これ以後は天皇家の葬儀でも龕を用いるようになっている。

前述のように鎌倉後期に貴族の入棺などが聖に任せられるようになると、貴族の日記から葬送の詳しい作法の記述が消えるのだが、足利将軍の葬儀はそれを担当した相国寺の僧の日記『蔭涼軒日《いんりょうけんにち》録《ろく》』が詳細に記述しており、龕の使用をはじめ四花《しか》や善《ぜん》の綱《つな》（縁の綱）など近年までの伝統的葬儀で用いられた多くの葬具がこの時代から使用されていたことがわかる。善の綱は将軍家では後継者が引くものとされていた。善の綱は仏像への結縁《けちえん》のためにも用いられるもので、死者が「仏」になったのでそれに結縁して功徳を得ようとしたのであろう。葬列が火屋のまわりを三回回る「三匝《さんそう》」が行われたことや、拾骨《しゅうこつ》に竹の箸を使ったことなど細かいことも記録されている。足利尊氏はじめ歴代の足利将軍は京都の等持院で火葬された。十五世紀後半では将軍家の後継者が拾骨をしており、縁者が再び葬送の作業に関与するようになっていた。律宗や時宗が主として上層の葬儀の実作業部分に入り込む一方、引導や中陰仏事などの担当まではなかなかできなかったと思われるのに対して、禅宗は武士の葬儀の引導・供養から実作業まで一貫して担当できる垂直統合的な体制を整え、また実際に上層武士の帰依《きえ》を得ていたのが特徴といえるだろう。

守護などの上級武士にも禅宗の葬儀が広がっていった。地方では十五世紀以後に曹洞宗《そうとうしゅう》の寺院が多く建立されるが、それぞれの土地を領した武士が菩提寺として建てたものが多い。曹洞宗では鎌倉末期の四世瑩山紹瑾《けいざんじょうきん》の時代に改革を行って加持祈禱を取り入れたが、その法系が発展して曹洞宗の主流となり、葬儀への関与を強めた。武士に対するばかりではなく、広瀬良弘によると十五世紀後半に遠江で布教した曹洞宗の松堂高盛の語録には「農夫五十六年夢」「五十二年村裏人」「農務業之」などの語がみえ、上層農民の間にも禅宗による葬祭が浸透していった。また千々和到は関東の板碑に刻まれる法号が一四〇〇年ころを境として阿号から禅門《ぜんもん》・禅尼《ぜんに》に変化することから、浄土教から禅宗への変化を読み取っている。禅宗の葬儀は鎖龕《そがん》・起龕・掛真《かしん》・奠茶《てんちゃ》・奠湯・下火《あこ》など一連の儀礼を伴い、立派な龕に収めた棺を運ぶ葬列は中世後期には葬送が昼に行われるようになったこととともあわせて一般民衆にも強い印象を与えた。当時の記録には有名人の葬儀に万単位の見物人が押し寄せたことも書かれている。民俗の葬列に用いられる葬具が中世禅宗の葬儀と多くの共通点を持っている背景にはこのような中世の禅宗葬儀の規範化があった。

宣教師フロイスは十六世紀末に「日本人が（平素）目標として眼前に（思い浮かべ）、大いに重んじていることの一つは、葬式の盛大さと、死者に対してなされる葬儀の豪華さである。（略）多くの異教徒たちが、異教を棄ててキリシタンになる理由の一つが、そうしたことによる場合が少なくないからである。」と書いている（フロイス『日本史』西九州篇3、第八九章）。豊後《ぶんご》の宣教師は豊後府内《ふない》の身分の高いキリシタンが死んだとき、金銀をつけた十字架や一〇〇名のキリシタンが持つ蠟燭《ろうそく》などで「気品のある葬儀」を営んだので「この葬儀は成功して、大勢の異教徒たちがキリシタンになる決心をし」たという（豊後篇2、第三二章）。葬式仏教ならぬ葬式キリスト教の感があるが、この時代には豪華な葬儀が人々のあこがれの的になっていたことが知られる。

浄土宗と浄土真宗　念仏系では時宗の葬送関与を前にみたが、浄土宗では十五世紀前半から京都五条坊門猪熊の円福寺《えんぷくじ》が中原家の墓寺となり、他の貴族の葬儀も行われていた。また華開院《けかいいん》には山科家の代々の墓が造られるなど、貴族層にも帰依を広げてきた。文明八年（一四七六）に死んだ左大臣日《ひ》野勝光《のかつみつ》の葬儀は浄土宗の知恩寺《ちおんじ》が執行して千本の歓喜寺で営まれており（『実隆公記』他）、上層の帰依という点では時宗をしのいでいるともいえるが、京都での時宗が主として火葬場の経営を行ったのに対して、各層が利用できる境内墓地という形をより積極的に打ち出している。時宗でも新善光寺に境内墓地があったが、浄土宗系では前記のほか上京の誓願寺《せいがんじ》（西山深草派）の須弥壇《しゅみだん》の下に万里小路家の代々の遺骨が分骨されて納められており（『建内記』永享元年〈一四二九〉七月十三日条）、文明三年（一四七一）には多くの子供の墓が造られていた（『親長卿記』文明三年九月八日条）。この年に流行した疱瘡《ほうそう》で死んだものと思われるが、この時代には子供も墓に葬られるようになっていた。なお万里小路家では時房の母・養母・祖母の墓は白蓮社という寺院にあり、寺号からこれも浄土宗と思われる。京都では阿弥陀寺《あみだでら》も幕府から土葬許可を得ていた。

寺院の墓地に葬られてお経を聞きたいという願いをもつ人々が増えると、各寺院は競って京内に境内墓地《けいだいぼち》を経営するようになった（高田　一九八六）。発掘では左京三条三坊十一町（現在の烏丸御池）でみつかった共同墓地は室町時代全般から安土期まで使用されていたが、題目板碑《だいもくいたび》もあれば種子《しゅじ》を彫った一石五輪塔もあり、特定の宗派の寺院境内墓地ではないようである。石塔を建てない多くの人々を含め、多様な階層から土葬墓地として使用されていたと思われる。近年では室町綾小路などでも人家に近い町中で土葬墓が発掘されている。これらの中には大量の土器を棺の上に敷いたと思われるものがあり、何か京内特有の儀礼があったのかもしれない。

浄土真宗では早く建武四年（一三三七）に覚如《かくにょ》が『改邪鈔《かいじゃしょう》』で、当流の門人と称する人々が報恩謝徳の集会をしても往生信心の話はしないで「没後喪礼の助成扶持」を肝要だとするような話ばかりしているので、諸人が真宗のことを世間の無常講《むじょうこう》のように思っていると批判している。この時代に葬送互助が生まれてきていることがわかる貴重な記述だが、これに続けて、親鸞《しんらん》は自分が死んだら「鴨川にいれて魚にあたふべし」と遺言したのだから、いよいよ真宗は葬送を一大事などと考えてはならないと述べている。

民俗学では真宗がさかんだった地域では昔から火葬だったこと、また一部に「無墓制」がみられることはよく知られている。無墓制とは民俗学の用語で、火葬にして骨のごく一部を本山に納め、他の骨は捨てるので墓がないものをいう。これは真宗が広まった地域では中世からあった可能性があるが、墓が「ない」ことは発掘では証明しづらいのも事実である。ただ真宗がさかんな広島県の安芸《あき》地方では中世後期の集団墓が少なく、これを真宗と結びつける見方もある（『日本の中世墓』）。文献では三河の一向一揆の顚末を記した『参州一向宗乱記《さんしゅういっこうしゅうらんき》』に、一向宗は「墳墓を築く事をせず、其寺を先祖の廟堂として、雑行雑修の心を打捨て、一心一向に、身命を阿弥陀如来に抛の宗門也」とあって、三河の一向門徒が墓を造らなかったことを述べ、『甲陽軍鑑《こうようぐんかん》』品第四十下には内藤昌豊の妻の母が死に、門徒だったので一向宗の坊主を多く招いたが、死者に供える膳を昌豊が立派に調えたのをみた僧は、わが宗では阿弥陀様に膳を供えれば他には要らないと言った。この言に怒った昌豊は僧にも膳を出さなかったという話がある。真宗では阿弥陀如来のみが信仰対象であって死者は崇拝しないという教理を現在でも守っているが、それと関連して墓を重視しないことが古くからの宗儀だったとみられる。

日蓮宗と葬儀　日蓮宗《にちれんしゅう》（法華宗）は東国で発展し、鎌倉末期から京都でも活発な布教を行った。日蓮宗では晩年の日蓮が霊山浄土を唱えたが、教義的にはこの娑婆世界を仏国土にするという志向性が強く、来世信仰の比重は少なかったといえよう。最古の題目板碑は池上本門寺にある正応三年（一二九〇）のものだが、この時代には墓標ではないと思われる。しかし十五世紀には東国を中心に多くの題目板碑が造られ、日蓮宗的な墓の造立が始まっていることが推測される。日親が永享十年（一四三八）に『折伏正義抄』で指弾しているのによれば、下総では日蓮宗寺院同士で没後の引導の権利を取り合いする状況もみられたという。松戸市の本土寺には十四世紀末から近世初期に至るまでの一万人にのぼる死者を記した著名な『本土寺過去帳』がある。西国でも備前牛窓の本蓮寺《ほんれんじ》が有力者の石原氏を大檀越として建立され、十五世紀末には寺の近くに墓地も造られていた（湯浅　二〇〇九）。

京都では戦国時代に日蓮宗が勢力を伸ばし、法華一揆を結んだことで知られる。この時代には葬送にも関与していたはずだが、史料は少ない。ただ貴族の近衛家が十五世紀から法華宗に帰依し、京都の本満寺は近衛道嗣《このえみちつぐ》の子の玉洞妙院日秀が応永十七年（一四一〇）に開基した。寛正三年（一四六二）の右大臣近衛教基の死去のさい、父の前関白房嗣は法華宗で葬式を出すと言ったが家僕たちが猛反対して激論になり、ついに家僕が勝って浄土宗の三福寺に頼んだという（『経覚私要鈔』寛正三年八月十四日条）。長享二年（一四八八）十月二十四日の房嗣の葬儀では房嗣自身の希望は法華宗だったが、これも聖護院宮などの意見で禅宗（東福寺《とうふくじ》）になった。しかし火葬のとき禅宗と法華宗との間でいさかいがあったという（『大乗院寺社雑事記』『山科家礼記』）。浄土宗も臨済宗も同じ鎌倉仏教であるが、それらに比して法華宗に葬儀を頼むのは当時の貴族には相当の抵抗があったようである。貴族層が昔から尊んできた顕密仏教に対する全面否定のゆえだろうか。しかし近衛政家は明応五年（一四九六）に妻が死んだときは法華宗の本満寺に葬儀を任せ、また妻が最後に「当宗旨の儀、信心堅固の体」だったことを喜んでいる（『後法興院記』明応五年三月五日〜十六日条）。その後の天文五年（一五三六）の天文法華の乱では下京が焼かれて法華宗寺院はすべて破却されたが、数年にして帰還を許された。

これらの宗派に比べて伝統的な顕密寺院の葬送への関与は中世後期には弱かったようだが、鎌倉時代に生まれた各宗派が積極的に葬祭に乗り出していったのは当時の各層の宗教的需要に応えたもので、その後の発展の基礎を築いたともいえるだろう。ただ初期に葬送や墓地造営に積極的だった律宗と時宗がその後に衰える理由については、別途検討が必要である。

またここでの記述は宗派史的なものになったが、中世後期の人々の多くは特にどの宗派でなければならないと思っていたわけではないだろうし、宗教者にも各宗の雑修・兼学の僧が少なくなかっただろう。葬式には死体を処理するという面や、生きている人たちが死者に別れを告げる社会的な面があるが、これらの面の遂行には必ずしも宗教者を必要としないし、現代では実際に無宗教の葬儀も珍しくない。しかし中世後期には広範囲の人々の間で、僧の読経引導で後世安穏を確保したいという要求が強まり、また鎌倉末期の存覚が触れた「無常講」など、葬儀を可能にする互助組織が普及していったと考えられる。こうした要求に積極的に応じた僧がおり、寺檀関係がこれまでより多くの人々に普及していったことが重要である。竹田聴洲は日本各地の寺院の開創年代が天正～寛永年間、つまり十六世紀後半から十七世紀前半の約七〇年間に特に集中することを明らかにしているが（竹田　一九七一）、寺檀関係が幕府に強制される前から、葬送需要の高まりによって膨大な数の寺院が生まれていった。

三昧と三昧聖　近年まで両墓制《りょうぼせい》が行われていた近畿地方では埋《う》め墓《ばか》をサンマイというところが広く分布しており、また火葬場をサンマイという地域も多い。近世以前から火葬していた地域では、火葬を行う専門職がいることがあり、民俗語彙としては隠亡《おんぼう》（隠坊）と呼ぶことが多いが、中世・近世には「聖」「三昧聖」とも呼ばれた。古くから火葬していてもその作業は近隣の互助や親族で行い、三昧聖がいなかった地域も広いが、その場合でも輪番で火葬を担当する人をオンボと呼ぶことがあった。過去に職業的な隠亡から火葬技術を伝授されたのかもしれないが、明らかでない。

三昧という語は墓や葬式との関係でいろいろな意味で使われているが、もともとは比叡山横川の源信僧都らが結成した念仏団体の二十五三昧から来ていると思われる。この結社がメンバーの葬儀を協力して行い、それが葬送互助のモデルとなって各地に広まっていった。前に触れた奈良の般若寺の南の平安末期以来の墓地「五三昧」は、二十五三昧の省略形とみられる。また近江国の敏満寺（現犬上郡多賀町）では長享三年（一四八九）に寺域の漏野を「五三昧所」とすることが綸旨《りんじ》で認められているが、案文には五三昧所とは葬所であるとの注記があり、この「五三昧」は火葬場を指しているようである。墓地や火葬場を三昧と呼ぶのもこの流れであろう。三昧が墓地を意味する例としては南北朝期成立の『栂尾《とがのお》明恵《みようえ》上人伝記《しようにんでんき》』に、明恵が犬に食われて死のうと思って「三昧原」に行って伏せったが、犬は傍の死人を食うだけで明恵は食わなかったという。この三昧原は中世前期の放置死体もある墓地を意味している。また『日葡辞書』には「Sanmai. サンマイ（三昧）Facadocoro.（墓所）（寺院内の）墓地、または、共同墓地」とある。一方、越前敦賀の西福寺の僧が享徳四年（一四五五）に認めた遺言状では、自分の荼毘所は「惣三昧」がよい、寺内では火葬の臭いが迷惑だろうと書いているが、この惣三昧は寺から離れた場所にある地域共同の火葬場を指していると思われる。

「火葬のにないて」でも述べたが、平安時代には火葬墓が全国的に減少し、中世に再び復活してくる。京都の上層はこの時代にも火葬を行っていたとはいえ、専門的な火葬技術者がいたとは思われない。平安時代には火葬のノウハウを伝承していた僧が主として火葬の作業を担当していたのだろう。長元八年（一〇三五）に前斎院選子内親王の葬儀を行った「蓮台廟」の聖を三昧聖とみる説があるが、この蓮台廟は葬列を整えるための仮安置所として使われており、この聖が火葬まで行ったとは史料に書かれていない。火葬を担当した可能性はあるが、その場合でも後世の三昧聖のような専門職ではなく、葬地の堂宇《どうう》を管理する聖が火葬をも行うという形態だっただろう。

平安末〜鎌倉時代には遁世僧《とんせいそう》が火葬を行った記事が物語などに散見されるが、鎌倉後期から南北朝・室町時代にかけては前述のように禅宗・律宗・時宗などの各宗派が火葬場を運営したり、上層の火葬を寺院で行ったりしていた。律宗寺院で葬送を含めた雑役を担当した斎戒衆が律宗の衰退に伴って室町時代に独立した三昧聖になることを細川涼一は指摘したが、吉井敏幸は律宗の盛期でも斎戒衆は三昧聖そのものではなく、その下に実際に火葬を行う三昧聖がおり、それは非人から分化したものと考えている。しかし斎戒衆と別に三昧聖がいたことは史料的にはうかがえないし、遁世僧が火葬の作業を行うのは何ら不自然ではない。嘉慶元年（一三八七）に東山の太子堂で行われた近衛道嗣の葬儀で火葬中に死骸が露出した事件について、三条実冬は「このようなことはひとえに僧中の不覚である」と非難しており、太子堂の僧を火葬作業をも管理する責任者とみているが、後世なら三昧聖の不手際を責めるところであろう。つまり当時は律宗などの寺院が火葬を行い、作業も寺院所属の聖（斎戒衆）が担当する形で、寺院組織と離れた専門の三昧聖がいないことも多かったとみられる。もっとも応永五年（一三九八）には大和国で「廟聖」と非人宿との間の権利関係が問題になっており（大宮文書）、寺院から独立した三昧聖も出現し始めていた。

和泉国日根庄《ひねのしょう》に下向《げこう》した貴族の九条政基《くじょうまさもと》は文亀元年（一五〇一）、日記に三昧聖の関係する事件二件を書き留めている。一つは堺《さかい》から逃走した囚人が信太《しだ》（現在の和泉市太町周辺）で捕らえられ、三昧堂で斬られようとしたが、三昧聖が仲裁に入った話。もう一つは七月十一日に日根庄の土丸の三昧聖二人と田の尻の番頭の下人の三人が守護方の武士の被官に捕らえられた。これは守護と九条家との境界争いにからんで守護方が住民を拉致したものだが、安松（泉佐野市）に土丸の聖の叔父の三昧聖がおり、三昧聖は田の一反も作らず「当道の職」で暮らしているものだから敵味方の沙汰に及ばないと言って一〇疋の金で身柄を取り返したという一件である。細川涼一は三昧聖は俗世の利害関係とは離れた立場であること、土丸も安松も近世後期まで三昧聖がいたことを指摘し、さらに現在の泉佐野市市場町付近にあった律宗寺院の檀波羅蜜寺とその近くの中世墓地が衰退し、そこから独立した安楽寺という三昧聖の寺と惣墓が出現したことを明らかにしている。

おそらく畿内では十四世紀末〜十五世紀初頭から三昧聖の独立化が進行したのだろう。どの程度の組織が中世にあったかは不明だが、ある程度の横の繋がりがあったことは日根庄の事例からも察せられる。戦国時代には独自の始祖伝承として行基伝承も持つようになっていたかもしれない。また独立して大寺院の庇護を受けられなくなった時代に京都や奈良の非人宿との関係も生じたようだが、これについては議論があり不明確な点が多い。

フロイス『日本史』（五畿内篇Ⅱ、第四五章）には「日本には、このような貧しい兵士や見捨てられた人々が亡くなると、聖《ヒジリ》と称せられるある（種の）人たちが彼らを運んで行って火葬にする習慣がある。（聖たち）は、非常に賤しい階層の者とみなされ、通常寄る辺《よべ》ない人たちである」と述べ、差別された三昧聖の姿を描いている。しかし中世前期まで野外に放置されていた縁者のいない死者が葬られるようになったことには、三昧聖の活動があったことを忘れてはならない。

3 中世墓の諸相

墳墓堂 貴族の間では堂塔を建立してその下に遺骨または遺体を葬ることも平安中期以後行われた。まず仏教的な堂塔ではなく、普通の建物を建ててその中に棺を納め、建物を密封することが九世紀の源信《みなもとのまこと》の葬送（『日本三代実録《にほんさんだいじつろく》』貞観十年〈八六八〉閏十二月二十八日条）などにみえるが、十世紀から十一世紀前半にかけて、「玉殿」（霊殿、霊屋）という名称で多くの例が知られる。宇多《うだ》法皇の葬儀で造られた玉殿は中に薪を詰めており、半月ほど後に建物ごと焼いたらしい（『李部王記』承平元年〈九三一〉七月二十日・八月五日条）。しかし他の例の多くでは建物をそのままにしておいているようである。藤原行成《ゆきなり》の母が長徳元年（九九五）に死んだときは、母の父源保光《やすみつ》が火葬を許さず、北山の松前寺《まつがさきでら》の近くに玉殿を造って安置した。同年保光も死に、行成はやはり玉殿に納めたが、十六年後の寛弘八年（一〇一一）、二人の遺骸を改めて火葬に付し、灰を鴨川に流した（『権記』寛弘八年七

図5　現在の深草北陵

月十一日・十二日条)。歳月を経て二人とも成仏したという考えだったのかもしれない。玉殿は仏像を納めるとか、仏堂の形をしているような描写がないため、小型の世俗建築と思われるが、位置は寺院の近くに造られることが多い。

玉殿に続いて、仏教的な堂塔に棺または遺骨を納める墳墓堂が造られるようになった。上層貴族は立派なものを建てているが、大別すると法華三昧(法華懺法)や念仏三昧を修する法華堂・三昧堂に納めるものと、三重塔などの塔に納めるものとがある。葬法は火葬のことも多いが、土葬もかなりの数があり、これ以前の玉殿の習慣を引き継いでいるとも思われる。安元二年(一一七六)の建春門院《けんしゅんもんいん》の例では、蓮華王院《れんげおういん》の東の法華三昧堂の地下に「石辛櫃」を造り、その中に棺を納めた(『玉葉』安元二年七月十日条)。これは待賢門院《たいけんもんいん》の例だとされているが、待賢門院は久安元年(一一四五)に仁和寺の三昧堂の「石穴」に葬られたという（『台記』久安元年八月二十三日条）。鳥羽院の皇后の高陽院《こうよういん》は御願寺の白河御堂の護摩堂の仏壇の下に穴を掘って棺を埋めた（『兵範記』久寿二年〈一一五五〉十二月十七日条）。法華堂の多くは一間四面（母屋の柱間が一つで四方に廂があるもの）だったと思われる。

棺を地下に埋めていないと思われるものもあり、堀河天皇中宮の篤子内親王は雲林院近くの小堂に壇を造り、その中に棺を入れたという（『中右記』永久二年〈一一一四〉十月二日条）。鳥羽法皇は鳥羽殿の三重塔に葬られたが、これも埋めたとは書かれていない（『兵範記』保元元年〈一一五六〉七月二日・三日条）。これらは平泉の中尊寺金色堂で仏像を据える壇の下に棺を納めているのと似た形式といえよう。

ただ中尊寺金色堂は奥州藤原氏の歴代を葬っており、京都でも鎌倉末期の後深草院法華堂は後深草法皇以後、持明院統（北朝）の歴代天皇の火葬骨を納めるようになるが、院政期の墳墓堂やそれ以前の玉殿はほとんどが一人用と思われる。また鎌倉幕府も京都にならって源頼朝や北条義時の墓堂として法華堂を建立したが、寛喜三年（一二三一）に強風下の火災でこの二つの法華堂が焼失したさい、評定所《ひょうじょうしょ》の議論で中原師員《もろかず》・二階堂行村《にかいどうゆきむら》・三善康連《みよしやすつら》ら文官は墳墓堂《ふんぼどう》などが焼失したとき再興した例はないと述べた（『吾妻鏡』寛喜三年十月二十七日条）。これは結局幕府が寺家に助成して再建することになったが、墳墓堂が焼けても再建した例がないというのは興味深い。おそらく鎌倉だけではなく京都の多くの墳墓堂も念頭に置いた議論と思われるが、京都の墳墓堂やそれ以前の玉殿も、焼けたり朽《きゆう》損《そん》した場合は再建する費用をかけず、そのまま消滅させたのかもしれない。立派な堂塔は長期間その姿を保ったろうし、法華堂など三昧を行う施設では通常六人の三昧僧を維持するための費用も設定されていたはずであるから、建物も維持されただろう。しかし天皇などの墳墓堂でも、後白河院の法華堂などの例外を除くと再建や修理をしたという史料はみられない。時代が下がるにつれて墳墓の永続性への要求が強まってゆき、それが石塔の建立を導くのであろうが、中尊寺金色堂はその豪華さともあわせて、当初から永続を期して建立されたと考えられる点で特徴的といえるだろう。ただし、金色堂の藤原氏三代のミイラが人為的なものかどうかは議論がある。

京都の墳墓堂には三昧堂ではなく塔に葬るものも多い。白河法皇の遺骨がしばらく安置されていた香隆寺《こうりゅうじ》から鳥羽殿の塔の地下に葬られた（『長秋記』天承元年〈一一三一〉七月九日条）のが早い例で、仁平三年（一一五三）には御室の覚法法親王の遺骨が高野山に建てた塔に葬られている（『兵範記』仁平三年十二月八日条）。この少し後に石造の五輪塔が造られるようになるが、規模はまったく異なるものの、木造の塔に葬る天皇や貴族の葬法が石塔の出現に影響を及ぼしたことも考えられる。

ここで述べたのは大規模な墳墓堂だが、僧のいない小さな墓堂も多く造られていた。天永三年（一一一二）には京都の大葬地鳥辺野の入口に位置する六道珍皇寺の境内や周辺に「左衛門入道堂」「伴入道堂」など人名をつけた四十八もの堂があった（珍皇寺内諸堂注文）。鎌倉時代には陸奥や九州でも武士が墓堂を建てている。

五輪塔　中世の石塔について、中世前期を含めて概観する。代表的なのは五輪塔と宝篋印塔である。五輪塔の起源としては従来、覚鑁《かくばん》（一〇九五〜一一四四）の『五輪九字明秘密釈』が真言密教と浄土信仰を結合する理論を説き、五輪は大日如来の三摩耶形《さまやぎょう》（象徴）であるとして五輪に仏身をあてはめる図を描いたことに基づくとされてきたが、覚鑁が生まれる前の応徳二年（一〇八五）銘の銅製五輪塔が慶長十一年（一六〇六）に上醍醐の円光院《えんこういん》跡から掘り出されたことが『醍醐寺新要録』や『義演准后日記《ぎえんじゅこうにっき》』にみえる。地輪《ちりん》には遺骨を納め、火輪《かりん》はみな三角（正四面体）で、水輪《すいりん》の中には薄い銅板に滅金して真言を書いたものが巻いて入れてあったという。円光院は白河天皇の寵愛した中宮藤原賢子《けんし》が発願してその没後の応徳二年に落成した寺で、この五輪塔には賢子の遺骨が納められたのだろう。近年、内藤栄は賢子が帰依し、円光院造立や賢子の法要の中心になった義範が開いた下醍醐の遍智院灌頂堂《かんじょうどう》にも三角五輪塔があったことなどから、円光院跡の三角五輪塔は確かに義範が埋納したもので、後に重源《ちょうげん》が作る三角五輪塔の起源であるだけでなく五輪塔一般の原型であるとし、さらに遡って嘉祥元年（八四八）に建立された安祥寺《あんしょうじ》の資財帳《しざいちょう》にみえる「毘盧遮那五輪率塔婆《びるしゃなごりんそとば》」を五輪塔とし、安祥寺から円光院への影響関係を推測している（内藤　二〇〇七・二〇〇八）。

円光院跡に埋められた三角五輪塔はその後長く醍醐寺の秘事とされたと内藤は指摘しており、現在知られる石造五輪塔はそれから八〇年以上たった十二世紀後半に始まる。初期の石造五輪塔が天台宗の影響の強い地域にみられることとも関連して、醍醐寺の秘事が漏れて石造五輪塔を生んだわけではないと思われる。

平安時代には貴族でも石塔を建てないことが多く、久寿二年（一一五五）に藤原忠実《ただざね》室の源師子の遺骨が出身の村上源氏の墓所に改葬されたときは、年来供養した阿弥陀経数百巻を竹筒に入れて墓穴のまわりに立てめぐらしたが、墓の上には卒都婆を立てて釘貫《くぎぬき》（柵）を作っただけだった。これが「常のごとし」とされている（『兵範記』久寿二年五月十八日条）。しかし仁安二年（一一六七）に藤原基実《もとざね》の遺骨を木幡に改葬したときには穴の上に「五輪石塔」を立てて釘貫をめぐらし、周囲に法華経を書いた小卒塔婆六万本を立てた（『兵範記』仁安二年七月二十七日条）。なおこの二例で「改葬」というのは、それまで遺骨を寺に安置していたのを墓に葬ったことをいう。

現存する紀年銘のある石造五輪塔としては岩手県平泉町の中尊寺釈尊院《しゃくそんいん》の塔が仁安四年（一一六九）で最古である。続いて大分県臼杵《うすき》市中尾《なかお》に嘉応二年（一一七〇）と承安二年（一一七二）の二基の五輪塔が造られた。天台宗の拠点に浄土信仰を伝えた聖の活動も推測されている。また福島県石川郡玉川村岩法寺の五輪塔は治承五年（一一八一）のものだが、「為源基光□」と刻まれており、特定個人への追善のために五輪塔を造ることが早くから行われていた。これらは後世の五輪塔と同様に火輪が上からみて四角であるが、東大寺再興に活躍した俊乗房重源《しゅんじょうぼう》は鎌倉初期に舎利《しゃり》を納める水晶や金銅製の小さな三角五輪塔を作った。これについても内藤は大仏に納める舎利を供養した醍醐寺の勝賢から伝授されたのではないかと推測している。

また重源は東大寺再興にあたって宋から石工の伊行末を招き、彼は大仏殿の石壇をはじめ、奈良県室生村の大野寺磨崖仏《まがいぶつ》や奈良市般若寺の十三重塔など多くの作品を残した。その子孫は伊派とよばれる石工集団となり、伊行末の晩年からは西大寺の叡尊のもとで活動した。伊派から分かれたとされる大蔵派はやはり律宗の忍性《にんしょう》に従って鎌倉に入り、鎌倉末まで関東を中心に活動した。鎌倉後期からは西大寺様式とよばれる定型的な量感ある五輪塔を律宗が各地に建立していく。近畿地方の古い墓地には鎌倉末~南北朝時代に律宗が建立した五輪塔がいまも残るところが多いが、当初は墓地全体の惣供養塔として建てられたものであろう。

宝篋印塔と板碑　五輪塔とならび中世・近世の上層の墓塔として代表的な宝篋印塔の造立は鎌倉時代に始まる。かつては中国五代の呉越王銭弘俶が作らせた八万四千基の金属製宝篋印塔が日本にも将来《しょうらい》され、それを日本で石造に翻案したものと考えられていた。しかし近年、岡本智子・山川均らによって中国の福建《ふっけん》省南部から広東《かんとん》省北部にかけての沿海地方に宋代の石造宝篋印塔が多数現存し、それが直接のモデルになったことが明らかになってきている。日本の宝篋印塔の最古のものは京都市右京区の高山寺にある暦仁二年（一二三二）造立の明恵上人髪爪塔とされるもので（年号などは石塔にはなく『高山寺縁起』に記されている）、同形式の塔二基がある。山川は明恵と親しかった慶政が渡宋時に宝篋印塔が残る泉州の開元寺に滞在していたことから、

図6　安楽寿院五輪塔

図７　輿山往生院の宝篋印塔

慶政を本邦への宝篋印塔の紹介者と考えている。

　宝篋印塔は出現後、しばらく時をおいて一二六〇年前後に大和の輿山往生院や額安寺などの塔が造られ、また少しの空白期をへて十三世紀末から盛行する。額安寺宝篋印塔は大蔵派の大蔵安清の制作であるが、大蔵派はその後、永仁四年（一二九六）の大蔵安氏による箱根山宝篋印塔の造立まで作例が知られない。伊派以外の橘派・平派などの石工集団にも同様な空白期があり、佐藤亜聖はこの期間には各派の石工が南都諸大寺の復興や高野山の町石塔婆造立などに動員されており、その間に技術の交流も進んだものと考えている。

　室町時代には墓塔としての宝篋印塔が多く造られた。一条《いちじょう》兼良《かねよし》の墓は死後一一年たった明応元年（一四九二）に東福寺常楽院に建立されたが、その費用は八貫文で、供養代が二貫文かかった（『大乗院寺社雑事記』）。この墓は現在もある宝篋印塔とされている。墓に関する史料には「石塔」としか書かれていないため墓の種類がわからないものが多いが、この時代の他の例でも石代八貫文、梵字《ぼんじ》を刻

図８　慈光寺山門跡の板碑

む料金が一貫文というのがある。これらは上層の立派な墓だが、石塔を建てる人が少ない時代にそうするような人なら葬儀や中陰仏事なども立派に行う必要があるので、その費用はもっとかかるのである。したがって石塔を建立する人はおのずと限られていた。ただ鎌倉時代初期に慈円《じえん》が「石卒塔婆重なり立てる鳥辺野をなどはかなしと人のいふらん」という歌を詠んでいる（『拾玉集』四八九六）ので、京都の鳥辺野のような墓地にはその時代からかなりの数の石塔があったようである。

　関東地方を中心に板碑が盛行するのも十三世紀からである。秩父産の青石（緑泥片岩《りょくでいへんがん》）を用いた独特な形状の武蔵型板碑や、その周辺で造られた異なる石質・形状の板碑が数万基も残っており、ことに武蔵国（現在の埼玉県・東京都）では現存するものだけで三万基近くにもなる。また武蔵型板碑の分布地域では、鎌倉などは別として五輪塔や宝篋印塔など他の石塔はほとんどみられない。

上部が三角形で二本の線条が入った武蔵型板碑の形は塔婆からきたものと考えられているが、平成十九年（二〇〇七）に石川県珠洲《すず》市の野々江本江寺《ののえほんこうじ》遺跡から平安末〜鎌倉初期の木製笠塔婆二基と木製板碑一基が出土した。いずれも『餓鬼草紙』東京国立博物館本（旧河本家本）の塚の絵の上に立つもの（口絵参照）と似ているが、笠塔婆の一基の上部に装着する額の残存部分には大日如来の種子が大きく書かれているのが後世の板碑を思わせる。木製板碑は上部が三角形で二段の段が作られていたが、墨書《ぼくしょ》は残っていなかった。このような木製出土物との比較によって、板碑の源流も今後よくわかってくるであろう。

現存最古の武蔵型板碑は埼玉県熊谷《くまがや》市（旧江南町）の嘉禄三年（一二二七）造立のものである。当初、板碑は上部に大きく彫られた種子に表される主尊《しゅぞん》（多くは阿弥陀如来）を供養するとともに、造立者の逆修や死者の追善を主尊に祈願する意図で建立されたが、十四世紀ころから墓標的な性格が濃くなり、十五世紀になると農村の結衆が月待など仏教とは異なる宗教的背景で建立したものが増えていった（千々和　一九七八）。板碑は移動することが少なくないこともあって墓などの地下遺構との関連が明確でないことが多かったが、宮城県名取市高舘熊野堂の大門山遺跡では集石墓六基と板碑十数基が発掘され、その中には道一という人が乾元二年（一三〇三）に母の十三回忌の供養をした板碑、死んだ道一の往生を願った延慶二年（一三〇九）の板碑、さらに道一の三回忌の板碑もあって、一族が墓に次々と板碑を建てていったようすが判明した（千々和　一九九一）。

図９　石仏型墓標と一石五輪塔（宇治市　善法墓地）

室町・戦国時代の墓標　室町時代には石の墓を建てる階層が広がったようで、前代からの五輪塔や宝篋印塔に加えて、各地に小型の石塔が現れる。東海以西の各地では五輪塔を一つの石から刻みだした一石五輪塔が十五世紀に造られはじめ、戦国時代から近世前期にかけて盛行した。ただこれも「庶民」ではなく比較的上層の墓であったろう。一石五輪塔は最下部の地輪に戒名や没年月日を刻むため、組み合わせ式の五輪塔と比べて地輪が相対的に長いが、全体は一尺五寸（四五㌢）から二尺のものが多い。文字が刻まれていないものも少なくないが、この場合は墨書していた可能性がある。なお大和では一石五輪塔の代わりに舟形《ふながた》の平たい石に五輪塔の形を浮き彫りしたもの（線刻五輪）が普通である。

京都周辺では小型の石仏も多い。最も有名なのは嵯《さ》峨《が》の化野《あだしの》念仏寺にあるもので、寺では八〇〇〇基と言っている。これらは近くにあったものや出土したものを明治時代に集めたものという。また滋賀県犬上郡多賀町の敏満寺石仏谷墓跡は、その名のように山の小高い場所に地表から確認できるだけでも一七〇〇基以上の石仏・石塔があり、国の史跡に指定されている。近畿地方の石仏には光背を持つ丸彫に近いものと、上部が三角の屋根状で方形の枠の中に仏体を浮き彫りするものがあり、京都では前者が多く、近江では後者が多いようである。これらの石仏の多くは阿弥陀像と考えられるが、文字は刻まれないのが一般的で、正確に時代を知ることが難しい。ただ石仏谷は信長の焼き討ちで廃寺《はいじ》になったと言われており、また京都では信長が足利義昭《あしかがよしあき》のために造った二条城《にじょうじょう》の跡から石垣に用いられた多くの石仏が出土した。同様のことは安土城《あづちじょう》でも行われており、石仏が戦国時代までに多く造られたのはまちがいない。ただ一石五輪塔など他の中世石塔にも言えることだが、建立以来その場を動いていないと言えるものはほとんどなく、多くはその後の墓地整理で動かされているだろう。このため下に骨壺などがあるかどうかも

図10　敏満寺石仏谷の石仏

わからなくなっており、墓であることを証明することもできない場合が多い。敏満寺石仏谷は中世末に廃絶したため石仏の人為的移動は少ないと思われるが、長い年月の間に土圧で流されているものも多い。これまでの発掘でも蔵骨器《ぞうこつき》は十三・十四世紀のものが多いのに対し、石仏の多くはそれより時代が下がると思われ、石仏と墓との関係ははっきりしなかった。石仏の下に納骨したとしても少量だったのかもしれない。

寛文元年（一六六一）開板の仏教説話集『片仮名本因果物語』上巻第八話では、近江の大塚村（現在の東近江市大塚町）の六左衛門という者が、自分たち夫婦は死んでもこの屋敷にいよう、死んでも塚を一つに築こうと言って、生きているうちに石塔を切らせ「夫婦の形を一つに切付て」屋敷の隅に立てたという話がある。この「石塔」は石仏谷でもよくみられる二尊並座の石仏と思われる。阿弥陀如来坐像を刻んだのだろうが、それを「夫婦の形」と言っているので、成仏後の自分たちを表したものだという意識があったようである。これは屋敷墓とみられるが、石仏も墓として造られたことを示している。なお京都周辺に多い地蔵盆《じぞうぼん》の地蔵も、実際には地蔵ではなくこのような中世の石仏であることが多い。貞享三年（一六八六）開板の『百物語評判』巻三第二話には、このごろ路傍の石仏が妖怪になるという噂があるが、それは中昔のころ、墓標に石を立てるときは必ず仏体を刻み、その下に法名を記したが、それが墓であることが忘れられたため無縁化した霊が祟るのだと説明している。ここで「法名を記した」とある点は、実際の石仏にはそのための場所もなく疑わしいが、地蔵盆の「地蔵」の中には、近世初期に祟ると言われた石仏を祀ったものがあるのかもしれない。

廟墓ラントウ　石で造った堂の形の中に石仏や線刻五輪などを入れる墓が関東地方の特に千葉・群馬両県、長野県、さらには中国・四国地方に広く分布している。これらは神を祀る石祠とは別で、仏堂をかたどった墓堂であり、各地でラントウ・ミヤボトケ・イシホウデンなどと呼ばれている。今まで見過ごされてきたこれらの石堂を研究した水谷類は、群馬県を中心に十五世紀中葉以後の中世に遡るものが多数あることを指摘し、長野県南部と瀬戸内海流域という離れた地域でこれをラントウと呼ぶこと、丹波の山国地方（現京都市右京区京北）でも両墓制の詣《まい》り墓《ばか》の石塔一般をさすとともに、ことに旧名主家などの石塔を納めた木造の祠《ほこら》をラントウと呼ぶことから、かつてはこの形状の墓堂をラントウと呼んだと推定した。

これは寺僧の墓の無縫塔（卵塔）とは異なるもので、『看聞日記』で盂蘭盆に伏見宮家の墓のある大光明寺に参った貞成が「檻塔御廟前に水向け奉る」（応永二十四年〈一四一七〉七月十五日条）「亡母欄塔」（永享八年〈一四三六〉七月十二日条）など、木偏の文字を使って「ラントウ」と書いていることともあわせて、当時は木製の家型や柵状の施設で囲った墓を欄塔・蘭塔などと称し、中世末には広くみられたが、現在は石製のものを中心に残存しているとしている。

そして民俗例の墓上施設や納骨堂《のうこつどう》の周囲にみられる板を四十九本並べた四十九院という施設をこれと結びつけて、弥勒菩薩《みろくぼさつ》がいる兜率天《とそつてん》の内院にあるという四十九院になぞらえて、このような施設を作ることで死者がこの世界にも詣り墓にとどまることができ、子孫と交流するという思想が中世末にはことにさかんであったこと、近世初期に多く制作された熊野観心十界図の中央に描かれた賽《さい》の河原《かわら》の場面にも木造の建物に入った石塔があり、その前で歌い踊る巫女とみられる人物が描かれているものがあることから、巫女がラントウの前で死者の託宣《たくせん》を行った時代があったことを推定した（水谷二〇〇九）。

四　近世の葬送と墓制

1　近世民衆葬送史を面白くするには

多様さを活かす　近世の一般民衆がつくりあげてきた葬送の歴史は、どういう視点からみれば面白い歴史像となるのか。ここでは、江戸時代における日本全国の葬送儀礼・慣行などを網羅的に紹介・概説するというやり方ではなく、近世民衆葬送の新しい見方を、さまざまな事例を用いながら提起していく、という方法で話を進めていきたい。

一般的な概説ではなく、新視点の提示を軸とするにはわけがある。一つは、葬送の仕方自体、実に多種多様で地域色豊かであることに関わる。葬送の歴史を語る際、この多様さのなかから強引に共通性を拾い出して一般論を語ったり分類化をはかる手もあろう。しかし、おそらくそうした普遍性を求めるような議論をしてみても、せいぜい無味乾燥な共通性——たとえば「火葬地帯」と「土葬地帯」の分類など——が引き出されてくるのが関の山で、それ以上深みのある議論はほとんど期待できない。いやむしろ中途半端な一般論は、かえって葬送の歴史をつまらなくする、とさえいえるだろう。

そうではなく、せっかく葬送が多種多様なのだから、その多様さを活かさない道はない。個々の地域・村・町・家の葬送事例が放つ独自の「光」を最大限に活かし切る視角を考える――これこそが近世民衆葬送史を面白くしていくための第一歩であろう。

思い込みを捨て去る　視点の提示を中心におくもう一つの理由は、これまでの近世民衆の葬送像が、あまりにも「思い込み」に近いような一般論――それは、前述した多種多様な「光」を打ち消すような一般論でもある――で説明され過ぎてきたからである。たとえば、「火葬より土葬が多かった」「夜ひっそりと地味におこなわれた」「地域・村落内の相互扶助に支えられ、共同体の意思が強く影響した（葬儀社の関与は基本的にない）」といった説明は、その代表例であろう。

しかし、はたしてこうした歴史像は、近世民衆葬送の本当の姿を言い当てているのであろうか。実は右のような一般論のほとんどは、近世史料にもとづく、きちんとした実証を経ないまま提示されたものばかりである、といっても過言ではない。したがって、まずは同時代史料によって葬送の実態を明らかにし、これまでの通説の当否を再検討する必要がある。思い込みを排除して常識を疑ってかかり、通説をくつがえす事実を発掘して、新たな視点で葬送像を再構築する――これまた近世民衆葬送史を面白くしていくための大切な方法である。

本章では、以上のような問題意識をもちながら、これまでの思い込みを一つずつ解きほぐし、葬送事例の多様さが活かされるような、新しい近世民衆葬送の見方を提起していきたい。話の順序は、①人の死が発生して、埋火葬されるまでの葬送儀礼、②埋火葬される瞬間、③葬礼後の墓石建立と供養、というように、人が弔われる時間的推移に沿って進めていくこととしよう。なお典拠は、特に断らないかぎり、木下二〇一〇による。

②　華美化する葬送儀礼

賑々しい葬列　遺族とその関係者が葬送行列を組み、遺体を墓地または火葬場まで運ぶ――日本の「伝統的」な葬送風景として、よく言及される葬式のありようである。そして、こうした風景が文献史料によって広く確認できるようになるのが、近世という時代であった。

江戸時代に村の庄屋を務めていたような家や、経済的に比較的裕福であった町人の家に残された古文書を調査すると、『葬式入用帳』『香奠《こうでん》帳』『御悔《おくやみ》帳』などと題された横長の帳面（以下「葬式帳」と表記する）に出くわすことが少なくない。葬式帳には、葬列を組むときの役割分担（役付《やくづけ》）を始めとして、焼香に訪れたり饗応《きょうおう》に呼ばれた人の名前や、葬礼で必要とされた道具・食品の種類とそれを調達した業者名、あるいは葬式全体でかかった費用の細目や、喪家《そうか》（喪主の家）に渡された数々の香奠の種類など、江戸時代の葬送儀礼を復元していくうえで重要な情報が満載されている。

一例をあげよう。文政三年（一八二〇）八月六日、大坂の北久太郎《きたきゅうたろう》町四丁目で本屋業を営んでいた河内屋の初代当主新次郎が亡くなり、翌七日の「正八ツ時」（午後二時頃）から葬礼が執り行われた（木下　二〇〇二）。このとき作成された葬式帳をみると、箱提灯《はこちょうちん》や陰灯籠《かげどうろう》で飾られた葬列が五〇人以上の人びとによって組まれ、河内屋の自宅から火葬場の小橋墓所《おばせ》（大坂周辺に点在していた墓地・火葬場の一つ）まで、大坂市中を練り歩きながら初代新次郎の遺体が運ばれたことがわかる（図1・2）。

さきに本章の目的は、通説の再検討にあると述べた。そして、この一見何気ない大坂町人の葬送事例には、すでに二つの点でこれまでの常識をくつがえす現象が含まれている。一つは、葬礼が大勢の人びとの参列と葬具の多用によって賑々《にぎにぎ》しく派手におこなわれている点であり、いま一つは、その賑々しい葬列が人目をはばからず、真っ昼間から大坂のど真ん中を堂々と行進している点である。江戸時代の葬式は、夜中ひっそりと地味におこなわれた、という通説で思い描かれてきた民衆葬送像とは、およそかけ離れた実態である。

これは、十九世紀前半の大坂だけの特殊事例なのか。そうではない。なぜなら同様の現象は、西木浩一や森田登代子の研究によって、十八世紀後半〜十九世紀前半の江戸や京都における中上層町人の葬送でも確認されるからである（東京都公文書館　一九九九、森田　二〇〇一）。また、オランダ商館長として十八世紀後半に来日したイサーク・ティツィングの著書*Illustrations of Japan*（『日本風俗図誌』）。本人の死後、一八二二年にロンドンにて出版）には、「著名な長崎の役人」の葬列が挿絵入りで紹介されており、そこでもやはり龍頭《たつがしら》付きの幟《のぼり》や提灯・天蓋《てんがい》などで飾り立てられた葬列が、大勢の参列者によって組まれていた様子が描かれている（図3）。

それでは、この「葬送の華美化志向」とでもいうべき文化志向は、近世後期の都市に生きる「金持ち」町人たちだけの世界だったのか。これまた否《いな》である。そのことを以下、時期と地域・階層の問題にわけてみていくこととしよう。

華美化の初見　民衆葬送の華美化志向を確認できる最初の文献史料は、いまのところ、慶安元年（一六四八）に大坂町奉行が大坂市中に申し渡した「町人作法」という法令である。この法令は、二

先走り馬除　堅固家根屋三郎兵衛　左官太郎兵衛　手伝市兵衛
白張箱提灯　白張箱提灯
白張箱提灯　堅固町代治郎助　白張箱提灯

陰灯籠　陰灯籠　紋付箱提灯　同行箱提灯　三木や彦右衛門　泉勘重治郎
乗物四人　為三郎　灰屋重兵衛
陰灯籠　陰灯籠　紋付箱提灯　同行箱提灯　道香　伏見や甚兵衛　綿屋重右衛門

灰屋松三郎　日野や治兵衛　堺河内や作治郎　辰巳や大助　泉や吉兵衛
同　市郎兵衛　泉勘助庄太郎　船屋佐兵衛　灰屋新次郎　同　九兵衛代清八
同　新太郎　三木屋彦次郎　辰巳屋治郎兵衛　丹波や伊左衛門　炭彦店和助

葛籠屋治郎兵衛　葛籠屋忠兵衛
御同行七人　大和屋清兵衛　和泉屋勘兵衛　道中傘支配綿屋店定七・伊助　鉤台侍二人　惣供押棒頭甚兵衛
蕗屋太助　三谷屋弥兵衛
和泉屋市兵衛

注：一つの行列を四列にわけた。「先走り馬除」が先頭となり、最後尾が「惣供押棒頭甚兵衛」となる。

図1　初代河内屋新次郎の葬列

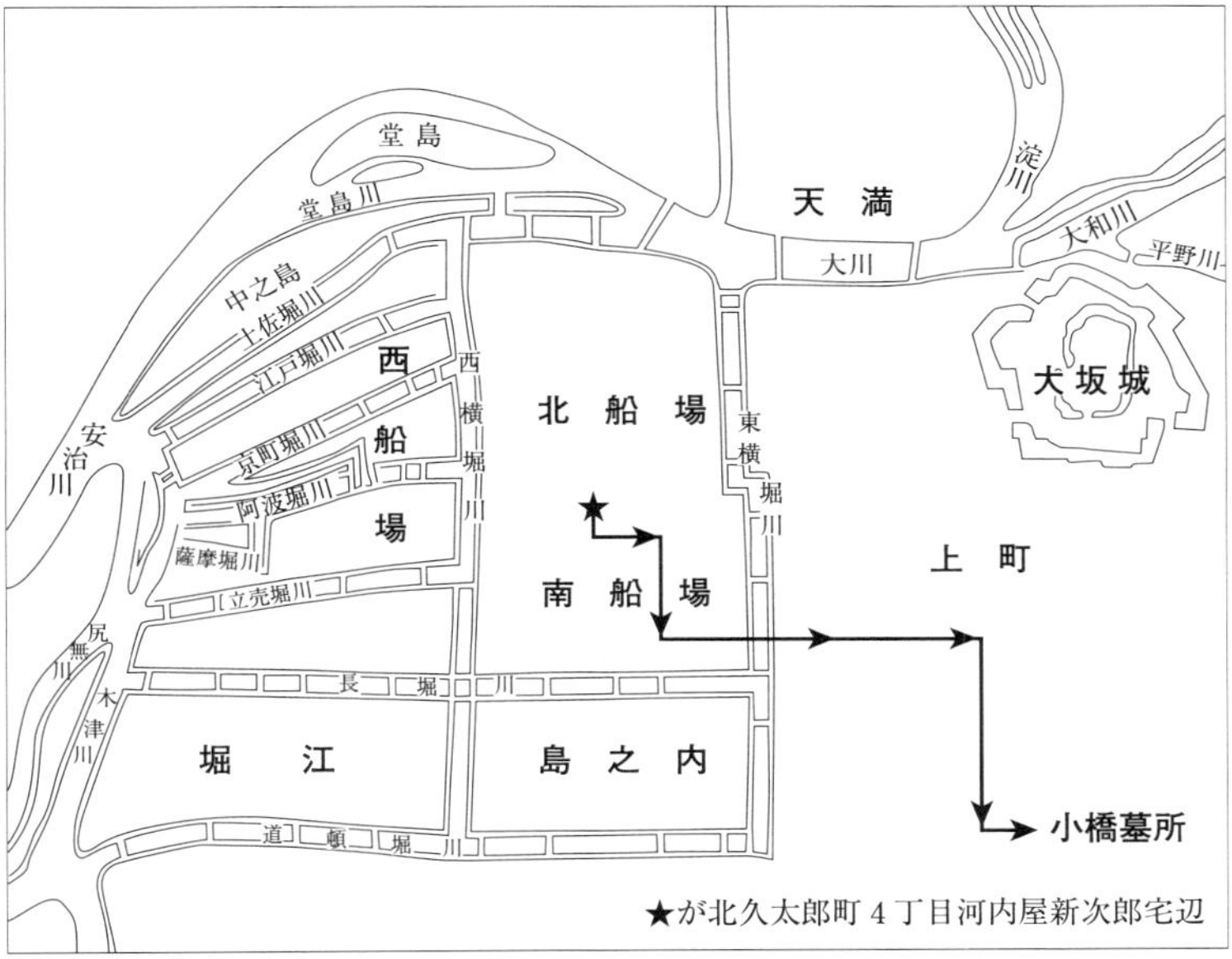

図２　初代河内屋新次郎の葬列道筋

一ヵ条にわたって、着物や履き物・家具・家屋装飾などの町人風俗についてその質素化を求めたもので、同法令中には「金銀を散りばめた美麗な葬礼をおこなわないように。また葬礼の時間帯も日暮れ時分とし、日中にはおこなわないように」と命じる条文も含まれている。ここから、すでに十七世紀半ばの大坂には、町奉行所が規制をかけようと思うほど、白昼堂々、人に見せびらかすように派手に葬式を執り行おうとする町人が出現していたことがわかる。

また、明暦三年（一六五七）に大坂町奉行所が大坂市中に触れ回した町触《まちぶれ》では、「町人が亡くなって仏事斎非時《ときひじ》（葬礼後の饗応）が催されるとき、喪家

図３　*Illustrations of Japan*（『日本風俗図誌』）に描かれた長崎役人の葬列

の居住町の内外から関係者が大勢寄り集まってくるため、喪家が大変迷惑していると聞き及んでいる。よって惣年寄《そうどしより》の会所で葬礼の簡便化をはかる取り決めを検討するように」と命じられている。大勢の会葬者を呼んで葬礼の規模拡大をはかったのは、とりもなおさず喪家自身であったろうが、皮肉にもそうした規模拡大・華美化路線は、早くも十七世紀半ばには、会葬者接待の手間や経費面で、逆に喪家の首を締めつけるような結果ももたらしていたのである。

このように十七世紀半ばの大坂では、葬送の華美化に対する熱い情熱が、ときにはそのせいで自分の首がまわらなくなってしまうほど、町人たちの間で着実に根付いていた。大坂町奉行所は、元禄七年（一六九四）に「葬礼のとき、町中を練り歩くな」と命じる町触を出すこともあったが、実際にはほとんど守られることはなかった。葬礼に対する大坂町人たちの熱い思いの前に、町奉行所の葬送規制は半ば空文化してしまっていたのである。

なお、この元禄七年の町触では、「これまで白昼の葬送

は遠慮されてきたようであるが、今後は昼夜に限らず勝手次第に何時にやってもよい。ただし火葬については、前々から申し付けているように日暮れ以後にするように」とも記されている。四六年前の慶安元年「町人作法」時とはうって変わって、今度は日中葬礼が公認されたのである。この条文だけを読んでいると、さもそれまで大坂町人たちが日中葬礼を自粛していたのに対し、町奉行所がそれを解禁してやったかのようにみえるが、おそらく現実はその逆であろう。規制などどこ吹く風で日中葬礼を常態化させていた町人たちの動向を、町奉行所側が認めざるを得なくなったというのが真相で、町奉行所の体面上、恩着せがましい文章表現になったのではないかと思われる。

華美化の淵源　それでは、こうした華美化志向は十七世紀半ばになってやっと芽生えてきた文化動向なのか。そうではなさそうである。というのも、民衆葬送の華美化を裏付ける確実な文献史料は、さきの慶安元年「町人作法」が初見となるが、傍証ならばもう少し遡《さかのぼ》ってこの動向を導き出せるからである。

その一つに、慶長十七年（一六一二）の大坂道頓堀《どうとんぼり》掘削に関わった人物として著名な、河内国渋川郡久宝寺村《きゅうほうじ》（久宝寺寺内町《じないまち》、大阪府八尾市《やお》）の安井治兵衛の葬式記録がある。それによれば、治兵衛が道頓堀掘削と同年に亡くなった際、彼の遺体は、「金物金銀の箔」で飾られた板輿《いたごし》に乗せられ、葬列も五〇人以上の人びとで組まれた。しかも葬礼の開始時刻は、「午刻《うまどき》已前《いぜん》」（昼前）であった。安井治兵衛は、久宝寺寺内町を取り仕切っていたような人物だったので、「一般民衆」というには憚られるような存在ではあったが、その葬送風景は、派手な葬具、大勢の参列者、真っ昼間からの町中練り歩きと、十七世紀半ばの法令史料から浮かび上がる大坂町人のそれとまったく同じである。

また宣教師のジョアン・フェルナンデスも、永禄四年（一五六一）の書翰のなかで、日本人というのは、世間体を気にして借金をしてでも盛大な葬儀をおこなおうとする人びとだ、と報告している。

さらに、摂津国尼崎《あまがさき》の菩提寺（兵庫県尼崎市、律宗寺院大覚寺の子院《しいん》）が天文《てんぶん》元年（一五三二）に定めた尼崎墓所置文案《おきぶみあん》では、火屋《ひや》の飾り付け方や葬具の種類、火葬・土葬の別などを基準として、葬送の内容・規模が五段階にわけられている。葬送内容が段階表記されているということは、すでにこの時期の尼崎には、葬送に金をつぎこもうとする人、すなわち葬送を華美化させようとする住民が登場していた可能性を推測させる。葬式や法要など、人を弔う行為全般にみられる志向性を「葬送文化」と名づけるならば、早くも十六世紀前半の尼崎には、葬礼に金をかけようとする住民の出現によって、葬送文化に格差と格付けが生じていたといえよう。

このように、葬送を派手にしようとする文化志向は、遅くとも十六世紀半ばには一部の人びとの間に広まるようになり、十七世紀半ばには確実に一般民衆の心をつかむようになったと考えられるのである。

村の葬送　ここまでは都市の事例ばかりを取り上げてきたが、実は葬送の華美化志向は、村の世界でも十七世紀後半には確認できる事柄である。

丹波国桑田郡河原尻《かわらじ》村（京都府亀岡市）で庄屋を務めていた遠山家には、天和《てんな》二年（一六八二）の葬式帳が残されている。この天和二年葬式帳は遠山家当主が亡くなったときのもので、それをみると、葬列が六道火とほし・松明《たいまつ》・幟・盛物《もりもの》・提灯・蠟燭・香炉・花・位牌・輿・天蓋をもつ一七名の人びとで組まれ（実際にはこの一七名のほかに、数ヵ寺の僧侶、および葬具をもたない参列者が加わると想定される）、まだ日の高い八ツ時に村の墓地に向かって出発していたことがわかる。役付の人数はさほど多くはないものの、多様な葬具で葬列を飾り立て、白昼堂々と村内を練り歩く姿は、さきにみた十九世紀前半あるいは十七世紀後半の大坂町人の葬送風景と何ら変わるところはない。

さらに、寛政十二年（一八〇〇）の遠山家当主葬送になると、葬式帳に記される役付は、叒来（ママ）・丁火・先礼・大松明・福林寺和尚乗物《のりもの》・福林寺曲録・福林寺長柄《ながえ》・養仙寺和尚乗物・養仙寺曲録・養仙寺長柄・幡・御役僧衆・盛物・双提灯・酒水・奠茶《てんちゃ》・奠茶（奠湯《てんとう》カ）・四華《しけ》（しか）・香炉・燭台・位牌・提灯・輿・輿附・天蓋・野布施引・野帳・行烈（列）引渡、となっており、役付の人数も五四名に増加している（これに福林寺・養仙寺和尚、および葬具をもたない参列者が葬列に加わると思われる）。寛政十二年の約三〇年前、明和八年（一七七一）の当主葬式帳でもほぼ同内容・同人数の役付がみられるので、天和二年からおよそ一〇〇年ほどの間に、遠山家では葬礼の役割分担と葬具の種類を充実させ、その結果、葬列規模も肥大化していったのである。

葬列の規模は、常に右肩上がりの拡大路線をひた走っていたわけではなかったろうが、それでも右の事例からは、葬送の華美化志向が遅くとも十七世紀後半には村社会でもみられるようになり、その後しっかりと定着していった様子が読み取れよう。葬送をわざと人目につくような派手派手しいものにしようとする葬送文化は、都市住民たちの専売特許だったのではなく、村の世界でも同時進行していた文化動向だったのである。

下層の葬送　葬送を派手にするためには、当然のことながらそれなりに金がいる。したがって、今日まで葬式帳を伝えるような比較的裕福な家の葬送より、あまりお金をもっていなかった人びとの葬送規模が小さかったろうことは容易に想像がつく。

しかし、だからといって、村や町で経済的に下層に位置づく人びとが、華美化を目指す葬送文化の「蚊帳《かや》の外」におかれていたわけではない。下層民の葬礼実態を直接教えてくれる文献史料はなきに等しいのであるが、傍証によれば、下層の人びともまた、それなりに飾り付けられた葬礼を何とか執り行おうとしていた様子がうかがえる。

たとえば、十八世紀初頭の正徳・享保期の大坂では、葬具販売・賃貸の商権をめぐって三昧聖《さんまいひじり》と市中の葬具業者が争っており（三昧聖と葬具業者の実態については後述）、争論の背景には、顧客としての都市下層民の取り合いが存在していた。三昧聖側の主張によれば、町方の「不如意《ふにょい》なる衆中《しゅうちゅう》」は新品の葬具を買うことができないので、彼らが葬具の借用を三昧聖に申し出たときには、少しばかりの賃貸料で葬具を貸し与えてきたという。また、「極貧なる衆中」に対してもタダ同然の値段（「報謝」）で葬具を貸してきた、とも述べている。

　こうした廉価貸与が市中葬具業者の反感を買い、営業妨害だとして争論にいたるわけだが、いずれにしろ、すでに十八世紀初頭には、業者間で顧客の奪い合いが過熱気味になるほど、葬具業にたずさわる者にとって都市下層民は重要な顧客層として位置づいていた。その裏には、たとえ中古の葬具であろうとも何とか葬具を取り揃え、それなりに飾り付けられた葬礼をおこないたいという思いが、都市下層民の間に広く行き渡っていたといえよう。

　このような志向性は、村に住む下層の人びとでもおぼろ気ながら見えてくる。享和元年（一八〇一）に刊行された孝行者の褒賞記録『官刻孝義録』には、「田畑も持たないわびしい百姓」のもとへ養女にいった、播磨国加東郡上三草《かみみくさ》村（兵庫県加東市〈旧社町〉）の「ふさ」という女性の例が入っている。それによると、ふさは天明五年（一七八五）に養父を亡くした際、着古した着物のまま養父を葬ってはあまりにもみじめなので、どうにかして新しい着物を着させて葬ろうとしたという。亡くなった養父のために必死に新品の死装束《しにしょうぞく》を調達しようとするふさの姿からは、たとえ日々の生活は苦しくとも、いざ葬式となれば、なけなしの金をうってでも何とかそれなりに飾り立てられた葬礼で死者を送りたいという思いが、村の下層民にも深く根付いていたことが知られる。村落下層民の葬送華美化志向が、時期的にどこまで遡れるかはまだよくわかっていないが、大坂の都市下層民の動向をふまえるならば、それが十八世紀初頭にまで遡ったとしても何ら不思議はない。

このように華美化を志向する民衆葬送文化は、十六世紀前半を起点として、一五〇年ほどの長い年月をかけて、都市・村を問わず、また階層もこえるかたちで広く浸透していったと考えられる。その意味で、さきに紹介したティツィングの「著名な長崎の役人」の葬列風景は、実際にどこまで実現できるかどうかは別としても、江戸時代の民衆がみな目指した一つの模範であり、葬礼に対する彼らの思いを凝縮した一つの象徴であったといえよう。

家の「名聞」　以上の分析から、江戸時代の葬式は夜中ひっそりと地味におこなわれた、というこれまでの通説が、単なる思い込みであったことが判明した。では、当時の人びとを葬送の華美化に走らせた原動力とは、いったい何であったのであろうか。

すぐに想起されるのは、「家」の成立という問題である。家の生成をめぐる坂田聡・渡辺尚志らの最新の研究成果によれば、固有の家名と家産を父系の線で永続的に相続するような家は、十五〜十八世紀という長い年月をかけて、一般民衆のなかで形成・確立されてきたという（坂田　一九九七・二〇〇六、渡辺　二〇〇四）。葬送の華美化志向が、十六世紀前半から十八世紀初頭にかけて民衆の間に浸透していくという動向と合致するものであり、家の形成と確立にともない、家格誇示の一環として人びとが葬送を華美化させるようになった、というのは容易に想像できる流れである。

このような平凡な想定を、もう一歩踏み込んで考えてみるとどうなるであろうか。そのことを以下、河内国石川郡大ヶ塚《だいがつか》村（大阪府河南《かなん》町）の庄屋河内屋可正（壺井五兵衛）が、元禄〜宝永期に書き留めた著名な家訓『河内屋可正旧記』(以下『旧記』と略)を使いながら検討してみよう。

葬送の華美化は、喪家の側に多少なりともその意志がなければ成り立たない。可正は、そうした華美化に対する喪家の積極姿勢の裏側に、親への孝行心と「名聞《みようもん》」(名声)への渇望を読み取っている。いわく、「最近の人は、親の存命中はさして孝行心をみせないくせに、いざ親が亡くなると、葬礼を美麗にし、僧侶や会葬者を数多く呼び込んで、これこそが親孝行だといっているが、実にけしからん」という。そして、「真面目に死者を思ってなされた追善ですら、死者はその福の七分の一しか受け取ることができず、残りの七分の六の福はすべて生き残った子孫のものとなるのに、それに追い打ちをかけるように自分の名聞のために親の供養をするとは何事だ」と、当時の人びとの葬送・供養態度を痛烈に批判する。

葬式が生者中心主義になり過ぎていて、肝心の死者が置き去りにされている、という昨今みられる葬式批判が、すでに十七世紀末〜十八世紀初頭には登場していることがわかるが、それはともかく、可正の記述からは、親への孝行心と名声へのあくなき欲求の一体化が、葬送の華美化を現出させていた様子がうかがえよう。

さらに付言するならば、この名聞については、文化をめぐる「横並び」意識にも注意しておく必要がある。たとえば河内国丹南郡狭山新宿(大阪府大阪狭山市)では、安政四年(一八五七)に村政改革の一環で諸事倹約が申し合わされたとき、節句を祝う場に呼び込める人の範囲を、「株持ち」とそれ以下の家格でわけ、祝宴が「太義《たいぎ》」(大げさな規模)にならぬよう目指された(壺井家文書一七五〇)。

そしてその際、「誰それの家ではこれぐらいの規模の宴をおこなったのだから、うちの家でもそれぐらいの宴を開かねば」と考えて祝宴を「太義」にしないように、ともクギを刺されていた。

これは直接葬送に関わる記述ではないが、葬礼でも饗応の場に大勢の人を呼び込む志向が強かったことからすれば、右のような「横並び」意識が葬送文化にも影響を与えていた可能性は十分考えられる。いったん走り出した葬送の華美化志向は、家同士の「意地の張り合い」により、加速することはあれ、それを減速させたり止めたりすることは、甚だ難しいものになっていたといえよう。

社会の期待と圧力　ここまでは、喪家の意志から華美化志向をみてきた。しかし葬送の華美化は、何も喪家の積極意志だけで成り立っていたわけではない。喪家の自由意思だけで葬礼規模が左右されていたならば、「大勢の会葬者のせいで喪家が困っている」などという、さきの明暦三年（一六五七）の大坂町触で問題視されたような事態は起こり得なかったであろう。そうではなく、葬送の規模拡大が喪家の首を絞めかねなかったということは、喪家を取り囲む社会の側から、「あなたほどの家であれば、これぐらいの規模の葬式をしてしかるべきだ」という、よくいえば「期待」、悪くいえば「圧力」が喪家の側にかけられていたと想定すべきである。そして、いみじくも可正の『旧記』には、そうした社会の期待と圧力にまつわる話が登場するのであった。

すなわち可正は、家計の悪化を理由に親の遠忌法要を身内のみでおこない、隣人にまったく知らせなかった人の行為を批判するなかで、「家督を相続するからには、自分の家の『外聞《がいぶん》』（世間の評判）が良くなるように努めるべきで、そのためにも斎《とき》・非時《ひじ》の場に多くの人を呼ぶことが望ましい。ただし饗応の規模は、大は大、小は小と、それぞれの家格に応じて分相応にすべきである」と述べる。ここから、葬送・法要というのは、単に各家の「個人的」な行事なのではなく、分相応に地域住民に公開し、共有すべき場なのだという発想がうかがえよう。可正は、親孝行を装った名聞中心主義的な華美化傾向には批判的であったが、葬送の華美化そのものは否定しておらず、むしろ家格次第では、葬礼の規模は拡大されてしかるべきだと考えていたわけである。

右のように、人びとが取り結ぶ社会関係によって葬送の華美化や葬列の肥大化が生じることは、西木浩一も指摘するところである（東京都公文書館　一九九九）。西木は、江戸の「豪富之もの」（表店《おもてだな》に見世《みせ》を構える商家層）の葬列肥大化は、彼らが取り結ぶ多様な人間関係（町内の付き合い、地主と家主・家守《やもり》の関係、本店と出店の関係など）における「義理・恩義」意識に支えられており、そうした人間関係は、ときに喪家の意図に反してまで会葬者を増大させる結果をもたらしたと指摘する。また、鳶《とび》や人宿《ひとやど》など下層社会に生きる人びとの葬礼も、「伊達」「勇気」という彼ら特有の文化・心意を共有する者たちの強烈な結集によって、華美化・肥大化する傾向にあったという。

このように江戸時代の人びとは、喪家としての積極意志に加えて、家格や人間関係に応じてそれなりの葬礼規模を求める社会の期待と圧力をうけることで、なかば強迫観念的にそれに追い立てられるかのように、葬送の華美化志向を維持し続けたのであった。

葬送文化と葬具業者　図1・3をみてもわかるように、派手で規模の大きい葬列を組むためには、提灯や幟・天蓋・輿（乗物）あるいは喪服など、さまざまな葬具が必要となる。しかも江戸時代の葬儀は、いまと同じく、人が亡くなってから一～二日後に執り行われるのが普通だったため、喪家は右のような諸道具をすぐさま用意しなければならなかった。

そうしたせっぱ詰まった状況のなか、これらの葬具はどこから調達されたのか。葬式は、昔は地域の互助でやっていたが、最近は葬儀社が仕切っている、という通説にしたがえば、江戸時代でも葬具は村・町のなかで互助的に用意されていたことになる。ところが当時の葬式帳をつぶさに調査してみると、通説の思いとは裏腹に、近世民衆葬送の歴史は、意外にも葬具業の進展とともに歩む歴史であったことに気づかされる。

たとえば、本節冒頭で紹介した大坂・河内屋新次郎の文政三年葬送では、大坂市中に住む乗物屋久兵衛なる商人が、銀四一匁余で提灯・灯籠・乗物・骨桶《こつおけ》・盛物・喪服などを用意していた。つまり図1の葬列は、この乗物屋久兵衛あってこそ成り立つ光景だったのである。河内屋の葬送は、「江戸時代の葬式は地味」という思い込みを払拭してくれるものであったが、それだけでなく、「江戸時代の葬送はまだ商品化されていなかったはず」という先入観も見事に破壊してくれる。

乗物屋久兵衛は、「貸色所《かしいろ》」という肩書きも用いていて、彼が葬具の販売のみならず、その賃貸にも従事していたことが判明する（「いろ」とは、厳密には喪服を指すが、広く葬具一般も意味する言葉であった）。一方彼は、人足《にんそく》の調達にはまったく関与しておらず、かわって図1の最後尾に登場する棒頭《ぼうがしら》甚兵衛なる人足請負業者が、銭三貫六〇〇文で人足一二名を用意していた（箱提灯や陰灯籠をもったり、遺体を納めた乗物をかつぐ役に従事）。したがって乗物屋久兵衛を、いま風に「葬儀屋」といってしまうと、現在の葬儀社のように、喪家のために何でもかんでも手配して葬儀全体を取り仕切る存在と勘違いされてしまう恐れがあるので、以下、乗物屋久兵衛のような商人は「葬具業者」（葬具の製造・販売・賃貸に従事する業者）と表現することとしよう。

葬具業者の誕生　江戸時代にも葬具業者がいたことは、これまでの研究でもわかってはいたが、いたとしてもそれは「特殊」な例であって、一般化するのは明治以降、とみるのが通例であった。ところが実際には、近世の早い段階から都市・村を問わず、彼らの存在はかなりの広がりをもって確認できる。

文献史料上の葬具業者の初見は、貞享五年（一六八八）に刊行された井原西鶴の著名な浮世草子『日本永代蔵』である。そこではある京都町人が、「世間にせぬ事」をしようと、「葬礼のかし色」（葬具賃貸業）に目をつけ、のし上がっていく姿が描かれている。葬具業者が、すでに十七世紀後半には存在していたことがうかがえる一方、世間的にはまだあまり知られていない業種であったかのようにみえる。しかし実際には、ほかの史料とつき合わせると、この段階で彼らは普通の存在になっていたことが知られる。

たとえば、元禄三年（一六九〇）刊行の職業百科事典『人倫訓蒙図彙《じんりんきんもうずい》』には、「死人の死骸をいる器物《うつわもの》」をつくる者として京都の「龕師《がんし》」が紹介され、図4のような挿絵が盛り込まれている。挿絵の男がかんなで削っているのが遺体を納める輿、その背後には天蓋や提灯が描かれていて、あつかっている商品はまさに先述の乗物屋久兵衛と一緒である。

図4　龕師（『人倫訓蒙図彙』）

さらに、同時期の大坂でも葬具業者は確認され、河内国の久宝寺寺内町に所在する顕証寺（浄土真宗西本願寺派の中本山寺院）では、元禄二年（一六八九）に住職葬送が執り行われた際、大坂の「輿屋」が京都の金物細工職人と連携して派手な輿を調達していた。こうした大坂の葬具業者は、十八世紀初頭には「乗物《のりもの》屋《や》中《ちゅう》」という同業組合を結成し、先述したように大坂の三昧聖と顧客の取り合い合戦を繰り広げていくことになる。

一方、村においても、摂津国嶋上郡神内《こうない》村（大阪府高槻市）の庄屋八木田家の元文四年（一七三九）葬送で、同郡梶原村の三昧聖が輿を用意していたように、少なくとも十八世紀前半には葬具業を営む者がいたことを確実に証明できる。しかも、金を払って葬具を買う（もしくは借りる）という行為でいえばもっと遡ることができ、和泉国南郡福田村（大阪府貝塚市）の庄屋福原家の寛文八年（一六六八）葬式帳には、銀九匁九分の「かたひら代」（死装束代か）と一匁七分の「桶代」（棺桶代）が計上されている。福原家がこれらの葬具を、隣接する都市貝塚で調達したのか、あるいは自村内もしくは近村の人から調達したのかはわからない。しかしいずれにしろ、十七世紀後半の村人にとって、金を使って葬具を揃えること、すなわち葬具業者を利用することは、都市住民と同様、すでにさして珍しいことではなくなっていた可能性が高い。

葬具業者の広がり　このように葬具業者は、早ければ十七世紀後半、遅くとも十八世紀前半には都市・村をこえて存在するようになり、それ以降、葬式帳のなかでごく普通に登場するようになる。その担い手も、一般の村民や町人を始めとして、大工、三昧聖、非人番《ひにんばん》（村・町の治安維持を担う賤民）、寺院と多様であり、近接する村々で葬具業者が林立する地域すら生まれていた。それだけ彼らの需要が高かったということであり、葬具業は「儲かる仕事」としての社会的認知を高めていく。

また喪家のなかには、葬具の選定を業者に丸投げするような家もあった。河内国丹南郡池尻村（大阪府大阪狭山市）の庄屋田中家の文化三年（一八〇六）葬式帳には、葬具一覧のあとに、「付け落ちもあるかもしれないのでここでは大体を記し、あとは『輿や』に任せた方がよい」と記されている。ここには、葬式の準備であくせくするなか、葬具選定は業者任せにした方が間違いがないと考える喪家の姿があり、その喪家の家格や宗派・先例、あるいは村の慣行にあわせて適確に葬具を取り揃えられる、高い顧客対応力を誇る業者の姿が映し出されている。いまの我々と同様、江戸時代の民衆にとって葬具業者は、もはやなくてはならない存在になっていたのである（ただしそれは、葬具業者の社会的地位の向上には直結しなかった）。

十七世紀後半以降のこうした葬具業者の広がりは、さきにみた葬送の華美化志向の進行過程とまさに軌を一にする。華美化を目指す民衆葬送文化の高まりは、葬具業者の誕生を必然化させたのであり、近世民衆葬送の歴史は、この華美化と葬具業の進展を両輪として形づくられていくのである。

伝統と商品化　こうしてみると、「伝統的な葬送儀礼は、葬儀社の介在に象徴される葬送の商品化によって変質・解体させられた」という通説も、一八〇度その見方を転換させなければならない。近世民衆の葬送の歴史が、葬具業者とともに歩むものであった以上、「伝統」と「葬送の商品化」は対立するものではなく、むしろ葬送の商品化があってこそ「伝統的」な葬送儀礼は成り立ち得た、とみるべきなのである。

二十一世紀に入り、葬儀を葬儀社の式場でおこなう割合が、自宅・寺院のそれを上回るようになったことに象徴されるように、葬儀社が葬儀全体を取り仕切るようになったのは、確かに現代の特徴といえる。しかしそのことは、葬送の商品化も最近になってのこと（あるいは近現代以降のこと）、を意味するわけではないのだ。葬送の商品化でいえば、我々はすでに三〇〇年以上もそれを経験済みなのであり、近年の葬送関連業者をめぐる諸問題は、商品化の質的展開の問題として議論すべきなのである。

また、これまで「伝統」の象徴と目されてきた地域互助についても、その見方をかえるべきであろう。従来、地域の互助組織は業者にとってかわられると理解されてきたが、江戸時代の史料をみると、もっと複雑な様相が浮かび上がってくる。

たとえば、和泉国日根郡熊取谷大浦《おうら》村（大阪府熊取町）では寛政六年（一七九四）に、それまで葬具調達を担当してきた地元の三昧聖を無視して、村民自身が葬具を用意するようになり、三昧聖ともめる事例が確認される。一方、同じ年に紀伊国伊都《いと》郡兄井村（和歌山県かつらぎ町）では、三昧聖の了承のもと、今後葬具は村内の六斎講中で用意することが取り決められた。三昧聖との了解の有無に差はあるものの、いずれも「業者から互助へ」という流れを示すものであり、通説の「互助から業者へ」という流れとはまったく異なる事態である。

さらに、河内国茨田《まんだ》郡門真《かどま》三番村（大阪府門真市）では嘉永四年（一八五一）に、村内倹約の一環として、村民の葬送規模を「上分」「中分」「下分」の家格差で差別化したうえ、葬具業者を利用できる家と、村持ちの葬具を利用すべき家を分けようとした。村の自主的な判断で、業者と互助の「すみ分け」がはかられようとしていたのである。

このように、地域互助と葬具業者の関係史は、「互助から業者へ」という単純なかたちで推移してきたのではなく、競合とすみ分けをはらむ、もっと複雑な歴史をたどってきた。「互助から業者へ」という歴史を歩んできた地域ももちろんあったろうが、同時に、葬送の商品化が深化していたからこそ、地域の秩序防衛の一環として互助が強調されていく、という方向も常に念頭においておく必要がある。聞き取り調査ではよく、「昔は互助、今は葬儀屋」という発言が検出されるが、実はその発言の裏には、歴史的にみれば一回転した状況、すなわち、①もともとその地域では葬具業者を利用してきたが、②倹約方針のもと互助組織が前面に押し出されることとなり、③さらに高度経済成長などを経て再び業者が立ち現れ互助組織にとってかわる、という歴史的経緯が含まれているかもしれないのである。

伝統から商品化へ、あるいは互助から業者へ、という単線的・二項対立的な見方では、もはや江戸時代の葬送の実情をとらえることはできない。そうではなく、もっと柔軟で複眼的な視点をもつべきことを、これまで紹介してきた諸事例は訴えかけている。その方が、必ず面白い近世民衆葬送像につながるであろう。

3 人が葬られるとき

土葬と火葬の「比率」　土葬と火葬について、これまで関心がもたれてきたことといえば、江戸時代では土葬と火葬どちらが多かったのか、という「比率」の問題であった。そして多くの場合、江戸時代は火葬より土葬が多かった、という「一般論」が語られてきた。

江戸時代における土葬と火葬の比率を、日本全国にわたって調べ尽くしたような同時代史料はこれまで発見されていないし、今後もみつかることはないだろう。つまり、江戸時代の埋火葬比率を同時代史料によって数値的に実証することは、ほぼ不可能なのである。にもかかわらずこれまでは、さもそれがすでに実証された事実であるかのように、「火葬より土葬が多かった」という一般論が繰り返し語られてきた。おそらく、「昔は土葬だったが、今は火葬」という聞き取り報告が多いため、そこからの類推がそうした一般論を引き出させるのであろうが、いまはその当否は問わない。むしろここで問いたいのは、土葬と火葬の比率を求めようとする姿勢そのものの問題である。

土葬・火葬どちらが多かったのかは、近世民衆葬送史を面白くしていくうえで、どこまで重要な論点なのか。結論からさきにいえば、こうした比率を問うこと自体無意味な行為であり、むしろ土葬・火葬が選択されるときの、さまざまな背景にこそ注意をはらうべきである、というのが本節での主張である。以下その点を、都市と村、階層差、宗派、個人の思想など、種々の視点からみていくこととしよう。

「火葬大国」大坂　墓地の立地条件からいって、村より都市の方が火葬率が高くなりそうなことは容易に想像がつく。現に江戸時代の大坂では、以下述べるように圧倒的に火葬が多かった。

近世大坂の周辺には、道頓堀（千日）、鳶田《とびた》（飛田）、小橋《おばせ》、蒲生（野田・加茂）、葭原、浜、梅田の七ヵ所に、事実上火葬場に特化した墓地が点在していた。そのうち道頓堀墓所については、『道頓堀非人関係文書』（清文堂、上巻一九七四年、下巻一九七六年）という史料集が刊行されており、同墓所の様子やそこで生活していた三昧聖たちの実態が詳細に判明する（図5）。

この史料集をひもとくと、道頓堀墓所では享保二十年（一七三五）～文久元年（一八六一）のほぼ毎年、三昧聖が埋火葬数の年間報告書を作成していたことがわかる。それによると、道頓堀墓所だけで多いときには年間一万体以上、少ない年でも五〇〇〇体以上の遺体が葬られ、うち一割弱が土葬にされたという。一例をあげれば、享保十九年（一七三四）七月～二十年六月の一年間に葬られた八七二八体のうち、土葬にされたのは七八五体だけであった。

道頓堀墓所以外の六墓での埋火葬比率は不明だが、延宝三年（一六七五）に刊行された『難波名所蘆分船《あしわけぶね》』の「飛田」の項（図6）では、鳶田墓所について「火葬の煙絶《けぶりたへ》やらす（中略）されば難波の中《うち》に、おほ（多）き人しな（死）さる日はあるべからす。墓所爰《むしょここ》のミにもあらねは、送る数おほ（多）かる日はあれと、をく（送）らぬ日はなし」と、「火葬の煙が絶えることはない」と記されているので、他の墓所でも火葬優勢の傾向にあったものと推測される。つまり大坂では、圧倒的多数の遺体が火葬にされていたのであり、近世大坂はまさに「火葬大国」であった。

江戸時代の大坂は、一七六〇年代の四二万人余を頂点として、年間三〇～四〇万人の人口をかかえる大都市であった。したがって、毎年発生する遺体数も当然膨大な数にのぼった。ところが大坂周辺の七墓は、もともとさほど広くなかったうえに、立地的に墓地空間を拡張することが困難だったため、土葬数を増やすことは物理的にいってほとんど不可能であった。市中寺院の境内墓地でも土葬はおこ

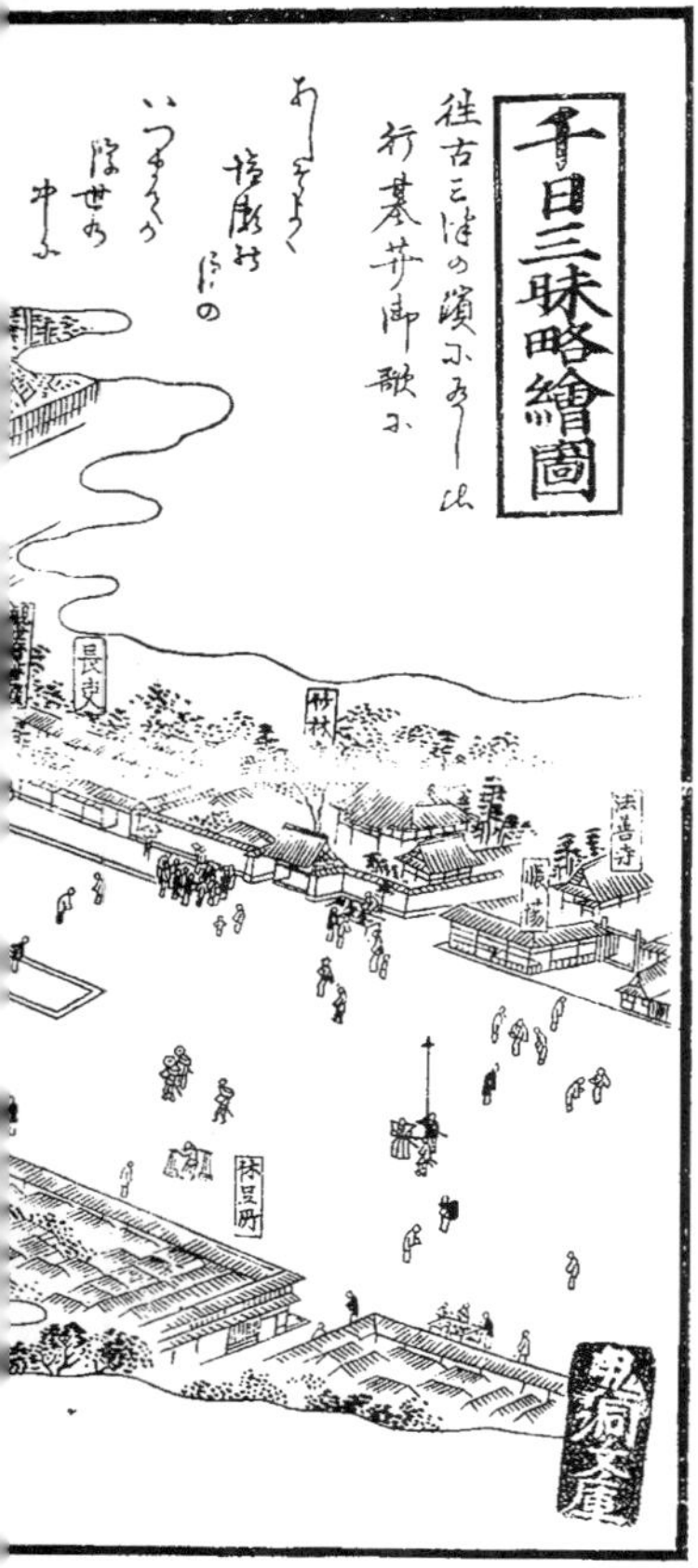

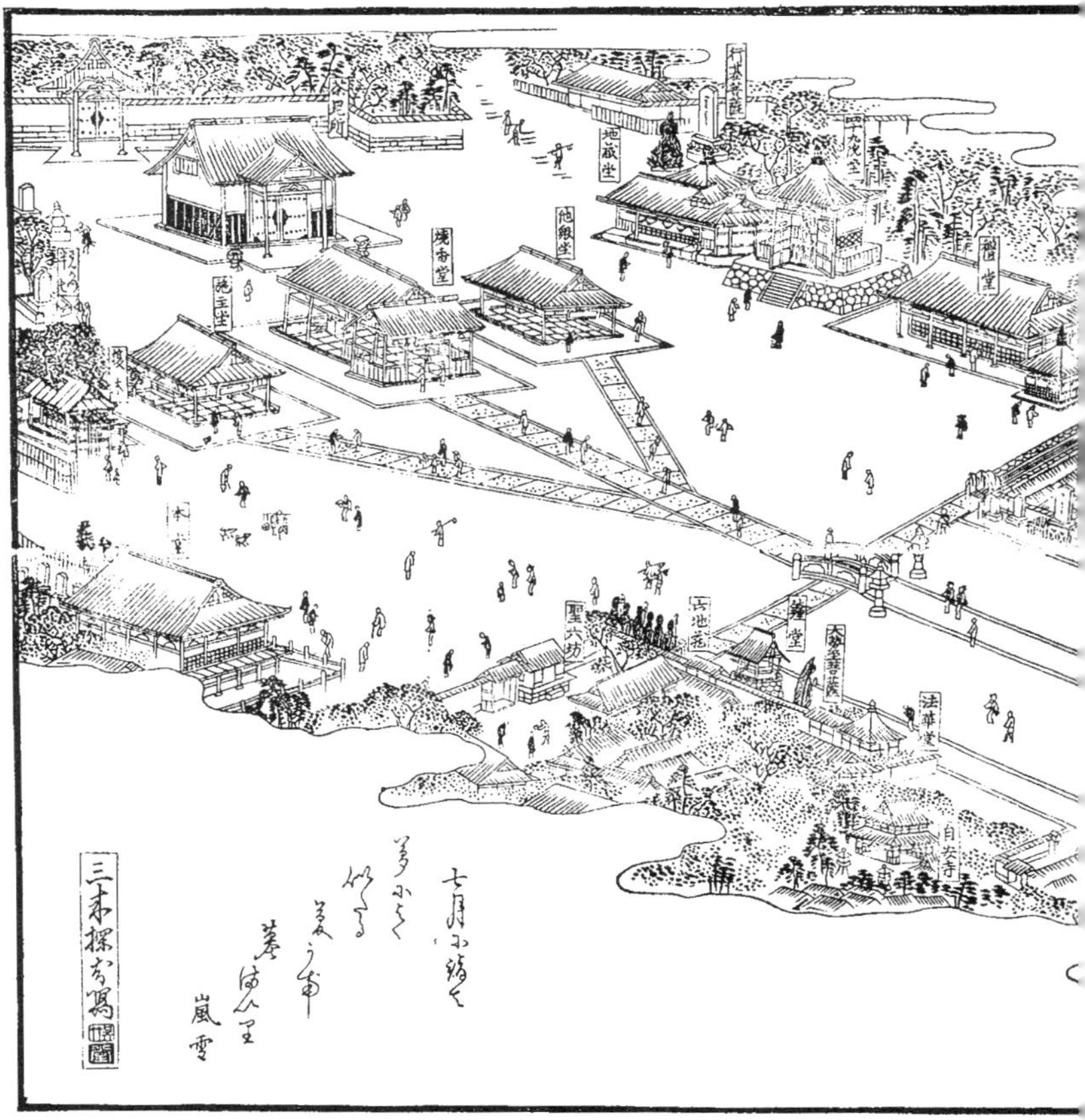

図５　千日三昧略絵図

右下が北で、左上が南。一番南にある建物が「荼毘所」（火屋）。

図6　飛田の風景（『難波名所 蘆分船』）

なわれていたが、それとて広さは限られている。大坂が「火葬大国」化したのは、こうした諸条件が折り重なった、必然的な結果であった。

墓標なき江戸の墓地光景

しかし一方で、都市における埋火葬を、「都市では土葬可能な墓地空間が狭小」↓「だから火葬が多くなって当たり前」とだけみるのは、実は極めて一面的な理解でもある。なぜなら、大坂よりはるかに人口の多かった江戸では、同じく墓地空間が狭小であるという問題を抱えていたにもかかわらず、そして火葬場も江戸周辺に六ヵ所あったにもかかわらず、大坂とは逆に、火葬より土葬が多かったといわれているからである。しかもそこでは、現在の我々には想像もつかないような土葬の世界が展開していたのであった（東京都公文書館　一九九九）。

東京都では、早くから近世の寺院境内墓地の発掘調査が進められており、その発掘成果は西木浩一によって文献史料と組み合わされ、いまでは江戸の民衆葬送について相当深い議論ができる段階にまで到達している。西木らの努力によって明らかになった事実は多岐にわたるが、なかでももっとも衝撃的だったのは、西木が「墓標なき墓地の光景」と形容するところの、江戸の下層民の埋葬実態であった。いまの我々は、墓地とは被葬者の埋葬地点が整然と区分され、どこに誰が葬られているかがはっきりわかる場所（だから墓参りも可能となる）と思いがちであるが、江戸の埋葬事情からみえてきたのは、そうした我々の常識を打ち砕く墓地光景、すなわち「どこに誰が葬られているかがわからない」ような土葬世界であった。

たとえば新宿区の旧円応寺の墓地跡からは、様相の異なる二つの遺構が発見された。一つは、墓道に沿って墓が一定のまとまりごとに整然と並んでいたと思われる場所で、我々の「常識」的な墓地印象にかなう区域であった。ところがもう一方にはそうした整然さがまったくみられず、逆に、埋葬遺構が幾重にも折り重なるように密集していた。そこは土葬とは言っても、さして深くない墓穴に棺桶を入れ、その上にちょっと土をかけた程度の埋葬をしていたところで、しかも新しい棺桶が、以前に埋められた古い棺桶を上から押し潰し、棺桶が小山のように積み重なっているような区域であった。当然、個々の棺桶のために地上にたてられた墓標もなく、誰がどこに葬られているかもほとんどわからない。我々の想像を絶する「墓標なき墓地の光景」の登場である。

「投げ込み」と「あばき捨て」　こうした「墓標なき墓地」に埋められたのは誰だったのか。西木は種々の文献史料を駆使して、それが当時、江戸に膨大に存在していた都市下層民たちであったことを突き止める。

江戸の下層民は、二つの性格に大別できる。一つは単身の日用層《ひよう》（日雇いの単純労働などで生活する人びと）、もう一つは裏店層《うらだな》とよばれる小規模町人たちである。単身の日用層は家族との縁も切れがちで、また江戸で檀那寺をもっていないことも多かった。そのため彼らは亡くなると、日用の就職を斡旋していた人宿《ひとやど》などがその遺体を引き取り、人宿らの檀那寺に日用層は葬られることとなった。当然、葬法は極度に簡略化され、永続的な供養もほとんどなされない。そのありようは当時「投げ込み」と表現された。ちょっとだけ土をかぶされた棺桶が幾重にも折り重なり、墓標もたてられない――先述した円応寺の墓地光景が、まさに「投げ込み」の風景である。

一方、裏店層は一応家族を構成し、江戸に檀那寺ももっていた。その点で彼らは、同じ都市下層民とは言っても、単身の日用層とは性格を異にしていた。しかし、実はこの裏店層もまた、「墓標なき墓地」を構成していく一員なのであった。

裏店層では「家」の存続と継承がなかなか難しかったため、たとえ自分の檀那寺に埋葬されることになっても、ちょっと時間が経てば、誰にも供養されなくなって「無縁」になる可能性が極めて高かった。しかも檀那寺側も、三年ほど「付け届け」（布施）がない場合、その墓は「無縁」になったと判断し、遺骨を掘り起こして処分してしまい、墓標も取り払って新たな墓をつくれるようにしていた。こうした改葬行為は、当時「あばき捨て」と呼ばれていた。江戸の「墓標なき墓地の光景」は、「投げ込み」のように最初から墓標がたてられないかたちで形成される一方、はじめは墓標があったにもかかわらず、無縁化してしまったがために「あばき捨て」られる、という改葬行為の繰り返しのなかでも生み出されていたのである。

葬法の選択と階層差　このように、江戸で火葬より土葬が多かった背景には、江戸に住む人びとの階層差の問題が横たわっていた。そして、火葬にするか土葬にするかの選択肢に、被葬者・喪家の経済格差が影響をおよぼしていた点では、「火葬大国」大坂もまた同じであった。

正徳六年（一七一六）、道頓堀墓所の三昧聖は、「最近、火葬料さえ支払えない『貧者』が多く、道頓堀墓所での土葬が増えて困っている」という内容の嘆願書をしたためている。当時、一般的に土葬より火葬の方が金がかかったことがうかがえるとともに、大坂では火葬にするか否かという問題が、実は家計的に火葬を選択できるか否かという問題でもあったことが判明する（江戸で下層民の葬法が土葬優勢の傾向にあったのも、こうした火葬費用の相対的な高さが影響しているかもしれない）。

つまり「火葬大国」大坂にあっても、経済的に土葬を選択せざるを得ない人びとが少なからず存在していたわけであり、そうした経済格差にともなう土葬選択が、狭小な墓地空間を圧迫していく一つの要因ともなっていたのであった。さきほど、大坂での土葬率は一割弱程度であったと述べたが、右のように埋火葬選択の背景に配慮した視点にたてば、数値的には「劣勢」「特殊」にしかみえない大坂の土葬事例にも、実は江戸の場合と同様、被葬者・喪家の階層差という重要な意味が含まれていることがわかろう。

また、土葬空間は限定されているにもかかわらず、土葬にせざるを得ない下層民が存在する、という共通性からすれば、「投げ込み」と「あばき捨て」に象徴される江戸の「墓標なき墓地の光景」は、大坂の七墓あるいは寺院境内墓地の土葬区域にもみられた可能性がある。さきに、享保十九〜二十年に道頓堀墓所で葬られた八七二八体のうち、土葬にされたのは七八五体だけと述べたが、こうした土葬事情を念頭におけば、墓地全体でも東西・南北それぞれ八〇メートルほどしかない道頓堀墓所に、土葬にされる遺体が年間七八五体もあった、と評価すべきなのかもしれない。

一方、大坂の三昧聖は元禄十二年（一六九九）に、「火葬料を支払えない『貧者』の遺体、あるいは行き倒れ死の遺体であっても、タダ同然で火葬にしてきた」とも述べている。喪家が火葬料を工面できないとき、遺体は即土葬にされるのではなく、三昧聖側の判断により採算度外視で火葬にされる場合もあったのだ。したがって、大坂は「火葬大国」だとは言っても、そのなかには喪家の意志で積極的に火葬される遺体もあれば、土葬場が限られているため仕方なしに火葬されるものもあったことを考慮する必要がある。またこの視点にたてば、江戸においても採算度外視で下層民が火葬にされる場合もあったのではないか、と想定しておいてもいいかもしれない。

土葬可能な空間の限定と、喪家の経済格差がもたらす問題を、江戸ではもっぱら「投げ込み」と「あばき捨て」という、いわば「垂直方向への墓域拡張策」（西木浩一）で対処しようとしたのに対し、大坂では採算度外視の火葬というかたちで問題解決がはかられた。そうした差が、同じ大都市でありながら、かたや土葬優勢、かたや火葬優勢の傾向をつくりだす一つの要因となった。ただそれと同時に、江戸でも「仕方なし」の火葬がなされ、大坂でも垂直方向に墓域が拡張されることもあったのではないか、と想定するぐらいの柔らかい発想をもっておいても損はないだろう。それらの現象は、数値的には取るに足らないものだったかもしれないが、都市における埋火葬選択の背景を考えるうえでは、とても大切な事例になるかもしれないのである。

このように大坂と江戸の埋火葬事情をみるだけでも、「土葬・火葬どちらが多かったのか」にとらわれることが、いかに皮相な考え方かがよくわかろう。「江戸時代は土葬が多かった」といってしまえば、大坂の「火葬大国」性は「特殊事例」の枠に放り込まれてしまい、「都市では火葬が多かった」といってしまっては、江戸の「墓標なき墓地の光景」の意味は消え失せる。これではあまりにももったいない。議論の枠を狭め、葬送の歴史をつまらなくするだけのこんな堅苦しい発想から、我々はもう解き放たれるべきなのだ。

村での土葬と火葬　とはいえそれでもなお、「それは都市の話であって、村ではやはり土葬が一般的だったのではないか」と考える向きもあるかもしれない。確かに、現在の日本がほぼ一〇〇%の火葬率をほこる「火葬大国」になっていることもあって、「今は火葬だが、一昔前は土葬だった」と述べる村の聞き取り報告は枚挙に暇《いとま》がないし、かつての土葬風景をとどめる村落墓地も少なくない（図7）。

しかし忘れてならないのは、一方で、村で火葬がおこなわれていたことを示す江戸時代の史料もまた、枚挙に暇がないほど数多く残されている点である。たとえば、大和国の三昧聖たちが天保十四年

図7　土葬の名残をとどめる大阪府大阪狭山市の小三昧墓地

（一八四三）～弘化三年（一八四六）に編纂した同国内の墓地明細帳には、彼らが管理する五〇ヵ所以上の墓地が書き上げられており、そのすべてに、梁行《はりゆき》・桁行《けたゆき》を記せるような「火葬場」（常設の火葬用建物）、ないしは「焼穴《やきあな》」（建物はなく、火葬用の穴だけがある状態）が記載されている（伊藤　一九九五）。恒常的な火葬施設を村の墓地にわざわざ設けておくほど、村民の火葬需要が高かったことがうかがえよう。江戸時代のなかで火葬を「一般的」な葬法とする村があったとしても、それは特段珍しいことではないのだ。

　さらに村によっては、土葬・火葬の選択を喪家の自由意思に任せるところもあった。享保五年（一七二〇）、河内国渋川郡亀井村（大阪府八尾市）の三昧聖が、共同墓地を利用する村々（墓郷《はかごう》）に差し出した葬送業務の誓約書は、基本的に火葬を想定して書かれたものであったが、同時に、「土葬のときも、先例にしたがって喪家の指図通りに働き、わがままは一切言いません」ということも誓われていた（吉井　二〇〇一）。また、河内国交野《かたの》郡津田村（大阪府枚方《ひらかた》市）の明治二年（一八六九）村明細帳にも、「百姓が死去したときには、二軒の『煙亡《おんぼう》』（三昧聖）が火葬・土葬にしてきた」とある（『枚方市史』一〇）。

ここからみえてくるのは、土葬・火葬というものが、「〇〇村では土葬、××村では火葬」というように、村単位（もしくは墓郷の単位）できれいに区分けできるものではなく、一村内でも選択可能な問題であった、という点である。おそらくその選択基準には、喪家の経済力のみならず、その家の宗派や個人の思想、あるいはその時々の流行など、さまざまな問題が絡んでいたであろう。もし埋火葬比率にこだわり、「一般的」な葬法を追い求めようとする姿勢をとってしまっては、こうした土葬・火葬の選択可能性を議論する余地は一切なくなり、葬法を選ぶことのできた村は単に「例外」扱いされておしまいである。それではあまりにも頭が固くなり過ぎてはいないか。やはり都市の場合と同様、村においても「ここは土葬地帯、あそこは火葬地帯」といういままでの「一般論」は、重要な「例外」や「特殊事例」をひたすらつくり続けるだけの、窮屈極まりない発想だといわざるを得ない。

歴史の忘却　ところで、ある村の葬法が土葬か火葬かが印象づけられるとき、「昔は土葬だったが、今は火葬」という聞き取り調査がもたらす影響は結構大きいであろう。こうした記憶は、ある一定時点の歴史的事実を何らかのかたちで反映していることは間違いあるまい。しかしだからといって、当該地域の葬法が本当に土葬から火葬へと「単線的」に移行してきたかどうかは、別問題である。以下、右のような聞き取り調査に安易に乗ってしまった筆者自身の失敗を事例に、この問題を考えていきたい。

大阪府大阪狭山市では市史編纂事業の一環として、一九九四年より市内石造物の悉皆《しっかい》調査を実施し、二〇〇六年に『大阪狭山市史』第七巻別巻石造物編を刊行した。筆者も縁あって同巻の最終編集作業にたずさわることとなり、あわせて本文執筆の一部を担った。当然のことながら執筆は、石造物そのものから得られる情報（形態や銘文内容など）を軸としてなされたが、同時に、すでに民俗編が刊行されていたこともあって、葬法などにまつわる聞き取り調査の成果も石造物編に盛り込まれることとなった。しかし、ここに大きな落とし穴があった。

聞き取り調査では市内の葬法に関して、「戦後に公営の火葬場が整備されるまでは、市内で火葬がおこなわれることはほとんどなく、基本的に土葬だった」ということが検出されていた。それを裏付けるように、現存する墓地にもいかにも「かつては土葬が主体」という風景が残されている（図7）。また、市内には火葬の形跡を臭わせる小字名（「ヒヤ田」）があったり、火葬墓も発掘されていたが、それらは「墓石が建立されるようになった時代以前」すなわち近世以前に火葬がおこなわれていた可能性を示すものとして位置づけられていた。そして筆者も、こうした聞き取り内容を文献史料などで特段検証しないまま、「近世以前には火葬がおこなわれていたかもしれないが、市内の葬法は戦後にいたるまで基本的には土葬」という筋書きで、市内各地区の葬法を説明したのである。

ところが実際に文献史料にあたってみると、右のような「土葬から戦後火葬へ」という単線的な理解が、実はかなり一面的な見方であることが判明した。たとえば、前節でも紹介した河内国丹南郡池尻村の田中家では、明和三年（一七六六）以降のほとんどの葬式帳に、明らかに火葬をおこなった証拠となる「骨桶《こつおけ》」「骨箱《こつばこ》」が葬具一覧に含まれていた。しかも場合によっては、火葬を前提として成り立つ、高野山への納骨もおこなわれていた。

田中家が住む池尻村でも、聞き取り調査では「土葬が主体」とされてきたが、実は、庄屋として江戸時代に村の指導役となっていた家自体、火葬を普通におこなっていたのである。筆者自身、田中家葬式帳における「骨桶」記載はすでに二〇〇一年の論文で公表していたが、二〇〇六年の『大阪狭山市史』石造物編ではそれを等閑視して、聞き取り調査に引っ張られた葬法記述をしてしまった。まったく恥ずかしい限りである。

さらに複雑なことに、田中家はいつでも火葬を選択していたわけではなく、明治十年（一八七七）に亡くなった当主の祖母は土葬にされていた。土葬・火葬は一村内でも選択可能だった、という先述の状況がここでもうかがえるとともに、「戦後までは基本的に土葬」という聞き取り内容が、江戸時代にも火葬はおこなわれていたという単純な事実のみならず、一家内においても埋火葬は随時選択されるものだったという事柄も反映できていないことがわかろう。

このほか、大阪狭山市内の半田村と茱萸木《くみのき》村の住民が共同利用してきた小三昧《こざんまい》墓地についても、明治三十年（一八九七）には、一畝一七歩の「火葬場敷地」内に、六坪の「火葬場建物」一棟が建っていたこと――ただし「当時破解《（壊）》」という――が判明する（山本家文書一〇六・一一二）。小三昧墓地は図7にもあるように、いまも土葬の名残をとどめる墓地で、聞き取り調査でも土葬優勢が検出されたところであるが、実は常設の火葬施設をあえて設けておくほど、かつては火葬も普通におこなわれていたと推測されるのである。この「火葬場建物」がいつ建てられたのかは不明だが、仮に明治以降の建立だとしても、「戦後まで火葬はほとんどおこなわれていなかった」という一九九〇年代半ばの聞き取りが、近世はおろか、たった一〇〇年ほど前の状況すら汲み取れていないことに気づかされよう。

先述したように、全国的によく検出される「昔は土葬だが今は火葬」という聞き取りが、なにがしかの歴史的事実をあらわしていることは間違いない。また史料として、聞き取りより文献の方が確実、というわけでもない。ここでいいたいのは、右のような聞き取りの裏には、実は「忘れ去られた歴史」が存在している可能性があり、したがって、そうした聞き取りをもって「土葬から火葬へ」という単線的な歴史を描くことには、相当慎重になるべきである、ということである。土葬・火葬の選択背景を複雑にとらえる立場にたつならば、なおさらこうした慎重な姿勢は必要となろう。

個々の思想と葬法　埋火葬選択の複雑さに関して、さきに一村内でも葬法の選択は可能だったと述べた。そこでは、村単位・墓郷単位の問題としてそれを論じたが、実はこの選択可能性の問題は、一つ一つの家という単位においても議論しなければならない。火葬と土葬を使い分けていた先述の河内国池尻村田中家は、その典型であろう。

同じような現象は、和泉国大鳥郡中筋村《なかすじ》（堺に隣接していた村。大阪府堺市）で庄屋を務めていた南家の葬送でも確認できる（『堺研究』一二）。南家では寛政八年（一七九六）、当主の母が亡くなった際、堺市中の慈光寺（南家の檀那寺）の境内墓地に母の遺体を土葬にした。ところが、寛政十年に当主の伯母（当主母の姉）が亡くなると、今度は向井《むかい》領《りよう》墓所という、堺周辺に点在していた四墓（事実上火葬場に特化した四つの墓地）の一つで火葬にしているのである。

田中家・南家とも、どういう基準で土葬と火葬を使い分けていたのかはよくわからない。しかし少なくとも、喪家が土葬を選ぶのか火葬を選ぶのかということを厳密に議論しようとするならば、実は、これまでみてきたような墓地の立地条件や喪家の階層性という問題だけでなく、個々の家・人の思想（被葬者の生前意思も含む）や、その時々での個別判断にまで立ち入らなければならないことが知られよう。葬法の選択とは、かほどに複雑な問題なのであり、その点からみてもやはり、「一般的」な葬法を追い求めようとする姿勢は実地にそぐわない方法論だといわざるを得ない。

また「葬法の選択と階層差」の項では、「一般的に土葬より火葬の方が金がかかった」と述べたが、経済的に比較的裕福だった田中家や南家が土葬も火葬も実施していたところからすると、必ずしも「金持ちだったら火葬、金がなかったら土葬」といい切れるわけでもない点がうかがえよう。

宗派と葬法　このほか、宗派と葬法の関係、とりわけよく指摘される「浄土真宗の門徒では火葬が多い」という考え方についても柔軟な発想が求められる。

幕府役人の屋代弘賢《やしろひろかた》が、十九世紀前半に諸国で風俗調査（「諸国風俗問状」）を実施した際、「一向宗にては火葬多く」（陸奥国白川領）、「浄土真宗はみな火葬」（越後国長岡領）という報告があがってきているように（『日本庶民生活史料集成』九）、真宗門徒の火葬志向の強さは、すでに江戸時代でも認識されていた。その点をふまえれば、「真宗は火葬が多い」という説明自体は間違いではなかろうが、同時に、それに当てはまらない事例もいくらでもある、という点にも留意しておく必要がある。現に、さきに紹介した和泉国中筋村の南家は、西本願寺派の真宗寺院慈光寺の門徒でありながら、当主の母を同寺境内で土葬にしていた。真宗門徒だからといって、必ずしも火葬を志向するわけではないのだ。

そもそも葬法だけに限らず、人を弔うという行為に関して、江戸時代の人びとがどこまで宗派の枠にこだわっていたのかは微妙な問題である。たとえば、先述した河内国池尻村では、宗門改め上は融通念佛宗に属する村民たちが、葬式や法事の導師として「他宗門の善正寺」（池尻村内の真言宗寺院）を招いたり、はては村内にある融通念佛宗寺院極楽寺の先代住職葬送の導師すら「他宗の僧侶」に任せるようなことをしており、天明四年（一七八四）に教団内でそれが問題となっている（『大阪狭山市史』三）。

また、池尻村のように導師さえ宗派にとらわれないところまではいかないにしても、葬式や法要の際、他宗派の僧を呼ぶこと自体は普通にみられた。前節で取り上げた丹波国河原尻村の遠山家（宗派は臨済宗）では、寛保二年（一七四二）の葬式時に、地元の臨済宗寺院の僧侶が導師と役僧を務める一方、村内の浄土宗寺院の僧も「諷経《ふぎん》の御僧」として呼ばれているし、河内国茨《まっ》田《た》郡門真三番村の茨田家（浄土真宗東本願寺派）の天保六年（一八三五）葬送でも、東本願寺派の僧侶とともに、村内の西本願寺派の寺院や曹洞宗寺院の僧侶が、宗派を越えて一緒にお経をあげている（『門真市史』三）。さらに、河内国丹北郡若林村（大阪府松原市）の東山内家（浄土真宗東本願寺派）でも、明和八年（一七七一）の三十三回忌法要のとき、東本願寺派の寺だけでなく、若林村の法華宗寺院にも布施を渡していた（木下　二〇〇七）。いずれの場合も、所属宗派の僧を主軸としながらも、一方で宗派に関係なく、

「地元のお寺だから」という基準で参列僧が選定されていることがわかろう。

このように当時の人びとは、葬式や法要という儀礼において、必ずしも所属宗派の枠のみにとらわれていたわけではなかった。こうした近世民衆の柔軟な姿勢を重視するならば、今後は、どういうときに宗派の問題が前面に出、どういうときに関係なくなるのか、その場面と背景を精査していくことが大切となろう。

背景重視の議論へ　以上、土葬と火葬が選択されていく裏に、いかに多くの基準と条件が複雑に絡み合っていたのかを述べてきた。大事なのは、土葬・火葬どちらが多かったのかを追い求めることではなく、それが選ばれていく背景を柔軟かつ複眼的にとらえる姿勢である。

学問であれば、どのような一般論にも例外は付きものであり、例外の存在をもって一般論を批判することはあまり生産的ではない。しかし、もしその例外に重要な要素が含まれているなら、話は別である。そして、そのような一般論に当てはまってしまうのが、土葬・火葬の多寡をめぐるこれまでの通説なのだ。「江戸時代は火葬より土葬が多かった」という一般論が、いかに多くの大切な例外を切り捨ててしまうことになるのか、それは本節で述べてきた通りである。

そうではなく、土葬・火葬が選ばれていく背景を主軸にすれば、すべての事例が、「それは一般的か否か」という狭い枠組みから解き放たれ、一つ一つの埋火葬事例に重要な意味をもたせられる道が拓けてくる。葬法の問題で我々がなすべきは、葬送の歴史をつまらなくするだけの「一般化」や「分類化」ではなく、個々の事例がもつ「強み」を引き出す視点の共有と豊富化なのである。

また、どうしても土葬・火葬の多寡を論じたいならば、その多寡が引き起こす社会問題と連動させて議論していくべきであろう。たとえば大坂では、その「火葬大国」さゆえに、早くも十八世紀初頭には、道頓堀墓所内にうずたかく積もった火葬灰が、周辺の耕地や住宅地に飛び散って付近住民が迷惑する、という公害問題がおきている。こうした社会問題と連関させられるなら、「大坂では火葬が圧倒的に多い」と主張することにも意味が出てくる。埋火葬の「比率」にあくまでもこだわるなら、右のような意識を自覚的にもっておくことが大切となろう。

埋火葬の担い手たち　本節の最後に、実際の土葬・火葬が、どのような人びとによって担われていたのかをみていきたい。

埋火葬の担い手は、葬法の選択と同様、実に多種多様で地域色豊かであるが、大別すれば、①三昧聖や非人番・かわた（穢多）などの賤民、②賤民ではない百姓・町人（「平人《へいにん》」と総称される）、③寺院関係者、④①〜③いずれかの組み合わせによる協業、の四者に分けることができる。しかも複雑なことに、この四者は地域区分できるような単純なものではなく、同一地域内でいわば「まだら」模様に混在・併存し得るものであった。以下、その様相を畿内を事例にみていくこととしよう。

火葬・土葬に専門的にたずさわる賤民として、これまでの研究でもっとも注目されてきたのが、三昧聖といわれる人びとである。彼らは「おんぼう」とも呼ばれ（「煙亡」「隠亡」「隠墓」「御坊」などさまざまな当て字がある）、文献史料上の初見は十四世紀後半にまで遡る。地域的には畿内近国（五畿内と近江・丹波・播磨・紀伊）にもっとも色濃く分布し、ほかに江戸や現在の岡山県などでもその存在が確認されている。このうち畿内では、近世の早い段階から三昧聖同士で組織化が進められ、その組織は元禄期になると、東大寺大仏殿の再興をきっかけとして、東大寺龍松院《りゆうしよういん》を頂点にすえた五畿内三昧聖仲間へと展開していく。

しかし、畿内には三昧聖が数多く存在するとは言っても、埋火葬の担い手が三昧聖一色で塗り尽くされていたわけでもなかった。三昧聖は畿内のうち、特に大和・和泉・河内に色濃く分布していたが、一方で三昧聖以外の担い手を普通に検出できる地域もある。たとえば摂津国豊嶋《てしま》・嶋下郡では、石蓮寺《せきれんじ》村のように三昧聖が存在していた村があった一方、上新田《かみしんでん》村や新免《しんめん》村のように非人番が埋火葬を担っていた可能性が極めて高い村もあった。さらに原田村の庄屋野口家の葬送では、同家の「下男」（奉公人）、すなわち平人身分の者が土葬をおこなっていた（すべて大阪府豊中市。『新修豊中市史』一）。近接する村々同士であっても、かほどに埋火葬の担い手は多様であり得たわけである。

また三昧聖が、他身分の者と協力して土葬にあたる場合もあった。先述した河内国池尻村田中家の明治十年（一八七七）葬送では、旧三昧聖身分に系譜をひく人が、池尻村の村民とともに土葬用の墓穴掘りをしている。明治期の事例ではあるが、こうした身分間協業はおそらく江戸時代でもあり得たと思われる。池尻村のように、基本的に三昧聖が埋火葬を取り仕切る地域であっても、彼らの立場と権益さえ考慮されていたなら、他身分の者が土葬に関与し得る道——火葬は微妙だが——は結構開かれていたのではないか、と柔軟に想定しておく必要があろう。

このほか、三昧聖が他身分と葬送業務を分担する場合もあった。摂津国嶋上郡富田《とんだ》村（大阪府高槻市）小方家の文政十二年（一八二九）葬送では、富田村の非人番が実際の火葬に従事していた一方、葬具調達は隣村の五百住《よすみ》村三昧聖が担っていた。たとえ隣村に三昧聖という火葬の専門家がいたとしても、必ずしも彼らに火葬の依頼がいくわけではないことがうかがえるとともに、埋火葬や葬具調達などの葬送業務が、身分間ですみ分け可能な仕事であったことも知られよう。

このように、埋火葬を専門的にあつかう三昧聖が色濃く存在する畿内であっても、実際の土葬・火葬の担い手は極めて多様であった。それだけ江戸時代の人びとには、「誰に埋火葬を任せるか」をめぐる選択肢が数多くあったということであり、そうした選択肢の多様さは畿内だけでなく、日本全国に共通する事柄であったと思われる。数ある選択肢のなかからどれを選ぶのか、そこに地域差があらわれるということであろう。

またよく、埋火葬が賤民に担われていることをもって、当該地域に住む人びとの「死穢《しえ》観念の強さ」が説明される場合がある。しかし、近接する村々同士でさえ埋火葬の担い手が異なり得たことや、土葬が賤民と協業可能であったことをふまえれば、「賤民が埋火葬を担っている」→「だからそこの住民の死穢観念は強い」、あるいは逆に「平人が埋火葬を担っている」→「だからそこの住民の死穢観念は弱い」、と埋火葬の担い手と死穢観念の強弱を直結させるのは短絡的な発想だといえよう。後述するように、死の問題に穢れ観念がつきまとい、それが担い手への賤視につながる面は確かにあるが、担い手選択の多様さと複雑さを重視するならば、埋火葬の担い手のありようと死穢観念の問題はいったん切り離し、両者を安易に結びつけないような柔らかい発想を模索していくことが求められる。

4　墓石と供養からみえる世界

墓石の悉皆調査　埋火葬を含めた葬送儀礼を終えれば、あとは墓石を建立し盆の時期などに墓参りをする、というのが今もそれなりに続く一般的な慣行である（無墓制のように、あえて墓石・墓標を建てない場合もある）。そして、民衆の間で墓石を建てることがさして珍しくなくなるのが、近世という時代であった（ただしそれは、前節で紹介した西木浩一の指摘にもあるように、誰もが墓石を建てられるようになった、ということを意味するものではない。朽木　二〇〇四、田中　二〇〇四・二〇〇七、関根ほか　二〇〇七も参照）。

墓石の調査については一九九〇年代に入ってから、中世や近世という「古い」時代の墓石だけでなく、現代にいたるまでのすべての墓石を調査対象とすべきである、という考え方が広まるようになり、研究機関や自治体史編纂のなかで、現存する墓石を悉皆《しっかい》調査するところが出てくる。多大な時間と労力を要するこの悉皆調査方法から何がみえてきたのか、そのことを以下、十六世紀以来の墓石を有する奈良県の葛城市（旧新庄町）平岡極楽寺墓地と天理市中山念仏寺墓地（いずれも複数村落が利用する共同墓地。白石ほか　二〇〇四a・b）、および大阪府大阪狭山市内の村落墓地（東《ひがし》野《の》墓地・西池尻墓地・東池尻墓地・小三昧《こざまい》墓地・大三昧《おざまい》墓地。大阪狭山市　二〇〇六）での調査成果を中心に述べていきたい。

建立数の変遷　建立年代が古いか否かに関係なく、全墓石を調査対象としたことによる最大の成果は、墓石というものが、「中世」「近世」「近代」「現代」という通常の時代区分とは微妙に異なる、独自の歴史的波動を波打つものであることを明瞭にした点であろう。

たとえば墓石の建立年代に着目してみると、そこには共通した増減傾向を見出すことができる（図8〜10）。すなわち、①十七世紀半ばから十八世紀初頭にかけての急増傾向、②十八世紀後半から二十世紀初頭にかけての緩やかな減少傾向、③二十世紀前半から一九八〇年代にいたるまでの増加傾向（特に五〇〜八〇年代の急増傾向）、という流れである。①〜③の背景についてはいろいろな説明が可能であろうが、いずれにしろ、墓石建立数の変遷が通常の時代区分とはやや異なる波動を形成していることは間違いあるまい。その意味で、「中世墓標」「近世墓標」「近代墓標」という言い方は、悉皆調査の登場により、もはや便宜的なものでしかなくなったといえよう。

一方、右のような共通性とは逆に、細かい地域差を明白にした点でも悉皆調査の意義は大きい。特に十八世紀頭から十九世紀半ばの一五〇年間については、平岡極楽寺墓地および中山念仏寺墓地では、多少の浮き沈みをともないつつも、十七世紀末〜十八世紀頭を頂点として基本的に減少傾向にあるのに対し、大阪狭山市内の各墓地では、十八世紀後半ないしは十九世紀前半に、十八世紀初頭に続く第二の盛期を迎えている。同様に、青森県津軽地方の複数墓地における近世墓石の悉皆調査でも、建立数の盛期が一七四〇年代・一七八〇年代・一八五〇年代の三回あることが判明しており、しかも一八五〇年代の建立数は前二回のそれよりも圧倒的に多い（関根ほか　二〇〇七）。

こうした差がなぜ生まれるのかは今後の課題である。十八世紀後半と十九世紀半ばの盛期には、飢饉の影響も想定し得るが、その場合も関口慶久が注意をうながしているように（関口 二〇〇四b）、建立数の増減を「災害などの事件史」や「家」の動向に安易に直結させず、「近世から近代にかけての様々な社会的要素を念頭において理解」していく必要があろう。

形態の変遷　墓石の外見的な形態は、細かくみればそれこそ千差万別であるが、主だったものとしては、(A)五輪塔《ごりんとう》（舟形《ふながた》や不定形の石に五輪塔を浮き彫りにした背光《はいこう》五輪塔類もある）、(B)宝篋印塔《ほうきょういんとう》、(C)無縫塔《むほうとう》、(D)石仏（主に地蔵と観音。丸彫りのほかに、舟形光背《ふながたこうはい》などに浮き彫りにされたものもある）、(E)舟形、(F)角柱《かくちゅう》（断面が方形・長方形で、頭部が平面）、(G)頭部が左右面から三角形となっている角柱（駒形《こまがた》と も。舟形・板碑《いたび》との差は微妙）、(H)頭部が蒲鉾《かまぼこ》形の角柱（櫛形《くしがた》）、(I)頭部が四面から三角形（尖頭《せんとう》）ないしは丸くなっている角柱、(J)自然石をほぼそのまま用いた不定形のもの、といった諸形式があげられる（図11～15）。

谷川章雄は、こうした墓石形態の類型化と変遷を全国的な共通性と地域性に留意しながら体系立て、(1)十七世紀～十八世紀前半では地域差が甚だしいが（前述のA・E・G・Jなど）、(2)十八世紀後半以降になると徐々に全国的な斉一《せいいつ》性が強まり、その象徴が前述(H)櫛形の一般化、(3)さらにその櫛形が、いまの我々にもなじみ深い頭部平面の角柱(F)へと展開していく、という流れを導き出した（谷川 一九八八）。

一九九〇年代以降の悉皆調査で得られた墓石情報は、おおむねこの谷川の整理を支持するものであ

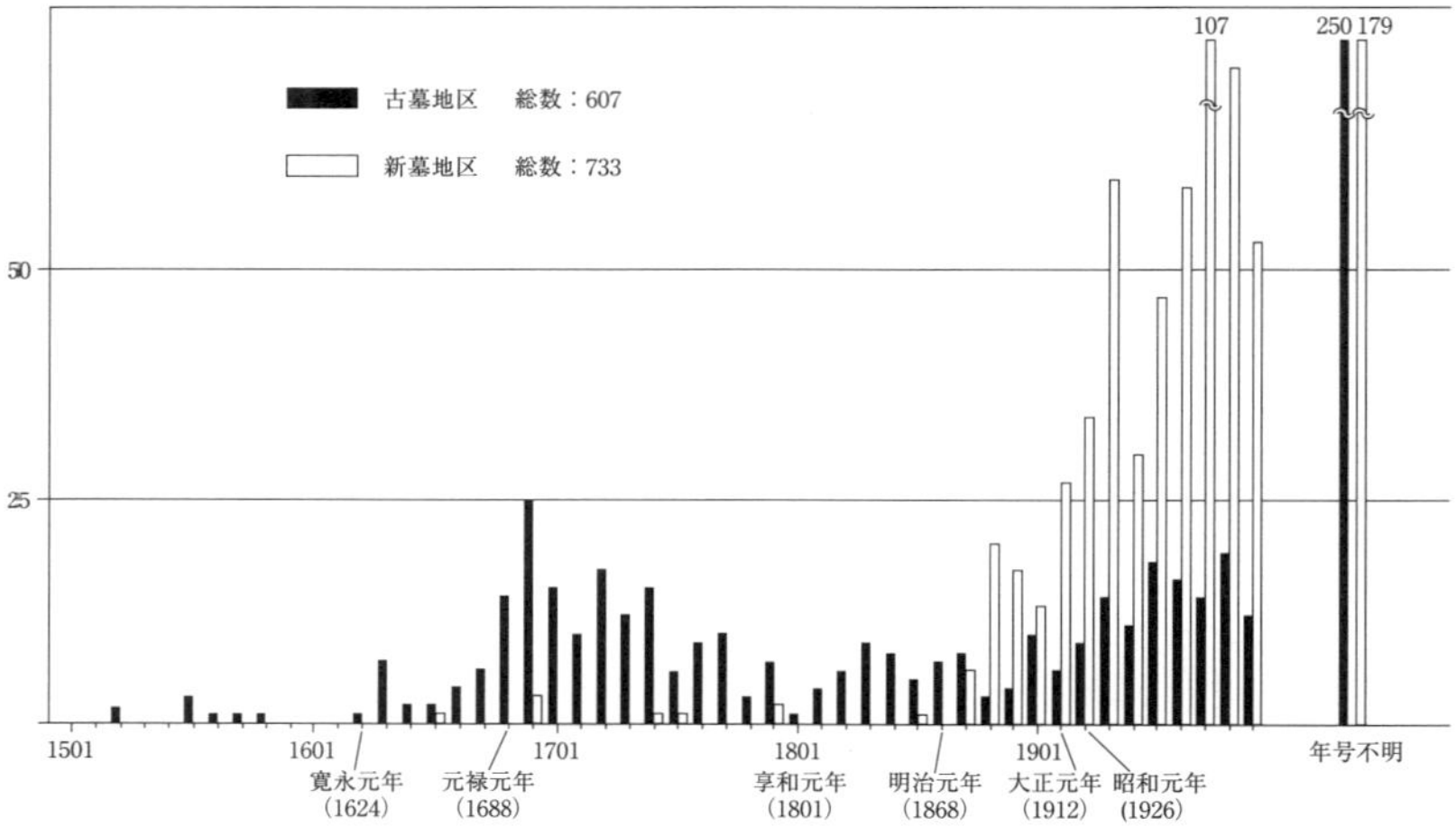

図８　平岡極楽寺墓地の古墓・新墓地区における墓石建立数の推移

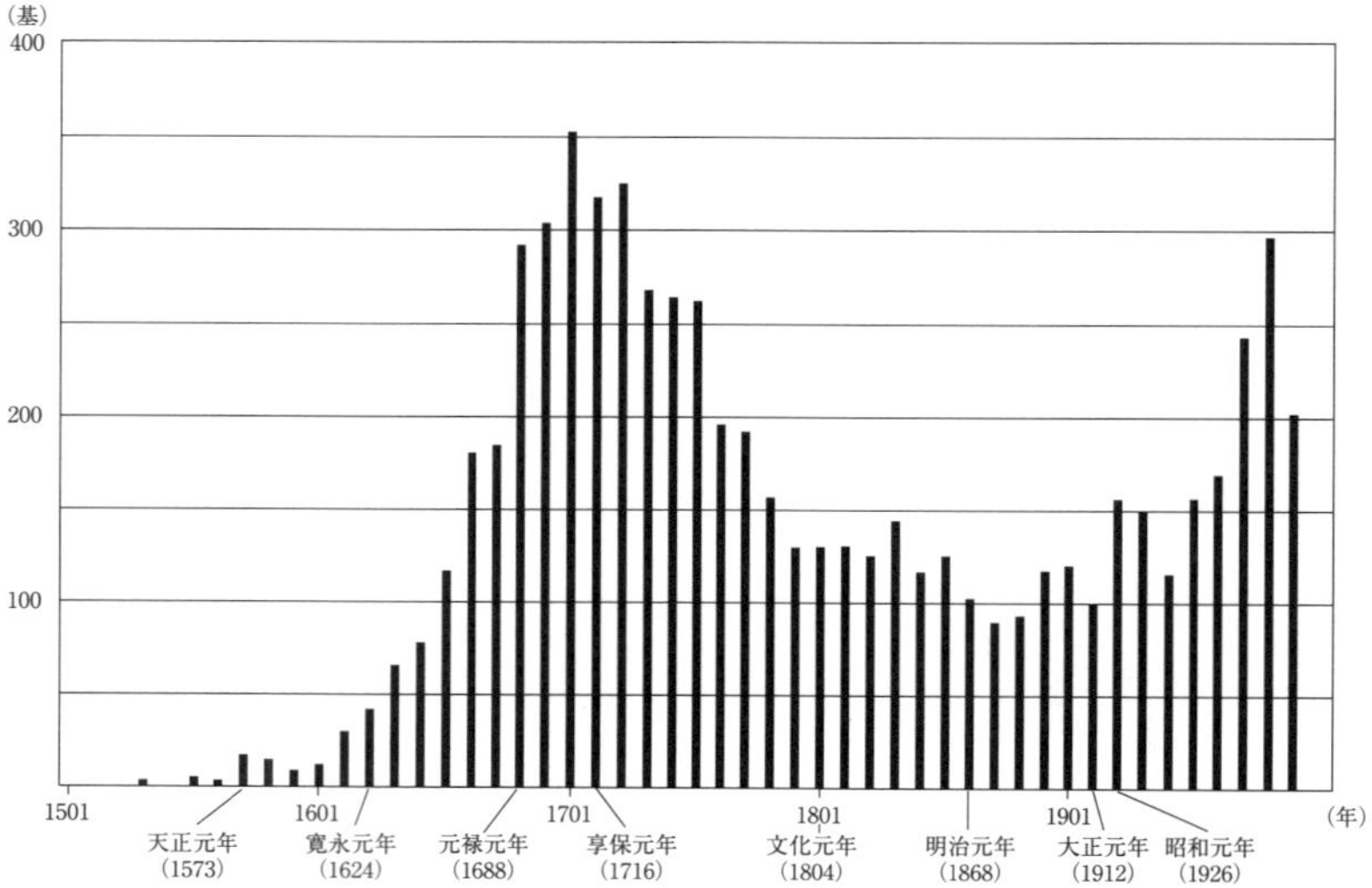

図９　中山念仏寺墓地における墓石建立数の推移

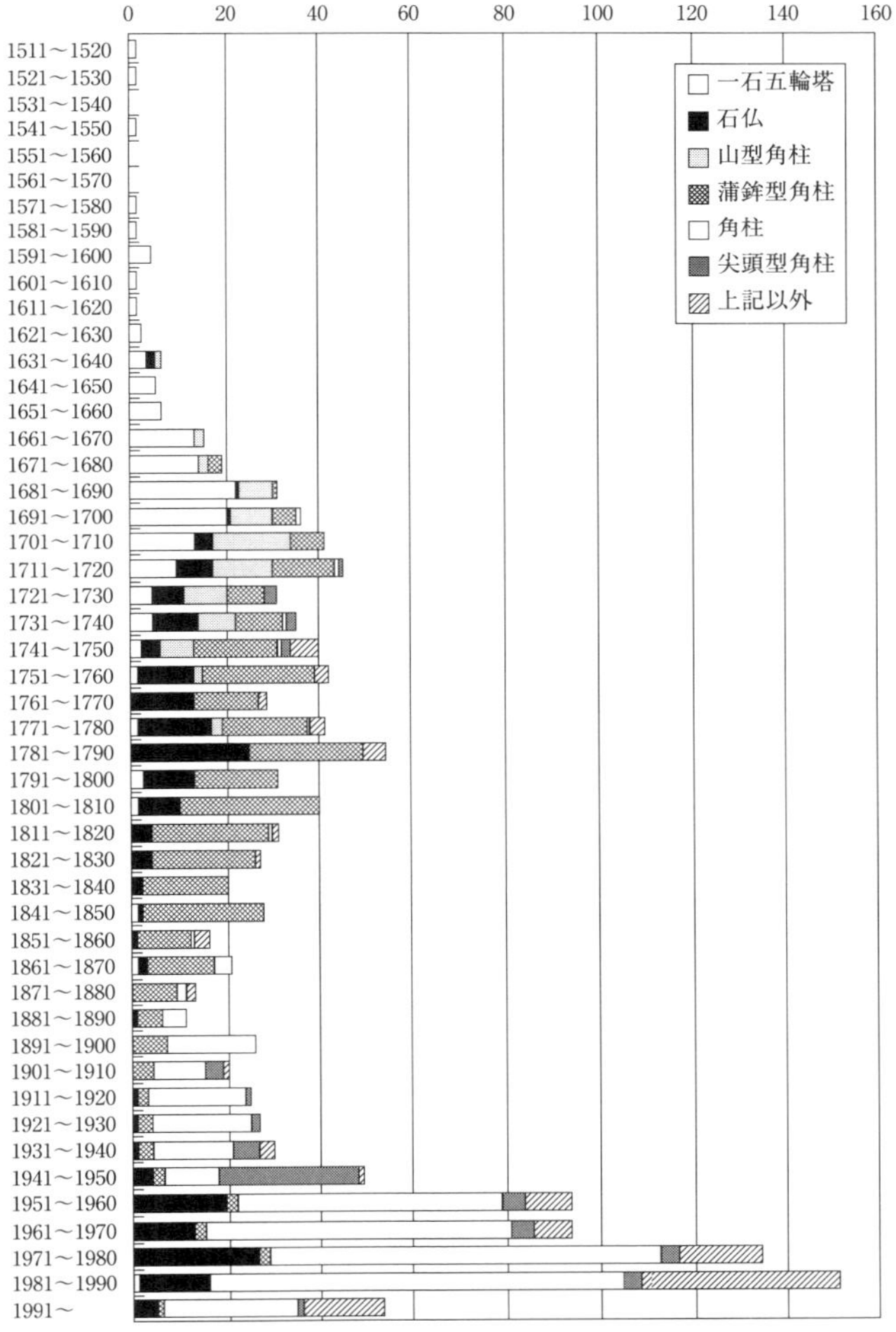

図10　東野墓地における形態別墓石建立数の推移

図11　背光五輪塔

図13　角　　柱

図15　櫛　　形

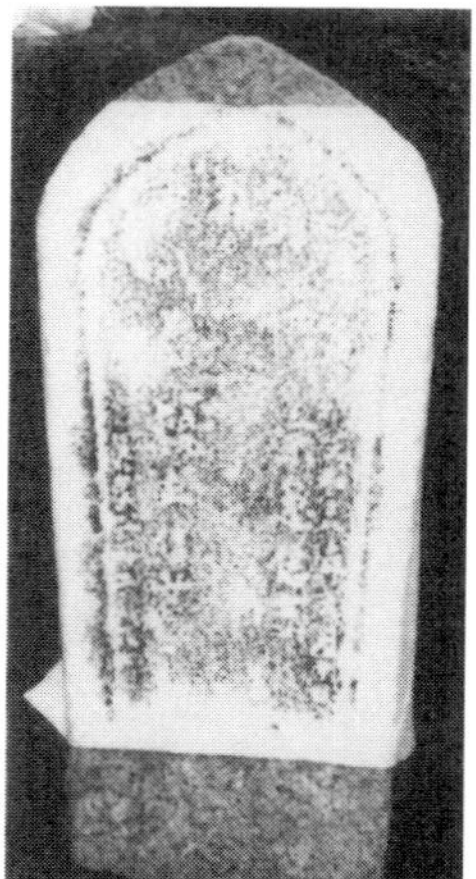
図12　舟　　形

図14　駒　　形

る。と同時に、谷川も重視した地域偏差をより明瞭に示すこととともなった。たとえば、中山念仏寺墓地で十七世紀後半に急増する背光五輪塔類や、十七世紀末〜十八世紀後半の主要形態であった舟形は、大阪狭山市内の墓地ではほとんど見られない。また十八世紀後半〜十九世紀以降、全国的に主流になると目された櫛形が、津軽地方ではほとんど主体を占めず、むしろ十八世紀の早い段階から別の角柱形（前述のF・I）が主要形態となっている。

墓石の主要形態がなぜ時代とともに変化していくのか、あるいはなぜ地域差が生じてくるのかは、まだよくわかっていない点が多い。おそらく、一点突破的には説明できない現象であり、吉澤悟が、「どの石塔を選ぶかは、造立者の意向や経済状況、あるいは集落内の規範や慣例、石工の資質などさまざまな要素が絡んでいると思われる」と述べるように（白石ほか　二〇〇四a　第二部第三章第四節）、柔軟で複眼的な視点をもつことが大切となろう。

刻印人数の変遷　墓石一基あたりに何人の名前（戒名）が刻まれているのか、あるいはいつから「先祖代々之墓」「〇〇家之墓」という銘文は登場するのか、という問題については、中山念仏寺墓地および大阪狭山市の東野・小三昧墓地で、おおむね次のような共通した傾向を見出し得る（①〜③は、津軽地方の近世墓石でも検出可能）。

①十六世紀から十八世紀半ばまでは、一つの墓石に一名の戒名を刻む個人墓（一人墓）が主流を占め、そうした個人墓は十九世紀後半まで根強く残っていく。

②一方十八世紀に入ると、男女二名の戒名を刻んだ墓石（夫婦墓と想定される）や、それ以外で二

名以上の複数戒名を刻む墓石（複数墓）が増え始め、十九世紀以降個人墓と拮抗しながらも、徐々に夫婦墓・複数墓が個人墓を凌駕するようになる。

③並行して十八世紀後半には、「先祖代々」「先祖累代」などの「先祖」文言を刻む墓石があらわれ始め、その後、微量ながらも少しずつ増えていく（市川　二〇〇二も参照）。

④十九世紀末には「○○家之墓」と刻む墓石が登場し、特に一九七〇年代以降急増して、墓石銘文の主流を占めるようになる。

個人墓→夫婦・複数墓→先祖代々・○○家之墓、という推移からは、人びとが十六〜二十世紀という長い年月をかけて、墓石に家意識を投影していく様相が読み取れる。また十八世紀以降、複数人数を刻印した墓石が増大する傾向は、他形態と比べ、より多くの戒名を刻める角柱系統の墓石（前述のF・H・I形式）が、主要形態の座を占めていくようになる動きと軌を一にしている。

このように刻印人数の問題は、大局的にみれば「個人から家へ」と説明することが可能で、先行研究でも繰り返しそのことが説かれてきた。しかしそれだけでは、せっかく悉皆調査で集められた細かい情報があまり威力を発揮しないことになるので、「個人から家へ」という流れに収斂しないような、別の分析視角を設定することも必要となる。たとえば、夫婦・複数墓が主流となるなかでも個人墓が根強く存続する現象は、「個人から家へ」という移行がそう簡単にはなされないことを示していようし、そもそも十八・十九世紀に生きた人びとが、どこまで墓石に家意識を投影しようとしていたのかを再考するきっかけともなろう。また逆に、個人墓の根強い持続は、別のかたちで家意識の発露をあらわしている可能性もあり、先行研究でも、院号などの高位戒名をもつ家ほど個人墓を建てる傾向にあることが注目されている（谷川　一九八九、関根ほか　二〇〇七）。

悉皆調査を重視し、墓石の議論に幅をもたせたいと思うならば、大まかな数量把握だけではなく、こうした一つ一つの細かい墓石情報に対するこだわりも必要となる。悉皆調査による数量把握とは言っても、銘文判読の困難な墓石が一つの墓地だけでも数百〜数千基単位で出てきてしまい、しかも古い墓石ほど後世に廃棄処分されやすく、所詮厳密な数量変遷の議論は期待できないことを考えれば、なおさらである。

戒名の変遷　戒名は、院号―道号《どう》（阿《あ》号・誉《よ》号・釋《しゃく》号）―法号（狭義の戒名）―位号《い》（居士《こじ》・大姉《だいし》・信士《しんじ》・信女《しんにょ》・禅定門《ぜんじょうもん》・禅定尼《ぜんじょうに》など）で構成されており、その組み合わせ方の変遷も墓石研究の関心事となってきた。とりわけ被葬者・喪家の階層性との関連が注目され、その観点から近世墓石に刻まれた戒名を体系的に分析したのが谷川章雄である（谷川　一九八九）。

「居士・大姉」の下位に「信士・信女」があり、さらにその下に「禅定門・禅定尼」が位置づくというように、戒名の位号部分に上下関係があることはすでに先行研究で指摘されてきたが（小林　一九八七など）、谷川はそうした戒名の階層性を近世墓石の歴史的変遷のなかでとらえようとし、さらに一つ一つの家の単位で検証することを試みた。その結果、調査対象の千葉県市原市高滝・養老地区では、①十八世紀初頭までは両地区とも、院号をもたない信士・信女・禅定門・禅定尼が一般的であったが、②養老地区では一七一〇年代、高滝地区では一七四〇年代になると、［院号＋居士・大姉］

あるいは［院号＋信士・信女］が出現し、その後も継続的にみられるようになる、③院号なしの信士・信女も引き続き存続していくが、禅定門・禅定尼は②の時期を境にほぼ姿を消してゆく、④家単位でみれば両地区とも、［院号＋居士・大姉］の戒名をもてる家、［院号＋信士・信女］の戒名をもてる家、［院号なしの信士・信女］のみを用いる家、と大別できるようになる、ということが明らかとなった。十八世紀前半を画期として戒名の格式が明確化し、それが家々の家格差と対応していく様相がうかがえよう。

さらに谷川は、戒名動向の画期となる十八世紀半ばが、櫛形の墓石形態が流行り始め、墓石一基あたりの刻印人数が増加していく時期でもあることに着目し、⑤「院号居士・大姉など上位の戒名をもてない家では夫婦、兄弟姉妹、親子などをまとめて一基の墓標に祀ることが多くな」る一方、⑥［院号＋居士・大姉］などの上位戒名をもてる家は、十八世紀以降も個人墓を建立し続ける傾向がある、と指摘する。そしてこうした動き全体を、当該期における家意識の高まりを示すものとして評価したのである。

柔軟な戒名理解へ　近年、この谷川の研究段階をさらに高めたのが関口慶久である（関口　二〇〇四a）。関口は、平岡極楽寺墓地・中山念仏寺墓地での調査に加え、奈良市の元興寺極楽坊、および京都市下京区の本圀寺《ほんこくじ》墓地における墓石調査をもとに、谷川以上に長期にわたって戒名の推移を検討した。その結果、谷川の見通しをある部分では補強する一方、それとは異なる像を提供することともなった。

たとえば、右の四墓地で十六〜十七世紀前半に主流を占める戒名は、禅門《ぜんもん》・禅尼《ぜんに》という位号をもつもの、ないしは位号もなく法号（狭義の戒名）のみの墓石であった。そして十七世紀後半になると、本圀寺墓地以外の三墓地では信士・信女が台頭し、以後十八世紀を通して主流となっていく。こうした現象は、前項「戒名の変遷」で紹介した谷川の説明①③を一面で補強するものであった。

しかしもう一面では、谷川の見通しに当てはまらない動きも析出された。すなわち、市原市高滝・養老地区では、十八世紀半ばを境に禅定門・禅定尼がほぼ消滅していくのに対し、本圀寺墓地以外の三墓地ではむしろ同時期から増加していき、元興寺では十八世紀半ば、平岡極楽寺墓地では十九世紀初頭、中山念仏寺墓地では十九世紀後半に、信士・信女にかわって禅定門・禅定尼が主流の座を占めるにいたる。そして平岡極楽寺墓地・中山念仏寺墓地では、その位号が二十世紀末まで根強く存続していくのであった。

一方、本圀寺墓地では、他墓地では十七世紀後半には減少していく位号なしの墓石が十八世紀末まで主体を占め、信士・信女が割合を高めるようになるのはようやく十九世紀に入ってからであった（位号なしの割合を逆転するのは一八四〇年代以降）。しかも、他墓地では一定時期にそれなりの割合を占める禅定門・禅定尼が、本圀寺墓地ではどの時期でもまったく優位にたたない。このほか院号についても、市原市高滝・養老地区では十八世紀半ば以降継続的にみられるのに対し、本圀寺墓地ではすでに十七世紀半ばから増加傾向にあり、その後も浮き沈みをともないつつ十九世紀半ばまで増えていくが（弘前城下も同様）、平岡極楽寺墓地・中山念仏寺墓地では、十九世紀末にいたるまで院号をもった墓石はほぼ皆無であり、多少なりとも増えていくのは二十世紀に入ってからであった（大阪狭山市の東野墓地でも院号が増えるようになるのは戦後）。

このように関口の研究は、谷川の成果を相対化したばかりでなく、戒名の種類には消長があり、しかもその消長の仕方に全国共通の法則性などなく、また主要類型の交替には一世紀程度の長い年月を要することを示した点で、戒名に対する我々の見方を格段に柔らかくしてくれるものであった。とりわけ、戒名に歴史的消長があることをもって、戒名の種類は「身分・階層性だけでは捉えきれない」と指摘している点は重要で、今後我々は、戒名の種類を安易に家格・階層・身分差の問題に直結させて議論することは差し控えるべきであろう。それは、信士・信女より下位に位置すると考えられてきた禅定門・禅定尼が、実は信士・信女に取ってかわって主役に躍り出、以後も根強く用い続けられていく場合もある、という事実からも明らかである。

院号の解釈についても、同様に柔軟な姿勢が必要となろう。確かに市原市高滝・養老地区や本圀寺墓地、あるいは弘前城下の事例からは、院号獲得を目指す近世人の姿を浮き彫りにできるかもしれない。しかしその一方で、平岡極楽寺墓地や中山念仏寺墓地、および大阪狭山市東野墓地の動向からは、院号の獲得にさほど関心を示さない江戸時代人像を導き出せもするのである。その差の説明を、地域差や個々の家の差で片付けることも可能かもしれないが、より根本的には、墓石に対するこれまでの解釈方法、すなわち墓石情報からすぐさま家意識を云々《うんぬん》しようとする姿勢そのものが問い直されているといえる。

家意識と墓石研究　従来の墓石研究では、調査結果を近世民衆の家意識の問題に結びつけようとする傾向が非常に強かった。個人墓から夫婦・複数墓への転換しかり、墓石形態の角柱系統への傾倒しかり、戒名の階層性問題しかり、である。確かにこれらの現象は、一面で近世民衆の家意識を映し出してはいよう。しかし、悉皆調査でやっと得られた詳細な墓石情報を、最終的に家意識の議論に落とし込むことが、はたして墓石研究の突き進むべき道なのかどうかは一度考え直す必要がある。

中世・近世史研究では長年、村・町に住む人びとの小経営がどのように成立し展開していったのかが重要な研究課題となってきた。その結果いまや我々は、一般民衆における「家」の成立過程を、十五〜十八世紀という長い年月のなかで議論し得る研究段階に到達しており（第二節参照）、しかもその小経営と家の問題は、近現代日本の経済・社会像を刷新する可能性も秘めている（谷本　一九九八、玉　二〇〇六）。したがって、文献史料をもとに近世史研究に取り組んでいる者にとって、近世民衆が家意識をもっていることはいわば自明の理であり、その意識の度合いに時代差・地域差・階層差が出るであろうことも予想の範囲内に属している。そして残念ながら、墓石の悉皆調査から説明される家意識の問題は、文献史料で構築されてきた常識的な家の歴史像を大きく揺るがすものではなく、むしろその常識の範囲内におさまるものばかりなのである。つまり、家意識に収斂するいまの墓石研究のありかたでは、自らの調査研究領域をひたすら既存研究の「補助輪」にしてしまうだけかもしれないのだ。

これではあまりにももったいなくないか。墓石から家意識や家格差・階層差を読み取ることも大事かもしれないが、せっかく汗水たらして細かい墓石情報を得たのだから、その細かさゆえ、悉皆調査ゆえ、そして墓石ゆえに議論できることを積極的に問題提起していく方が、よほど墓石研究の存在意義を高めることになろう。現に、悉皆調査に踏み切ったがゆえに、墓石の建立数や形態・刻印人数・戒名の変遷は、通常の時代区分には収まりきらない、独自の歴史的波動を有していることを証明できたではないか。墓石がもつこの独特の「時間」の問題を、一つ一つの墓石情報に立ち帰らせて議論できれば、文献史料では見えてこない歴史像をきっと提示できるに違いない。

また家意識を議論するにしても、すでに関口慶久や田中藤司が実践しているように、数ある墓石情報のうち、どの要素なら家意識を議論でき（あるいはどのような家意識を議論でき）、どれではできないのかを精査すべきである（関口　二〇〇四a・b、田中　二〇〇四・二〇〇七）。さもなくば、院号の有無や墓石一基あたりの刻印人数の多寡、あるいは墓石の高さの高低をもって、すぐさま家意識の強弱をはかってしまうような、硬直した解釈方法に陥ってしまうであろう（強い家意識をもつ者が、必ずしもそれを墓石に投影するとは限らない）。

家意識と追憶主義　ここまでは、墓石そのものからみえてくる世界を追ってきた。次に、墓石建立後の墓参りなど、葬礼後におこなわれる死者供養や「先祖」供養をめぐる問題を検討していきたい。

近世民衆が、関係者の死後四十九日にいたるまで七日ごとに法要をおこなったり、年忌法要に努めたりしていたことは、いまも各地に残る多数の葬式帳・法事帳をみれば一目瞭然である。また、前節で用いた「諸国風俗問状」の調査報告などからは、旧暦二月・八月の彼岸に寺に参って説法を聴いたり、旧暦七月に「先祖」の墓参りをし、精霊棚《しょうりょうだな》（図16）を設けたりすることが、当時ごく一般的におこなわれていたことがよくわかる（伊勢国白子領・七月十三日「墓所参りとて、家々祖先の墓に詣し、灯を献ず」、備後国福山領・七月盆供「魂迎に礼服をつけ、墓所へ灯籠なともたせ参り、銘々祖先の墓前に松を焼き候」など）。現在の日本人の目からみても、さほど違和感のない供養光景が江戸時代に繰り広げられていたといえよう。

これだけみれば、個別の死者あるいは「先祖代々」の霊魂を定期的に供養するという「伝統」が、江戸時代以来、現代にいたるまで脈々と続いてきたかにみえる。しかし近年になって、こうした供養像、とりわけ「先祖代々」の供養（祖先崇拝）については、それを近世民衆の基本行動として自明視することに疑問が呈せられるようになってきた。

図16　精霊棚（『守貞謾稿』）

従来、近世以降の日本社会では、「死者は三十三回忌ないしは五十回忌の弔い上げを経て、没個性的・抽象的な家の『先祖』となる」という「先祖」観念が広く定着する、と考えられてきた。ところが、江戸下層民の埋葬と盆供養のありようを追究した西木浩一は、「投げ込み」「あばき捨て」の世界と隣り合わせに住む江戸の日用層と裏店層にとって、そもそも抽象化された「家の先祖」を措定すること自体不可能であったとして、通説化された「先祖」観を近世の日本人一般に適用することを否定した（西木　二〇〇六）。そして、彼ら下層民にあったのは、没個性的・抽象的な「先祖」に対する供養などではなく、「生前の個性をいささかも失っていない」「親・夫や妻といった特定人物に対する追憶主義的供養」であったと述べる。見も知らない遠い過去の「先祖」ではなく、自分の記憶の範囲内にあるごく身近な死者を供養するという、現代日本人にも理解しやすい感覚を、江戸下層民の供養態度に見出したわけである。

ではこうした追憶主義は、家の永続を期待できない都市下層民だからこその特徴であって、強い家意識をもった者はやはり、通説通りの「先祖」観を有していたのであろうか。どうもそうではなさそうである。というのも同様の特徴を、第二節で用いた『河内屋可正旧記』からも導き出せるからである。可正は家意識にどっぷり漬かり、真心をこめた葬式と法要に人並みならぬこだわりをみせた人物であったが、その可正にあっても、「自分からみて五代も十代も昔の『遠つ親』の弔いなどしないものだ」と主張する。自分の記憶にない遠い過去の「親」、すなわち個性を失った抽象的な「先祖」の供養など特にしないという追憶主義的な態度は、家意識を強くもち家の永続を願ってやまない人びとでも十分持ち得た発想だったのである。

我々はつい、家を代々相続できる人は、没個性的・抽象的な「先祖代々」観をもち、その供養にいそしみそうなものだ、と思いがちである。しかし、可正のように永続的な家意識と追憶主義的供養が共存する人物に接すると、こうした想定が、実は単なる思い込みに過ぎないのではないかと考えさせられる。近世民衆のなかに、通説的な「先祖」観を形成した家・人ももちろんいたろうが、追憶主義的世界もまた、近世人の死生観を形づくる重要な要素であり、しかもそれは家意識とは相反しない、ということを常に自覚しながら供養関係史料に向き合わなければならない。さもないと、彼らの実像を見誤ってしまう可能性がある。たとえ古文書や墓石に「先祖代々」「祖先」という文言が出てきたとしても、すぐさまそれを抽象的な「家の先祖」観を表明したものと決めつけず、史料作成者がその言葉に何をこめようとしていたのかを十分に吟味してから議論を展開すべきであろう。

柔軟な供養像へ　追憶主義の問題とともに西木の研究でもう一つ重要なのは、早くも十八世紀半ばの江戸では、盆供養が形骸化していた点を浮き上がらせたことである。西木によれば、宝暦二年（一七五二）刊行の談義本『教訓雑長持《ぞうながもち》』には、真心をこめず体裁ばかりを取り繕って精霊棚を設けたり、盆の時期になっても墓参りさえしない人びとの様子が活写されているという。いわば、供養を「いい加減」におこなう人びとの登場である。

右のような江戸社会の様子は、「諸国風俗問状」の報告が描き出す近世人像――供養に真面目に取り組む人びと――とはおよそかけ離れた姿であり、近世民衆のなかに、供養に対する「生真面目さ」と「いい加減さ」が同居していた点が知られる。こうした二面性は、大坂町人が熱中した無縁回向＝七墓巡りが一面で「遊興《ゆうきょう》」の場と化していたことや、信仰心篤い河内屋可正が「信仰心はなくとも、とりあえず寺には参っておけ」と言って憚らなかった点からもうかがえる。一筋縄では解けない近世人の複雑な供養心性が、ここには映し出されている。

また『教訓雑長持』では、「親祖父《おやおゝぢ》の忌日じやとて」一所懸命盆供養に努める「かすかな裏店住居《すまゐ》の者」の姿勢が賞賛される一方、「四角な文字」をよみ「高上《こうしやう》な理屈ばかり」たれて「霊棚つるものを謗《（そし）》り笑」う者——裏店との対比からして、比較的裕福な町人が想定されていよう——の態度が批判されている。「真面目に供養に取り組む下層／盆供養を馬鹿にする上層」という対照的な描写からは、家を存続させやすい上層ほど家意識を強くもち、したがって家の関係者の供養にも力を入れていくのではないか、という予想は見事に裏切られ、階層差を供養態度の強弱に直結させることがいかに一面的な理解か、痛感させられる。さきの追憶主義といい、「生真面目さ」と「いい加減さ」の同居といい、そしてこの階層性の問題といい、我々はもっと近世民衆の供養像を柔軟に考える術《すべ》を鍛えていかなければならない。

「迷惑施設」視の登場　最後に本章を締めるにあたり、近世葬送をとりまく社会矛盾、とりわけ墓地・火葬場といった葬送関連空間・施設に対する忌避感、および葬送の担い手に向けられた賤視の問題に触れておきたい。

周知の通り、墓地や火葬場あるいは葬儀式場は、現代日本における「迷惑施設」の代表格の一つであり、それらの建設計画がもちあがるや、たちまち近隣住民による建設反対運動がおこることは珍しくない。そして、こうした葬送関連空間・施設に対する迷惑施設視は、すでに近世初期には立ち上がっていた問題なのであった。

墓地・火葬場に対する忌避感をもっとも正直に示すのは、都市の墓地・火屋を強制移転させる近世権力の動きである。たとえば京都では、古来より都市域の東側に鳥辺野《とりべの》という広大な墓地があり火葬もなされていたが、豊臣秀吉が死去した慶長三年（一五九八）、豊国社の建立計画が進められるなかで、鳥辺野の火屋からもたらされる「臭気」が問題となり、火屋だけが建仁寺門前に移されることとなった（横田　一九九二）。また、徳川御三家の一つ尾張藩でも、慶長十五年（一六一〇）に名古屋城を築城した際、城の近辺に「不浄の場所」があるのは問題だとして、築城予定地付近にあった墓地を強制移転させている（愛知県部落解放運動連合会　二〇〇二）。さらに江戸でも、浅草・下谷《したや》の寺院内の火屋から発生する「臭気」が徳川将軍家菩提寺の上野寛永寺にかかるとして、十七世紀後半の寛文年間にそれらの火屋は移転させられ、小塚原火葬場となった（西木　二〇〇六）。

このように近世権力は、かなり露骨な忌避感情を墓地や火葬場に対して向けていた。しかしこうした感覚は、何も権力独りだけのものではない。一般民衆もまた、葬送関連空間・施設を迷惑施設視する価値観を早くから持ち合わせていたのである。

大坂の七墓の一つ梅田墓所は、当初町場に近接する場所にあったが、付近住民が、穢れた火葬の煙が店舗にかかることを忌み嫌うようになったため、十七世紀後半の貞享年間に市街地から引き離されることとなった。また摂津国豊嶋郡原田村（大阪府豊中市）では、十八世紀前半に村内で「悪疾」が流行った際、病気の流行を産土《うぶすな》社にかかる火葬の煙のせいにしており、火屋を移転させることで問題解決をはかっている。さらに、前節・本節で紹介した大阪狭山市の小三昧墓地を利用していた村民た

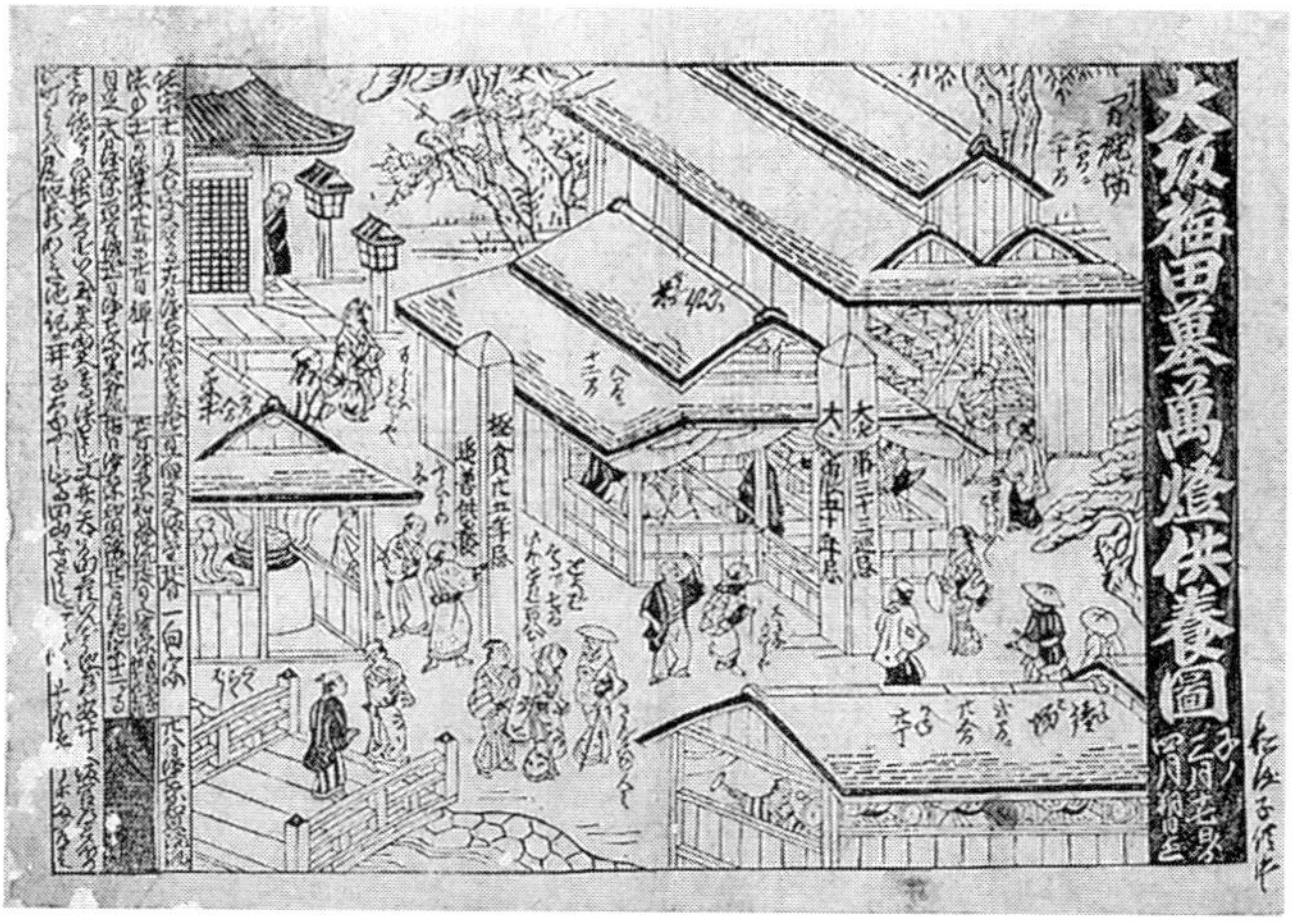

図17　大坂梅田墓萬燈供養図

ちも、同墓地を「穢れの地」とみる認識を寛文四年（一六六四）には有していた。

もちろん、いまもそうであるように、墓地は単に煙たがられるだけの空間ではない。大坂では、七墓巡りの季節になれば七墓に大挙して人が押し寄せてきたし、宝暦六年（一七五六）に梅田墓所で、宝永四年（一七〇七）の大坂大地震五十回忌と享保九年（一七二四）の大坂大火三十三回忌、および享保十七年（一七三二）の飢饉餓死二十五回忌をあわせて供養する萬燈会《まんどうえ》が開かれたときも、同墓所は参詣者で大いに賑わった（図17）。また、延宝六年（一六七八）頃の摂津国西成郡今宮村（大阪市）の住民は、近接する鳶田墓所の一画を、麦干しや「麦こなし」の場としてすら利用していた（『大阪の部落史』一）。さらに、墓地整備に積極的に関わろうとする人びとの存在も数多く確認できる。江戸時代の人びとは状況次第で、ときには親しみを示し、ときには忌避感を露わにするというように、墓地に対する態度を融通無碍《むげ》に豹変させてきたといえよう。

担い手への賤視　一方、こうした葬送関連空間・施設に対する忌避感は、担い手の社会的地位の問題に波及する場合もあった。その象徴が、弘化三年（一八四六）に大和国三昧聖仲間が示した嘆願内容である。そこでは、最近、墓地利用者たちが、自分たちの「先祖」が眠っている墓所を、穢れた場所とみてぞんざいにあつかっていることや、「非人体《ひにんてい》の者」（非人番）に埋火葬を委ねていることが、三昧聖の存在価値の低下を招いている、と嘆かれている。

ルイス・フロイスが、三昧聖を「非常に賤しい階層の者」と表現したように、三昧聖に対する賤視は近世以前から存在していた。また、和泉国泉郡万町《まんちょう》村（大阪府和泉市）の庄屋が天明七年（一七八七）に書き留めた覚書には、「煙亡とは祖先より代々、墓掃除や火葬・土葬、石碑建立の世話など、穢れた仕事に日々たずさわる者で、ゆえに百姓とは縁組をせず、また宗門改帳でも百姓とは別に帳末もしくは別帳あつかいとなっている」と、彼らへの賤視理由と内容が詳細に記されている。

このように、三昧聖に対する賤視自体は弘化三年の嘆願以前から存在していたが、それでもなお彼らの社会的な存在価値までもが否定されることは滅多になかった。ところが十九世紀半ばにいたると、墓地空間への忌避感情や、他の埋火葬業者との競合ともあいまって、三昧聖たちはその存在価値すら疑われるようになっていく。そしてこの価値低下をより加速させたのが、墓地に「先祖」が眠っていることにあまり価値を見出そうとしない墓地利用者側の動向、すなわち没個性的・抽象的な「先祖」

観をあまり高めようとはしない当時の人びとの動きなのであった。

加えて幕末〜明治初年になると、「三昧聖たちは人の不幸につけこんで暴利を貪っている」という批判も急速に高まるようになり、彼らの存在価値低下に拍車がかけられていく（葬具業者もこの社会批判にさらされていく）。さらに右のような「不当利得」批判は、堺県が明治五年（一八七二）に、「堺市中の金持ちたちが派手な葬式を好んで葬送に大金をそそぎこみ、煙亡の言うがままに葬送料金を支払うから、煙亡もますます増長して料金をつり上げ不当な利益を貪っている」と述べるように、葬送の華美化志向の問題とも絡み合わされていくのであった。

大坂町人のなかに、幕末にいたっても三昧聖のことを敬意をもって「御僧」と呼ぶ者がいたり、二十世紀にいたるまで墓郷住民との信用関係を持続させ、葬送業務に従事し続けた旧三昧聖の家・人もあったように、三昧聖に向けられた社会的視線は、必ずしも賤視一辺倒というわけでもなかった。その意味で、三昧聖と顧客＝一般民衆が歴史的に形成してきた人間関係とは――十九世紀以降、三昧聖の存在価値低下が首をもたげつつも――「信用」と「賤視」の間をたえず揺れ動き、ときには両者が併存することもあり得るような、極めて微妙かつ複雑なものであったといえよう。そして、「信用」と「賤視」（あるいは存在価値否定）どちらが前面に押し出されるかの背景には、これまでみてきたように、墓地に対する社会認識をはじめとして、埋火葬従事者の選択多様性や、「先祖」観の質、葬送の華美化と商品化といった、まさに本章全体で言及してきた諸問題が関わってくるのであった。

近世葬送と現代　以上、葬礼・法要の重要な一角を担う檀那寺とその僧侶の位置づけなど論じきれなかった問題は多々あるものの、どういう視点にたてば近世民衆葬送史は魅力あるものになるのかを種々述べてきた。そこで一貫して主張してきたのは、二項対立的ではなく、柔軟かつ複眼的な視角の大切さである。葬送の商品化と地域互助の関係性のとらえ直しや、葬法選択の複雑さへの注目、あるいは独自の「時間」をもつ墓石変遷への着眼など、先行研究より一歩でも前進した（と信じる）議論を提示し得たのは、ひとえに民衆葬送に関わる諸事象をなるべく柔らかく把握しようと試み、また一つ一つの事例を中途半端な「一般論」に埋没させず大切にあつかおうとした結果である。そしてそのおかげで、近世民衆葬送と現代日本の死をめぐる問題を、論点的に結びつける道も拓けてきたといえる。

現在、死や葬送をめぐっては、不明朗な葬儀費用問題をはじめとして、宗教者・葬儀社の存在意義やあるべき職業倫理の模索、あるいは自分らしい葬送の追求（死の自己決定権）と社会の期待との折り合いのつけ方、さらには葬送関連空間・施設の迷惑施設からの脱却や、火葬場従業員に対する差別の問題など、さまざまな課題が議論されている。それらの問題は、現象的には近世とのつながりを直接もっているわけでは必ずしもない。

しかし、現象ではなく論点という目でみれば、それらの課題のほとんどは、すでに近世段階で出揃っているといっても過言ではない。その意味で近世という時代は、現代日本社会に生きる我々にとって、単なる「昔のこと」ではなく「今のこと」なのであり、逆に「今の課題」は「昔の課題」でもあったといえよう。それだけ近世の人びとが積み重ねてきた葬送の歴史は重いということであり、だからこそ近世民衆葬送史に取り組むこともまた、面白いといえるのである。

五　近現代の葬送と墓制

1　葬儀を取り巻く環境の変化

明治維新と神道国教化　慶応三年（一八六七）の大政奉還《たいせいほうかん》により徳川幕府の支配が終わり、王政復《おうせいふっ》古《こ》の大号令によって天皇親政の方向が示された。明治政府は当初、古代の律令国家の形式を採用したため、祭政一致の方針をとっていった。これにもとづいて神祇官《じんぎかん》が再興され、さらに神仏分離が達せられる一方、従来どおりキリシタンは禁止された。こうして神道国教化の基本路線が推進されることとなる（村上　一九七〇）。このような新政府の方針、特に神道国教化政策の実施と、その後の方向転換は、当時の葬儀のあり方にも大きな影響をおよぼすこととなった。

近世期、仏教寺院は寺請《てらうけ》制度などにより幕藩体制のなかで末端機構となっていた。新政府は倒幕の一環として、幕府に結びついた仏教勢力から特権を奪い、低下したとはいえなお根強く民衆をとらえているその権威を無力化する必要があった。こうした関係を解除し、神社から仏教側の支配と仏教的要素を除去して神社の主体性を確保し、人民を一元的に再編成して寺院に取って代わらせる政策が実施されたのである。そして神仏分離《しんぶつぶんり》は、神職《しんしょく》、国学者《こくがくしゃ》、儒者《じゅしゃ》、官吏《かんり》等によって率いられて民衆による仏教排斥運動となり、数年にわたる廃仏毀釈《はいぶつきしゃく》がおこなわれ、仏教は相当の打撃を受けることとなった（村上　一九七七）。

さらに社寺上知令によって封建的な経済基盤が解消され、後に神社は公費等の援助を受けることになったが、寺院にそれはなく、結局大きな経済的基盤を失うこととなった（村上　一九七〇）。また旧支配層の衰退によって従来の大檀那となる武士階級が没落し、寺院の経営も大きく変わらざるをえなかった。

自葬の禁止　寺請制を基本としていた近世期には、原則的に神職といえども仏式の葬儀がおこなわれ、神葬祭は認められていなかった。だが後に吉田家の免許状をもっている神職とその嫡子に限定して神葬祭が認められていったが、依然として神職家族は僧侶の引導《いんどう》によらなければ葬儀をおこなえず、神葬祭を求める神職およびその家族とそれになかなか応じようとしない寺院との関係は複雑であった（辻　一九二七）。

こうして新政府になると神道国教化と廃仏毀釈の中で、神葬祭がしだいに神職だけでなく一般にもおこなわれるようになっていく。特に津和野《つわの》藩（島根県）や苗木《なえぎ》藩（岐阜県）では藩主が率先して神葬祭となり、藩を挙げて神葬祭に改めることを目指していた。たとえば津和野藩では神葬祭に対応するために、すでに慶応三年（一八六七）に祖霊祭祀の様式を記した『霊祭要録』、葬送儀礼を記した『葬儀要録』、葬祭に奉読する祭文の文案である『略祭文』をさだめた。つまり神葬祭は自葬自祭であったため、このような儀礼テキストも急遽作られていったのである（安丸　一九七九）。

一方、キリスト教は欧米列強の進出を恐れた明治政府によって依然として禁止されていた。しかし浦上《うらがみ》のキリシタンなどは信教を公然化したため、それに対する大弾圧がおこなわれた。弾圧の契機となったのは、仏僧による葬儀の拒否や自葬による信仰の主張であった（安丸・宮地校注　一九八八）。

しかし、明治五年（一八七二）六月には、「近来自葬取行候者モ有之哉ニ相聞候処向後不相成候条葬儀ハ神官僧侶ノ内へ可相頼事」（太政官布告第一九二号）という自葬禁止の法令と「従来神官葬儀ニ関係不致候処自今氏子等神葬祭相頼候節ハ喪主ヲ助ケ諸事可取扱候事」（太政官布告第一九三号）という神官による神葬祭への支援を指示した法令が出された。これによって仏教・神道以外の自分の信じる宗教にもとづく葬儀をしてはならないこととなるとともに、さらに神職が神葬祭に携わることを公式に認めたのであった。つまり僧侶とともに神職の葬儀執行が許されたのである（森　一九九三）。さらに明治七年（一八七四）一月には教導職への葬儀依頼が可能となった（太政官布告第一三号）。

だが、明治十五年（一八八二）、国家神道として位置付ける必要から神道は「宗教の他」とされ、同年、神宮、官国幣社の神職は教導職の兼務と葬儀の関与を禁止された。だが神葬祭の必要から府県社以下の神職には、その関与は認められている（村上　一九七〇・森　一九九三）。さらに明治十七年（一八八四）には、自葬が解禁され、キリスト教の葬儀執行も可能となったが（森　一九九三）、埋葬地の問題により葬儀の執行は依然として困難であった。

火葬の禁止　明治維新の神道国教化政策の中で、火葬は仏教的とみなされ、明治六年（一八七三）

七月十八日に「火葬ノ儀自今禁止候条此旨布告候事」（太政官布告第二五三号）との短い条文によって急に禁止されたのであった。

この禁令は突然ではあったが、その規制の契機は公衆衛生上の問題からであったことが『太政類典』からうかがえる。同年五月に警保寮が、「仏氏ノ遺法」からきた火葬の当否は別として、千住《せんじゅ》や深川《ふかがわ》にある寺院経営の火葬場の焚焼による煙と悪臭がひどく、人々の健康を害し、不潔であるから、こうした状況はこれらの寺だけではなく、人家接近の地で火葬する場合も同様なので、これを禁じ、悪臭が人家に届かない地で火葬場を設けるように、必要な場で審議して欲しいという伺いであった。これにより太政官庶務課は「浮屠ノ教法ニ出テ、野蛮ノ陋体ヲ存シ惨劇ノ甚敷モノニシテ人類ノ忍ビ難キ処」と規定した上で、火葬場の新規代替地を認めると火葬を公認することになるので、火葬を禁止すべきだとした。しかし火葬禁止については差し支えの筋があるか念のため教部省にも意見を諮問した。すると教部省《きょうぶしょう》では特に反対はなかった。そしてわずか二週間ほどで火葬禁止は決定され、東京府、京都府、大阪府に火葬禁止によって人戸稠密《ちゅうみつ》の地では、墓地狭隘《きょうあい》などの理由により差し障りがあるかもしれないので、早急に相応の墓地を取り調べておくよう指令を出し、特に問題がないと三府県からの報告を受け、ついに七月火葬禁止となった（森　一九九三）。

こうしてみると、神道国教化が進められていく中で、公衆衛生上問題のある火葬場の移転について、火葬の取り締まり、設置の条件を定めた法令の作成を求められたので、太政官はそれ自体が火葬公認になるとして、ついには火葬禁止に踏み切ったのである。

しかし土葬は、火葬に比して埋葬地を広くとるため墓地が不足し、混乱に陥った。なかでも東京では、明治六年（一八七三）に旧朱引内《しゆびきうち》での埋葬を禁止したため、さらに混乱したのである。こうしたなか、火葬禁止が布告された同月の二十七日には、千住南組、砂村新田の火葬寺と今里村芝増上寺火葬所預り人は、火葬再開の願書とともに『火葬便益論』が提出された。これには、埋葬場所が少なくて済むこと、墓地の移転が容易であること、人の移動にも対応できること、分骨が容易であることなどの長所を挙げ、焚焼臭いなどの短所もあるが無害であることを強調した。しかし、これが聞き届けられることはなった（浅香・八木澤　一九八三）。

だがわずか二年足らずで、火葬は解禁となる。明治八年（一八七五）五月二十三日、太政官布告第八十九号で「明治六年七月第弐百五拾参号火葬禁止ノ布告ハ自今廃シ候条此旨布告候事」と火葬禁止の布告が廃された。この解除の背景として、土葬の不便有害を唱え、西洋における火葬の普及が叫ばれていること、土葬による墓地不足を理由とする火葬解禁を求める動きについて、「浮屠ノ説ヲ偏信シテ苦情ヲ鳴ラスノミ」と批判を加えている。そして「葬事ノ如キハ人民ノ情ヲ強テ抑制ス可ヘキモノニアラス。素ヨリ愚夫愚婦ノ情ヲ参酌シ各自ノ情願ニ任セ候トモ、行政上差タル障礙モ有之間敷候ニ付キ」と葬儀のようなものは人民の情を抑制すべきものではなく、特に取り締まらなくとも行政上も問題はないとして火葬の解禁をかまわないとしている（森　一九九三）。

つまり、当初神道的思想から禁止された火葬は、廃止の段階では宗教的な意義はそれほど考慮されなくなり、公衆衛生上の観点からそれを取り締まるように転換されていくのであった。そして火葬場設置については、明治八年（一八七五）六月「火葬場取締心得」（内務省乙八十号）が発足し、一定の規制が加えられることとなった。

火葬禁止令と村の対応　こうした朝令暮改の火葬禁止令ではあったが、その対応はさまざまであり、民俗的な独自性をもって土葬や火葬にこだわりをもっていた地域もあれば、法令を容易に受け入れた地域もある。こうしたなか、従来の火葬にこだわり土葬が浸透しない場合もあった。

たとえば、火葬の慣習の根強い石川県では何度も火葬禁止に関わる法令が出されている。さらに火葬が解禁されたのち、土葬した遺体を掘り出し、再度火葬することを禁じている法令なども出されており、火葬に対する意識の強さをうかがわせる。また青森県でも、火葬の解禁の一ヵ月前にもあらためて火葬の禁止を布告しており、火葬禁止が守られていなかったことが指摘されている（青木　一九九三）。

その一方で、火葬禁止を遵守し、火葬から土葬に転換した地域が、なお火葬解禁後も火葬に復せず土葬を継続していた事例もある。たとえば滋賀県伊香《いか》郡高月《たかつき》町西物部《にしものべ》は、浄土真宗《じょうどしんしゅう》の村であり、かつての葬法は火葬であり、それを示す絵図や、人々の伝承が残されている。また火葬のたきつけとなるサンバワラ（三把藁）をもって埋葬地で燃やしたり、座棺《ざかん》の底を作らずに、平板を渡して筵《むしろ》を敷いて遺体を納めていたなどの民俗は、周辺地域では火葬の民俗として伝承されているものであり、それを土葬のなかでも多少意味を変えながら続けてきたという（青木　一九九三）。

ところが火葬が解禁されたといっても、従来どおりに解禁されたわけではなく、一定の規定に則った施設でなければ火葬は可能とならなかった。穴を掘り、そこに薪を置いて野焼きをしてそのまま遺灰とともに埋めてしまう形態の火葬であった西物部は、規制に則った施設において骨揚げをする火葬よりも、土葬をそのまま選択したのであった（青木　一九九三）。

つまり以後、火葬は公衆衛生的な観点から、経営許可や施設の許諾がおこなわれるようになり、火葬に対する多様な形もしだいに、火葬炉による近代的な火葬方式に、収斂されていくこととなった。

2　明治期の葬儀とその肥大化

葬送の過程　さて、明治初期には、火葬や墓地についてはさまざまな動向がみられたが、葬送儀礼自体は近世後期の状況を引き継いでいた。明治期の葬送儀礼は、東京などの都市部においても基本的に自宅での通夜、出棺の儀礼、葬列、寺院や葬儀場での葬儀式、埋火葬となっていた。とくに自宅から葬儀式をおこなう場所までの葬列がもっとも重視されており、都市を中心に葬列がしだいに肥大化していった。

まずは明治期の都市における葬儀の様子を、東京を例として村上興匡（一九九〇）の報告からみていきたい。村上は葬儀のプロセスを①死の発生・葬儀準備・死の伝達、②通夜、③出棺・葬列、④葬式、⑤火葬、⑥式後の供養としている。また必要に応じて『東京風俗志』（平出　一九七一〈一九〇一〉）の記述を加えていく。

①死の発生・葬儀準備・死の伝達

臨終には直系親族や死者の兄弟が立ち会い、亡くなってから喪家の者が二人で近隣に死を知らせる。この挨拶を受ける前はどんなに親しくとも近隣は顔を出さないことになっていた。向こう三軒両隣とおもだった親戚で世話役を決め葬儀のやり方を決める。東京では知らせをする人をハヤツカイといい、寺や役所、葬祭業者などにも二人で行った（村上　一九九〇）。

『東京風俗志』によれば、遺体はむしろや薄縁などの上において、北枕にして着物を上下逆さにして覆った。逆さ屛風をたて、枕頭に案を据え、一本樒、燈火、焙烙《ほうろく》に灰をいれて香炉に替えて線香を立てる。枕団子《まくらだんご》を供え、魔除《まよ》けの刀を置く（平出　一九七一〈一九〇一〉）。

納棺は近親者だけでおこなうものであり、納棺前に湯灌《ゆかん》をした。喪主は裸に縄襷をしてサカサミズを使って湯灌をした。経帷子《きようかたびら》は喪家や親戚の女性たち複数で縫い、糸止めをしなかった（村上　一九〇〇）。湯灌は男がして女は湯を注ぐのみである（平出　一九七一〈一九〇一〉）。

納棺と枕経が終わると、より離れた関係の親戚知人に通夜及び葬儀の知らせをおこなった。電話があっても直接行き、はがきを使うようになったのは大正期になってからだという（村上　一九九〇）。また新聞の死亡広告は明治期から報せの遺漏のないようにおこなわれたという（平出　一九七一〈一九〇一〉）。

②通　夜

通夜は式の前日に導師がおこなう。誰が来てもよかったが実際には同一町内までの人であった。通夜は全通夜、丸通夜であり、文字どおり夜を徹しておこなった。通夜に参列するのは葬列の役を務めるような近しい親類、近所では向こう三軒両隣、とくにつきあいの深い知人だけであり、それ以外の人は途中から帰った。それを半通夜という。

通夜は多くの場合、鳴り物が入り法要の間には酒や料理をとりながら朝まで続け、賑やかで近隣はうるさくて眠れなかったという。たとえば、東京都品川区大井町《おおいまち》付近の天台宗寺院は戦後まで丸通夜をやっており、法華経《ほけきょう》八巻を読んだが、一巻終わるたびに総回向《そうえこう》といって会葬者全員が焼香《しょうこう》をして、酒や料理が出ていたという。通夜が終わると僧侶は寺に帰って仮眠し、参列者は朝湯に入って出棺を待つ（村上　一九九〇）。

③出棺、葬列

葬儀は自宅から葬列を組んで式場となる寺院や専門の斎場まで行っておこなう。出棺前にはお迎え僧といって役僧が来て読経《どきょう》をする。そしてデバノメシといって少量のご飯を葬列にたつものは食べた（村上　一九九〇）。『東京風俗志』によれば「葬儀の施主となるべきもののみ、食膳に対《むか》はしむ。多くは豆腐のすまし汁を副ふ。その際には重なるという義を忌みて、飯は一碗に止め、箸も一本にて汁をかけて口早に食ふ習ひあり」と具体的にある（平出　一九七一〈一九〇一〉）。

そして出棺は基本的には昼に出るようになり夜間の出棺はなくなっていく。村上によれば十時頃が最も多く、平出によれば午後一、二時の出棺が多いという。

行列は高張り提燈《ちょうちん》、生花、造花《つくりばな》（蓮華）、放鳥《ほうちょう》、迎え僧、香炉持ち、位牌《いはい》持ち、柩《ひつぎ》の順番となる。

図1　大正期東京の葬列

喪主は羽織袴、また洋装の礼服を着るが、上流になると喪服で竹杖をついていく。多くの場合、位牌持ちは喪主が務めるが、血縁の濃い者が持ち、喪主は棺の後についていく場合もあった（平出　一九七一〈一九〇一〉）。

さらに「棺脇」といって、親族などが編み笠に着物、袴《はかま》で、棺を隠すように棺の両脇に立って進んでいくという。親族の役割をもった人たちは、「素草鞋」といって足袋をはかずに直接草鞋を履いたり（村上　一九九〇）、福草履をはいたりした。

本来、行列には遺族だけでなく、地域の人々もついていったのであり、当時の葬儀の広告に出棺時間が書いてあったのもこうしたことからであった。葬列を廃止するようになるまでは、葬儀の時間は出棺時間であった。葬列を廃止すると式場での開始時間が記載されるようになる。

④葬　式

葬列が寺院に到着すると、持ってきた位牌や香炉、膳、生花・造花などを飾りつける。輿《こし》は本尊《ほんぞん》に対面して入り口側に安置される。帳場は主に町内の人に任せられ、親戚の人がひとり加わった。式では導師を挟んで、親族席、一般会葬者席に別れて座り、親族以外でも葬列とともにやってきたような人は親族席に座る。読経や引導の後、親族、一般会葬者の順に焼香する。

葬儀後、菓子折等が配布される。菓子折は三つ組みといわれる羊羹や打菓子のセットが多く、高級なものであったが、なくなることは恥ずかしいこととされ、多めに用意された（村上　一九九〇）。

⑤火　葬

葬式が終わると、親族の男性と陸尺《ろくしやく》の人足《にんそく》だけが柩とともに火葬場に向かう。東京の火葬場は町《まち》屋《や》、桐ヶ谷《きりがや》、渋谷《しぶや》など市外にあり、かなりの距離を歩くこととなった。庶民はほとんどが火葬で、土葬は郊外の寺に大きな墓地をもつものだけであった。火葬は薪で火力が弱く臭気がひどいので、夜間に焼いた。寺院から貰う鑑札《かんさつ》が火葬許可書の代わりとなったが、この鑑札を火葬場に預け、窯に柩を入れて扉を結わいて印鑑を押して封印して火葬をした。そして、翌日親族が収骨をする。その後寺院に向かった（村上　一九九〇）。

⑥式後の供養

帳簿《ちようぼ》の整理、香典《こうでん》の集計は町内の者がおこない、葬祭業者への支払いも世話役がした。世話役は式当日の飲食の饗応の前に支払いを済ませたがった。火葬からもどると喪家と親戚の者が火の入っていない提燈をもって、会葬してくれた町内に答礼してまわった。また会葬礼状は近隣の者が手伝っていた。これらが全て終わると火葬をおこなった人や葬儀を手伝った者で会食した（村上　一九九〇）。式後は位牌を卓上に供え香華を供える。『東京風俗志』では初七日までは香華を絶やさず、七日になるとその器を川に流すという（平出　一九七一〈一九〇一〉）。通常七七日をもって埋葬した。

以上のように明治期の東京でも、基本的には町内を中心として共同体的な葬儀がおこなわれていた。さらに当時の葬送儀礼は民俗的な儀礼を多数伴いながら、死者を自宅から墓地へと送り出すことがおもなモティーフとなっていた。

ところで、近世期には、身分によって葬儀の規模も規制されていたが、すでに家の確立とともに葬儀の肥大化は生じていたのである。またそれを取り締まる禁令が何度も出されており（西木　一九九九）、それを大きく逸脱することは、取り締まりの対象となり難しかった。しかし、近代になると、身分制度自体がなくなることで、こうした取り締まりも当然おこなわれなくなり、それは単に社会的な評判だけであり、その制約はかなり小さいものとなるため、肥大化は留まることがなかった。

葬儀社の成立　さてこうした肥大化の要因の一つとしてあげられるのが、葬儀社の誕生である。近世期にはすでに葬具を販売、賃貸する業者があり、それを利用して葬列を組んで葬儀がおこなわれていたことはすにで判明している（木下　二〇一〇）。

近代になってもこのような業者は、棺屋《かんや》や輿屋《こしや》などとよばれていた。東京都北区豊島で醤油醸造業を営んでいた旧家石井家の葬儀記録によると、明治九年（一八七六）に「棺屋」への支払い記録が残っており、東京周辺でもこうした業者が利用されていることがわかる（山田　一九九六b）。

その一方で、葬列を組むのは、村落部では近親者や近隣など一般の人々がおこなっていたが、東京や大阪などの大都市においては、人足に依頼して、輿や駕籠《かご》、蓮華、提燈などを持たせて葬列を整えていた。人足の利用はすでに近世期からあったが、近代にその利用は拡大し、葬列が巨大となっていった。

そのため葬儀の人足は、日頃から専門的におこなっている者だけでなく、普段は他の職業をもちながら、葬儀になると人足として働く者もいた。さらにこうした人足をとりまとめる親方があり、人足請負業は親方を通して人足を集めたのであった（井上　一九八六・村上　一九九〇）。

ところが、明治中期になると大きな変化が起こる。全く別の業者であった葬具を貸し出す葬具貸物業と、葬具を運ぶ人足を扱う人足請負業が、明治十年代後半になると、両者を兼ね、葬儀全体を請け負うようになっていった。そしてその業者は「葬儀社」と称するのである。

東京では明治十九年（一八八六）に神田鎌倉河岸に東京葬儀社という会社ができ、葬具の賃貸と人足の手配をおこなっている（井上　一九八六）。当時の葬儀のマニュアルである『祝祭送迎婚礼葬儀準備案内』（可南子　一九〇五）は葬儀社についても述べており、「富豪（かねもち）の家なれば神田鎌倉河岸葬儀社東京博善株式会社か、左なくば東京葬儀社に調進させ、中以下の家になると最寄りの葬儀社に引受さする」とある。そして、この東京葬儀社などがあげられ、明治後半になると葬儀社の格付けまでなされるようになっていた。

大阪では、近世に武家、寺院の人足請負であり、明治維新後、葬儀人足の請負に転じた「駕友」が、明治十六年（一八八三）、葬具貸物業も兼務するようになる（鈴木　一九三六）。こうして葬具の賃貸と人足の手配を総合的に扱う「葬儀社」が誕生することで、葬具でも、人足でもなく、「葬儀」という儀礼を総体的に扱う職業が成立したのであった（山田　二〇〇七）。葬儀社は『東京風俗志』（平出　一九七一〈一九〇二〉）にもあるように、「昔の棺屋は発達して葬儀社となり、葬儀に入用なるいっさいの器具を初め、人夫などに至るまでをも請け負い、輿、喪服、造花、放鳥籠等の賃貸をもなせば、葬儀を盛にし易く、造花、籠鳥を列ねて豪華を衒《てら》ふ風、盛となり」というように、その誕生によって、葬具の賃貸や人足の手配によって葬列の手配も廉価となり、次第に豪華な葬列が庶民の間でも行われ、葬儀の肥大化に拍車を掛けることとなった（井上　一九八六）。

肥大化する葬儀　都市の葬列は、さまざまな資料等にもみられるように、たくさんの花筒、放鳥籠、造花等が多く連なっていた。これらのものは喪家が頼むのではなく、喪家と関係のある人が葬儀社等を通して贈るものであり、現在の供花などと同様である。葬儀で参列者が増えていくのと同じように、生花、造花の贈答が盛んになり、それがまた葬儀、なかでも葬列の肥大化に拍車を掛けていった。

造花の多くは蓮華《れんげ》の立花であった、蓮の花は紙を絞って花弁を作り、貼り合わせたもので、葉は紙を丸く型押しをして作り、竹籤を使って組み立てられ、足の付いた竹筒に挿してある。金赤、銀赤など赤い花で金や銀の葉のものもあった。これを対で使用するが、その代金の中には、自宅から葬儀場となる寺院まで運ぶ人足二人分の手間賃も含まれていた。葬列では、人足が晒し木綿を使って竹筒を首から下げ、肩に担いでいく。その他、牡丹や梅などの造花を挿した小型の手桶もあった。

図2　葬列の蓮花（『明誉真月大姉葬儀写真帖』）

また生花は、季節の花や枝を竹筒や手桶に活けたものであり、やはり対で贈答され、人足二人がそれぞれ運んでいった。さらに放鳥籠は、「はなしどり」ともいい、造花の付いた大きな竹籠を輦台に載せて担いでいったり、大八車《だいはちぐるま》に乗せていったりするもので、中には鳩や雀をいれ、葬儀式場に着くとそれを放して供養とするものである。やはり人足付きで依頼するものであった。

葬列には、造花などが少ないときでも七対、通常は一五対ほど付いたという（村上　一九九〇）。こうなると一般の葬列でも、輿や駕籠を担ぐ陸尺などもふくめると、四〇人程度の人足が葬列に連なることとなる。人足の手間賃は造花・生花を提供する側が負担するものの、その他に喪家では湯銭や菓子料、清め銭など人足への心付けを負担することとなった（藤田　一九七一）。

さて明治の葬儀でもう一つ負担が大きかったのが、

葬儀に配る弁当や菓子折であった。これは施行の一環として参列した人に配布するものであり、それに群がる貧民も多かった。そして不足することが恥ずかしいこととされ、その数を予測することも難しかった。たとえば画家河鍋暁斎の葬儀では、支出の大半が会葬者に配る引き物であり、当日分に限っていえば、費用の八割以上が焼饅頭六〇〇人分に該当したのであった（井上　一九八六）。当時の葬儀を批判する方寸舎によれば、近世には茶受菓子を出すこともなかったが、後に強飯《こわいい》を竹皮に包んで出していた。近来は竹皮包紙袋詰では恥ずかしくなり、隅切の折詰《おりづめ》の菓子になっていったという（方寸舎　一八九八）。先にも挙げた三つ組みなどの菓子を指している。

また引き物をあてにする貧民がやってきて「おとむらいかせぎ」がおこなわれ、菓子などをもらい、それを専門に買い取る業者もあり、売って金に換えていた（村上　一九九〇）。そして葬式に集まった貧民は、引き物が、なくなると悪口雑言を浴びせたという（井上　一九八六）。

明治の葬儀批判　明治の葬儀は、葬列や引き物などさまざまな場面で瀟洒になっていった。特に明治中期はこのような形の葬儀が最も盛んであった。こうした動向について当然批判をする人々も出てきたのである。

野口勝一「葬儀の弊風を改むへし」では、葬送は人事の終わりであるから孝子孝孫があらん限りを尽くして逝者（死者）に報いようとするのは自然であるが、物には定度があって近頃の葬式はそれを超えているという。酒食の饗応や会葬の返礼などに費用がかかり、「中産の家に在り一両歳間に父母の二葬を出すあとは家産は幾と傾倒せんとするの苦境に陥るへし」とのことであった（野口　一八九八）。こうした費用の増大は他にも指摘があり、葬儀での引き物について貧民のためにも用意することについて、方寸舎は「葬主の格別豊饒ならざる身を以てせば甚だ迷惑なことに非ずや」とその負担を慮っている（方寸舎　一八九八）。さらに堺利彦は明治三十六年（一九〇三）「葬式の改良」のなかで、「人死したりと聞けば何人も必ずまずその死を悼むと同時に、その家の物いり多かるべきを察して、気の毒の感を起こすのが常なり」また「はなはだしきに至ってはその死をいたむよりはむしろその物いりを悲しむなり」という（堺　一九七一a）。つまり明治の葬儀では、まず費用の負担が問題となっていった（井上　一九八六）。

さらに堺は葬列についても批判をおこなう。この「葬式の改良」はサブタイトルが「行列を作ってねりあくるのをやめよ」となっており、三つの理由を挙げて当時の葬列が必要ないことを示している。第一は道路の妨害、第二は会葬者の迷惑、第三は無益の費用がはなはだしいという。今の会葬者の多くが談笑喫煙、ほとんど物見遊山《ものみゆさん》の風があり、今の葬式の多くは虚偽虚飾だという（堺　一九七一a）。また「風俗改良案」によれば「道にこれ（葬列）会う人もまた、同情を寄せて敬意を表することなく、立ち止まりて見物すること祭礼の行列に対するがごとし」といい（堺　一九七一b）、明治の葬列がスペクタクル化していったのである。そのため白昼の挙行や回り道などがおこり、また病人を介抱しなかった看護婦が葬列のためだけに参列することなども起こってきたという（井上　一九八六）。

このような葬儀批判は基本的には、その立場において分をわきまえよということと、葬列や引き物、飲食など当時の葬儀は虚礼であり、浪費を戒め、その費用を生産につながるものに振り向けていくべきであるということであった。これは当時、日清戦争の戦勝によって大国意識が高まるとともに、国債発行の増税によって国民に倹約を強いていたことも背景にあった。また当時の東京においては勤め人などの中産階級が上昇志向によって従来の身分階梯を登りたいという欲求と欧化主義によって従来の慣習を非合理なものとして否定する相反した二つの志向も同時に存在していた（村上　一九九七）。

こうした葬儀の合理化の志向よって、造花・生花・放鳥等の辞退が主張され、新聞の死亡広告などでもその旨を述べるようになった。『東京日々新聞』の場合、明治二十三年が初出であり、それ以降急速にふえていくという。なかでも福沢諭吉《ふくざわゆきち》の葬儀の折には徹底してその旨が主張された（真杉　一九八五）。

葬列の廃止　すでに明治二十年代には造花・生花・放鳥の辞退はあるものの、葬列を廃止した葬儀がしばしばおこなわれるようになるのは大正期に入ってからである。その直接的な要因は思潮的な運動によるものではなく、生活環境の変化によるものであった。

明治期を通して人力車や馬車、さらには路面電車などが発達していき、路上での葬列の進行を難しくしていっただけでなく、こうした交通手段にしだいに慣れていった人々は長い距離を歩く習慣がなくなっていくことで、徒歩で葬列に参加する人が少なくなっていった。関係の薄い人々は途中電車などに乗って直接葬儀式場へ行き、葬列に連ならなかったのである。

とくに東京の葬列の衰微は、都市における墓地、火葬場の位置についても関係がある。一部の例外を除いて東京の市街地内（旧朱引内）での土葬は禁じられた。火葬も日暮里《にっぽり》、三河島《みかわしま》、桐ヶ谷、亀戸《かめいど》、砂村《すなむら》、代々幡《よよはた》、落合《おちあい》と市外にあったため、遺骸はいったん市外に出ることとなった。当時民間では土葬の方が好まれ、坐棺を使った貧者の火葬に対し寝棺を使った富貴の土葬という関係があり、土葬をする人は裕福で市外の寺院に広い墓地をもつ人であった。こうした人の葬列は、市内の喪家から市外の寺院までの長い行程とならざるをえず、交通手段に慣れた会葬者が葬列に参加しなくなるのは自然の成り行きであった。葬列の廃止や葬儀形態の変化が比較的上流から始まっていることの一因でもある（村上　一九九〇）。

そして行列の廃止がしばしば起こるようになるとともに、それでも葬儀式場となる寺院や斎場には移動する必要があった。そこで葬儀馬車なども使用されていたが、大正期になると霊柩《れいきゅう》自動車が東京や大阪、名古屋、京都などそれぞれの都市で独自に走るようになった（井上　一九八六）。

3　告別式の誕生

中江兆民の告別式　明治の葬儀が肥大化してしくなかで、従来の葬儀のあり方を大きく変える儀礼がおこなわれた。それは、「告別式」の嚆矢《こうし》とされる中江兆民《なかえちょうみん》の死に際しておこなわれた儀礼である。中江兆民こと中江篤介《とくすけ》は、弘化四年（一八四七）土佐藩の下級武士の家に生まれ、ルソーの『社会契約論』を翻訳した思想家であるが、あわせて政治家・新聞記者でもあり、また実業家でもあった。

中江は、明治三十四年（一九〇一）四月、大阪で咽頭癌で余命一年半と宣告され、わずか二ヵ月ほどで『一年有半《いちねんゆうはん》　生前の遺稿』（中江　一九八三a〈一九〇一〉）を書き上げた。これは中江のさまざまな主張をまとめたもので、当初は死後出版するつもりであったが、幸徳秋水《こうとくしゅうすい》が博文館《はくぶんかん》からの出版を設定し『一年有半』が刊行され、初版一万部を三日で売り切った。その後続刊を出そうとしてわずか一〇日ほどで書き上げたのが、『続一年有半　一名無神無霊魂』（中江　一九八三b〈一九〇一〉）であり、十月十五日に刊行された。これは題名のとおり唯物論であり、これもかなりの売れ行きを示した（村上　二〇〇一）。

その後中江は十二月十三日に癌による悪疫性衰弱で死亡する。こうした生前の遺稿が公表されており、無神無霊魂《むしんむれいこん》として葬儀をしないように遺言していたので、中江の死の様子は、世間の注目を集めることとなった。

火葬のみで宗教的な葬儀を拒否したわけであるが、結局、告別式と称する儀礼がおこなわれた。また中江は、医学発展のためには解剖をすべきとしており、死亡の翌日には解剖されることとなった。こうしたことが、刻々と新聞等で伝えられ、かなり人々の関心が高かったことがわかる。『読売新聞』（明治三十四年十二月十五日付）の死亡広告では、以下のようになっている。

中江篤介儀本日死去致候に付此段為御知申上候也

明治三十四年十二月十三日　男　中江丑吉　親戚　浅川範彦

遺言に依り一切の宗教上儀式を用ひず候に付来る十七日午前九時小石川区武島町二十七番地自宅出棺青山会葬場に於て知己友人相会し告別式執行致候間此段謹告候也　友人　板垣退助《いたがきたいすけ》　大石《おおいし》

正己《まさみ》

広告は死亡日時や葬儀日程を知らせるものであるが、式の開始時間ではなく自宅からの出棺時間が記されているのは、当時の葬送の参列の仕方が、喪家を出発する葬列から参列することが作法となっていたからである。

また当日の様子については『朝日新聞』（明治三十四年十二月十八日付）によると、「午前九時小石川区武島町の自宅より棺車に載せられ出入りのもの先駆をなし次に板垣伯大石正己の両氏次に銘旗《めいき》次に棺車棺側には伊藤大八、初見八郎、加藤恒忠、原田十衛、野村泰亨《のむらやすゆき》、幸徳伝次郎、原猪作等の諸氏之に従ひ次に嗣子及親族故旧等にて同十時に青山墓地会葬場に着す」という。『読売新聞』（明治三十四年十二月十八日付）では、「中江篤介氏の遺骸は昨日午前小石川区武島町自宅出棺」とだけあり、葬列についての記述はない。

すでに式場には各政党の領袖《りようしゆう》や政党員、両院議員、新聞記者など一〇〇〇人が集まっていたという。柩を式場正面に安置して開式となった。葬儀係伊藤大八より挨拶があり、そのあと板垣退助の弔詞、大石正己の演説、門生総代野村泰亨、土居通豫の弔詩、伊藤茂右衛門の弔歌、小石川協和会長伯爵澤宣嘉（代読）、懇和会長添田寿一（代読）両氏の弔詞があった。つまり弔詞（弔辞）、弔歌、弔詩と死者への哀悼と告別をのべることが告別式の中心であったことがわかる。

そのあと、嗣子および親族、会葬者一同の「棺前告別」をして、嗣子丑吉と親族浅川範彦による会葬者への挨拶で閉式となった。その後、柩は棺車で桐ヶ谷火葬場に送られ火葬された。『朝日新聞』

の結語は「一代の奇人は前古無比の奇式に依りて茲《ここ》に無神無霊魂説の実行をなし訖《お》はんぬ」と閉じている。ちなみに『読売新聞』では火葬場が世田ヶ谷と異なっているが、結語はまったく同じである。

こうしてみると兆民の告別式はそれぞれの要素で工夫されていた。まず葬列はおこなわれており、先駆け、銘旗、棺車、遺族の順である。当時の葬列から宗教的な道具が取り除かれている。死亡広告では「生花造花を謝絶」する記述はみられないが、葬列に連なった記述もないことから、なかった可能性が強い。さらに棺車とは霊柩人力車であるが、これは明治初期に葬列ができない貧民に利用されたものであり、駕籠や輿を利用した葬列とは異なり、従来の葬儀を否定する志向をもつものでもあった（井上　一九八六）。こうしたことからも当時の宗教的と思われる要素を葬列でも排除していたと思われる。

さて告別式も特徴がある。当時の通常の葬儀プロセスは、先にも述べたように、基本的に自宅通夜、喪家から出棺をして、菩提寺《ぼだいじ》に向かい、葬儀式をおこなってその後火葬場に向かう。すると兆民の場合は、宗教的要素を取り除いた葬列をおこない、寺院の代わりに青山葬儀所を式場とし、読経の代わりに弔詞（弔辞）、弔歌、弔詩などを読み、参列者の焼香の代わりに棺前告別がおこなわれたのであり、葬儀式の順序や枠組みは当時の葬儀と大きく変わるものではなく、当時の葬儀から宗教的、つまり仏教的な儀礼を取り除いたものであった。

このなかで棺前告別とはどのようなものであったのか。これについては、幸徳秋水『兆民先生』のなかに、「皆柩前に敬礼して散ぜり」とあり（一九〇二）、棺の前に出て敬礼したことを記しているが、これも通常の仏式の葬儀が焼香をするために棺前に出て焼香する代わりに、棺前に出て敬礼となったのであろう。

中江の無霊魂主義と葬儀　中江は霊魂などはないとする自らの宗教観にもとづき、いっさいの宗教的儀礼を否定していた。すでに『一年有半』においても墓のあり方などを批判し、法令でいっさいを火葬となし、祭祀には家に遺骨を置いて写真画や油絵を祀ればよいとして、その余は海中に投棄し、墓の不要をも主張している（中江　一九八三a〈一九〇一〉）。

こうして、死者に対する追慕のあり方なども含め、政治、経済、社会に対する痛烈な風刺をした中江は、『続一年有半』では、まず理学者として無仏、無神、無精魂となる物質的学説を主張し、さらに唯物論的な死生観を主張した。すなわち、肉体と精神を薪と炎の関係にたとえて、精神は身体の作用によって現れるのであり、薪を燃やしたとき現れる炎のようなものであり、実体をもつものではない。身体を構成する元素こそ実体であり、元素は離合集散を続けながら無限に存在するから、逆に身体こそが無限であり続けるとする（中江　一九八三b〈一九〇一〉）。こうした唯物論的な主張は目新しくはないが、中江の行動や品性の基礎となる信念の表白としては思想界一般の敬重に値するとして（無縁生　一九八三〈一九〇一〉）、『一年有半』とは異なり厳しい批判をもって迎えられたという（村上二〇〇一）。

つまり、無霊魂の主張を全うするために、中江は自らの死後のあり方にも当然こだわったのである。板垣の言によれば、「君に無葬式の遺言ありと聞く、吾人は自己の自由を妨げられざる限りは之を浮世の御附合と観念すべし、生きてある内は頑々云うも可なるも死後の事は妻子の情に打まかしては如何と、氏聴かず石盤に書して曰く否々励行々々、余は余の言を適当と思へど痛苦中の氏に対して強て争ふも本意ならず」とあり、中江は無葬式にこだわった。夫人もこのことで親友協議を望んだが、これは妻子の決めることとして、よく議論し、それでも聞かないときには、人間最後の安心は最も快楽なるものととらえ、氏の言をうけいれるようにいった。そして夫人が意を決して遺言のとおりするというと、中江は納得したという（板垣　一九八六〈一九〇一〉）。板垣は葬儀については友人たちよりも、遺族の意向や故人の遺言が優先されると考えており、これについて、『日本』（明治三十四年十一月二十一日）の「落葉片々」の投書は「無神の兆民が死後まで自分の主張を通すことがあるもんか。強いて主張を通さうとするなら兆民は死後までのイラナイ世話を焼く男ダ、無神主義には似合わない未練ダ」と批判している。

つまり中江は自らの主張が、自己の葬式に実現されることに執着した。「告別式」は、自己の最後において無葬式にこだわる兆民と、何らかの形で葬式をおこなおうとする遺族友人の妥協の産物であった（村上　二〇〇一）。

兆民以降の告別式　兆民のおこなった告別式は、現在でいえば、いわゆる無宗教葬である。こうした告別式がすぐに一般に普及したわけではない。告別式の動向を調査した村上の分析によれば、大正九年（一九二〇）七月から九月の三ヵ月に『東京朝日新聞』に載せられた東京の葬儀一〇二報のうち、全体の三分の一にあたる三十二報が告別式という表現を使っており、そのうち二十七報が自宅での告別式であるという。また三十二報のうち仏式が九、神式が六、キリスト教式が二であるが、仏式の五、キリスト教式の全ては郷里で本葬をおこなう前の仮葬としておこなっているという。本葬として告別式をおこなっている人をみると、理学博士・工学博士・検事など高学歴の人が多いという（村上　一九九〇）。

ところが、大正十三年（一九二四）の場合、告別式は六十四例、全体の七七％にあたり、その式場は寺院や教会などの宗教施設が十八例、自宅が二十八例、斎場が十八例である。そして大正十五年になると四十六例中三十九例が告別式という言葉を使っており、告別式が大正期をとおして東京に普及していったことが分かる（村上　一九九〇）。

大正九年（一九二〇）の広告をみると、告別式を本葬としておこなっている例に大学関係や法曹関係など高学歴者が多いのは、伝統的な葬儀に批判的な層に受け入れられていったのだという。そして一般の認識としては、東京に寄留している者が郷里で本葬をする前に東京でおこなう仮葬ぐらいのものであったとしている（村上　一九九〇）。

大正年間に告別式が浸透していったひとつの例として、日本郵船副社長であった加藤正義夫妻の葬儀についてみてみたい。大正二年（一九一三）に菊江夫人の葬儀がおこなわれているが、このときは葬列は廃止しているものの、青山斎場において仏式の葬儀がおこなわれている。しかし大正十二年（一九二三）の正義氏の葬儀では青山斎場で告別式がおこなわれている。わずか十年の間で同じ会場で告別式に変わっているのである。その告別式は、まず青山斎場で葬儀がおこなわれていることが

『浄信院大徹正義居士葬儀之図』にみえ、そのあとで斎場の椅子を片付け告別式となり、遺族が祭壇向かって右側にならんで、焼香する参列者に対して答礼をするようになっている。ここでは無宗教ではなく仏式で、告別式では焼香をおこなっていたのである。

そこで気になるのは大正九年（一九二〇）の段階で、本葬でおこなった告別式二十五件のうち十件が仏式・神式の告別式であったことである。つまり批判的な層から広まったとはいえ、本来宗教儀礼を排除するのが告別式の目的であったが、いつの間にか宗教形式の告別式となっていったことである。新聞広告の中には、わざわざ仏式告別式、神式告別式といっているものもあり、それは通常の葬儀から一般の拝礼部分を独立させたものであった。つまり、既存の宗教儀礼を排除するかたちでおこなわれ始めた告別式は、浸透するにしたがいしだいに宗教葬における弔問部分の独立という形態に変容していったのである。さらにそのイメージは従来の葬儀に変わって洗練した儀礼と捉えられていたようである。

自宅告別式へ　大正末期になると、東京では関東大震災を経て、葬儀の簡素化の考え方も広まり、実際に葬列をおこなうことも不可能になった。庶民も告別式形式の葬儀をおこなうようになると、会葬者の大部分が同じ地域に住む庶民の場合、葬儀式も告別式も通夜に引き続いて喪家でおこなった方が「合理的」であった。当時の告別式は現在の自宅告別式とは異なり、喪家の家族が焼香する儀式（葬儀式）とその他一般の会葬者が焼香する儀式（一般告別式）の二つを続けておこなうものではあっても、明確に区別していた（村上　一九九〇）。

よって告別式は、浸透するにしたがい、死者を共同体が送り出すものから、しだいに死者との別れを告げるのみの儀礼となっていった。当初の告別式は科学主義的な近代の特徴がみられたが、それが一般に普及していく際には、徹底した無神論ではないまでも、他界の存在は容易に肯定しがたいものと次第になっていったとも思われる。

弔辞と死者の顕彰　兆民の告別式は、宗教儀礼の代替として弔詞三本に、演説、弔詩、弔歌などが中心的構成要素であった。しかし通常の葬儀の中でも読経などの宗教儀礼に加えて、宗教者ではない一般人による弔辞（弔詞）など「死者に対する言葉」が述べられるようになっていた。

こうした弔辞は、国葬や市町村の公葬、また学校葬や社葬といった、喪家や地域共同体以外が中心となる葬儀においては特に重視されていた。それはこれらの葬儀が死者の生前の功績を讃え、死者顕彰をおこなうことが主要な目的となっていったからである。

とくに日清戦争以降、第二次世界大戦まで、多くの戦死者の葬儀を公葬をもっておこなうことで、葬儀が死者顕彰の場として機能していった。そしてそのことを、広く人々に身近なものとして認知させることにもなった。さらに生前の功績、特に戦功を讃えることによりその死が国家への功績として位置づけられていき、戦争への動員と士気高揚にもつながっていった。

たとえば、明治二十七年（一八九四）、日清戦争で戦死した広島県芦田郡広谷村出身の兵士の場合、仮葬儀ではあったが、村をあげての葬儀として村長以下役場吏員、議員はじめ、村民総出でおこなっている。葬儀式自体は喪家の宗派の読経だったが、村内すべての寺院も参列した。そのあとで村を代表して村会議員や小学校生徒総代をはじめ五人の弔辞がおこなわれている（檜山　二〇〇一）。
また愛知県幡豆郡の戦死者の葬儀についての記録では、少なくとも六本、多いときには二〇本を超える弔辞が奉読されている。幡豆郡御鍬村のある兵士の葬儀では、県知事（代読）、郡長、収税署長、県会議員、赤十字社員、御鍬恤兵会委員総代、僧侶二名、三ヵ村の村長、村会議員総代、二名の村内有志者に常役委員と、弔辞だけで十五名に及ぶ。戦死者の葬儀はいずれも神式や仏式であったものの、数多くの弔辞によって死者の戦功が讃えられ、死者が顕彰されていったのである（檜山　二〇〇一）。

もちろん弔辞が一般化する以前から、仏式の葬儀では僧侶による歎徳文《たんとくぶん》や諷誦文《ふじやもん》、引導などにおいて、神葬祭では斎主によって誄詞《るいし》、祭詞《さいし》において、キリスト教式の葬儀でも聖職者によって、死者の生涯について述べ、ときには讃えることはあった。だがそれはあくまでも宗教儀礼の一環として新たな存在として死者を送りだし他界へ位置づけるための前提であった。

それに対し、近代以降の弔辞は、宗教者ではなく世俗の人々により生前の死者の功績を讃えるということに焦点が移っていく。つまり葬儀において死者の事績を顕彰し、その人格と個性が強調され、残された生者の中に構成されていく。特に戦死者の場合には、死者の功績を国家という現世の組織に位置づけることによって死の意味がみいだされていった。つまり弔辞における死者顕彰は、葬儀の場を死者の来世への変換よりも、現世での生涯の決着という方向に向けていく点では世俗化の様相をはらんでいる。さらに死者顕彰は近代における葬儀の個人化の方向性をも創り出す一つの要因にもなっていったと考えられる（山田　二〇〇四）。

4　墓地法制の成立と民俗

神葬祭と墓地　明治維新後、神道国教化政策がすすめられていくなかで、神葬祭は神職だけでなく一般にもおこなわれるようになっていった。そのため、神葬祭用の墓地の需要が高まっていった。だが、従来は仏式葬儀が基本であり、なかでも東京ではほとんどが寺院境内の墓地であったため、神葬祭用の墓地がなく、その埋葬が問題となっていた。

明治政府は明治二年（一八六九）、神祇官や神官、および随行の華族百官の墓地として、東京府下に新たに神葬地を設けることを決定した。それが青山百人《あおやまひゃくにん》町続足シ山と渋谷羽根沢《しぶやはねざわ》村の神葬祭墓地である。さらに明治五年には、従来の二ヵ所の他、青山元郡上邸跡、雑司ヶ谷《ぞうしがや》元鷹部屋《たかべや》跡、上駒込《かみこまごめ》村元建部邸跡、深川数矢町《かずやちょう》元三十三間堂《さんじゅうさんげんどう》跡の四ヵ所が加えられ、その管理は神社の神職がおこなった（森　一九九三）。

前節でも取り上げたように、明治六年（一八七三）七月には火葬禁止令が出された。当初、火葬禁止による墓地不足で、東京府下の寺院境内地を墓地にするようにとの太政官達が七月二十八日に出されている。しかし、大蔵省は太政官に対し、都市計画の観点、つぎに遺体の埋葬による悪臭や墓地の散在による都市としての不体裁、さらに奸僧《かんそう》による町地同様の賃貸借による賦税《ふぜい》の不均衡により、府下近郊における従来の寺院墓地への埋葬禁止を求めた。そこで太政官は急遽八月八日に前記の達を取り消し、「府下寺院内一般墓地ニ相定候儀伺出ノ上許可候処右ハ取消シ向後従前ノ墓地ト雖モ朱引内ハ埋葬禁止候積ヲ以別段朱引外ニ於テ相当ノ墓地相撰大蔵省へ可申出此旨相達候事」と、火葬禁止のうえに、さらに朱引内という東京の市街地での埋葬が禁じられた。これによって、東京では郊外の墓地にしか埋葬することができなくなった（森　一九九三）。

さらに明治八年（一八七五）に火葬解禁となった後もこの原則は変わらず、土葬の場合には郊外の墓地を用意しなければならず、また火葬の場合にもいったんは朱引外の火葬場に行かなければならなかった。土葬の場合は市街地から長距離を葬列で進まなければならなかったこともあり、貧者の火葬、富者の土葬という図式ができあがっていっただけでなく、その後の大正期の葬列廃止の遠因にもなっていった（村上　一九九〇）。

朱引内の埋葬は禁じられたが、従来の神葬祭墓地だけは埋葬が可能となった。そして教部省達第十七号によって神葬祭用の墓地が供用され、谷中天王寺《やなかてんのうじ》、小塚原《こつかっぱら》旧火葬地、亀戸出村羅漢寺の東京府下九ヵ所に増加していった。ところで、当初神葬祭専用墓地として発足したものも、明治十三年（一八八〇）以降は神葬祭といえども専用の墓地は認めず、新設の墓地はすべて「共葬墓地」となっていった（森　一九九三）。これは明治政府の墓地政策が宗教との分離に傾いていったことと関連する。以上のように現在ある青山墓地や雑司ヶ谷墓地、染井《そめい》墓地など、東京の公営墓地の多くは、神葬祭墓地を起源とするものだったのである。

墓地の概念の成立　こうした神葬祭用墓地が作られていく一方、近代になり、多様であった墓地に対し政府の規制がかけられていく中で、しだいに墓地の概念が形成されていった。

明治の初めから次々と出される墓地法令は、最終的に明治十七年（一八八四）の「墓地及埋葬取締規則」に集約されていく。それ以前から政府の指令、各都道府県との伺いとその判断という形式で当時の政府の墓地に対する概念が形成され、規制が生まれてきていた。

まず墓地の規制は、明治五年八月晦日大蔵省達第一一八号「人民所持ノ耕地畦際へ擅ニ遺骸ヲ埋葬致シ候者有之趣以ノ外ノ事候事自今可為厳禁事」であり、さらに同年九月四日大蔵省達第一二六号「地所売買譲渡ニ付地券渡方規則（追加）」において「墓所地ハ従前ノ通無税地ト可致事」と規定され、耕地畦際の埋葬の禁止から「墓地のあるべき姿」を投影し、墓地を無税地にするためには、範囲を確定しなければならなかった。よってこの二つの規定はその後の明治政府の墓地政策の出発点となったという（森　一九九三）。

そして墓地は、「清き土地」に定めるものであり、その土地は「永久の潰し地（永久墓地）であり、死者の住処」であり、「祖先祭祀の場」であるという認識が、当時の政府にはあった（森　一九九三）。

こうした状況は、以下のような規制の中からうかがえるという。前にとりあげた明治六年（一八七三）の火葬禁止における土葬墓地の設置に対して、大蔵省が太政官に対して出した伺いの一部である。大蔵省は、東京府下の寺院境内地を墓地にするという太政官の方針に対して、都市計画上や衛生上、課税の不均衡などの理由から反対することは、すでに述べたとおりである。そして墓地について「元来墓地ノ儀ハ外ノ潰地ト違ヒ永世可起返目途無之潰地ノ儀ニ付」とあり、さらに「埋葬地所所々散在ニ相成居堀替エ候様ニテハ人情ヲ破リ衆言ヲ来シ其弊更ニ火葬ノ比ニ無之残酷ノ処分有之ヘク」と、墓地が所々にあり、都市計画によってそれを掘り返すことは、人情を破り多くの議論が出て、その弊害は火葬と比べられないような残酷な処分であるとして、墓地の掘り返しを禁じていた。また愛媛県布達一六四号、明治六年十二月二十八日のものでは、「凡埋葬の壙ハ死者無窮の家屋なれハなるへく動き無きように心を尽し、やもう得すして合葬するものハ身寄或は朋友に托し遺骨を毀ふことなかるへし」と墓を死者無窮の家屋とみなし、遺体の損傷を恐れていることがわかる。さらに埼玉県での論達「埋葬地ノコトニ弊習アリ因テ之ヲ論達ス」では、「墓石ハ寺院境内等へ建置埋葬地ハ除地或ハ貢租適宜ノ地ニ一穴ヲ設ケ、其村ノ旧習ニテ数十戸親子兄弟自他ノ分チナク死屍ヲ投ゲ捨ルハ、犬猫ノ体骨ヲ捨ルモ同ジ取扱ニテ実ニ人情ノ忍ハサル所ナリサレハ（略）貧富分ニ随テ木石ヲ撰マス、埋葬ノ地ニ墓シルシヲ建尊敬追祭シ、決テ前ノ如キ宜シカラサル執行致ス間敷事」という。これはいわゆる両墓制《りょうぼせい》地域の墓制について、死者の区別なく死体を投げ捨てる（埋葬する）ということで、動物の死骸を捨てるも同然で人情の耐えがたいこととしており、こうしたことをやめて埋葬地に墓標を建て、祭祀をするよう告諭している（森　一九九三）。

清浄な地における永久墓地という、当時の明治政府の概念は、従来の多様な墓の民俗も取り締まりの対象となっていった。とくに、屋敷墓地や両墓制地域、沖縄の洗骨《せんこつ》改葬などは、政府の墓地の概念と異なっているが、それに対してときには状況的な対応がなされている（前田　二〇一〇）。ただし、多くの墓地の形態は法令の影響を受けてその後形成されていったものであり、墓制の統一化、平準化がおきていったのであった。

墓地規制の到達点　さまざまな規制が明治初年から出されていたが、ついに明治十七年（一八八四）には太政官布告第二十五号「墓地及埋葬取締規則」が発せられた。これは「人間の死をとりあえず宗教から切り離し、国家行政の管理下においたもの」であり（森　一九九三）、基本的には公衆衛生的な観点からの取り締まりである。

墓埋行政を宗教上の問題から切り離したのは、官幣社以上の神官の葬儀への関与の禁止、明治十七年の教導職の廃止、また教導職廃止による「自葬禁止」の解禁の流れをうけ、神道国教化政策が転換していった流れに沿ったものであった。ただし、取締規則第七条は「凡ソ碑表ヲ建設セント欲スル者ハ所轄警察署ノ許可ヲ受クベシ」と、死者の履歴等を彫刻する碑表については警察の許可が必要というもので、これは治安維持上の規制であり、制定過程において、他の規定と著しく均衡を欠くとして問題となったが、修正され残ったものである。こうした点でこの取り締まりは、公衆衛生と治安維持の二つの側面をもっていた（森　一九九三）。

また国家による死の認定自体も統一的な基準でなされるようになり、現在にも通じる埋火葬のプロセスが規定されていった。第三条は、死後二十四時間を経過しないと埋火葬できないというもので、いまでもこの規定は重要であり、葬儀日程を決める上で大きく影響する。さらに第四条は区戸長の認許証がないと埋火葬できないというものであり、死亡手続きの統一化を図っている。そこでは死の認定を国家から資格を与えられた医師がおこない、医師の発行した「死亡証書」にもとづいて埋火葬の許認証を区戸長が発行するというシステムができたのである。

ちなみに医師の関与は明治七年の医制四十五条で、治療中の患者が死亡したときには病名や経過、死亡原因を記し医務取締に提出することが規定され、墓地及埋葬取締規則とその方法細目標準では、医師等にかからずに死亡した人や胎児については郡区医の検案が必要になった。そして死亡届や死体検案届を受理した郡区役所が発行する埋葬免許証を「寺院住職又ハ墓地監者」へ提出しないと埋葬は許可されなくなる（新村　一九九九）。こうして死亡確認が医師の手に移り、国家による死の管理が徹底するだけでなく、ときには死亡診断を受けるために医師にかかるという逆転現象も起きるようになった（波平　一九九六）。

公園墓地の成立　これらの規制により、墓地は個別の設置を許されず、一ヵ所に集めて設置する共同墓地が推進されていった。とくに東京では人口が集中し都市が拡大する中で、墓地不足が生じており、都市計画を踏まえた墓地の設置が必要になってきた。

日本初の公園墓地は、大正十二年（一九二三）四月に部分開設された多磨《たま》墓地であった。これは東京市公園課長の井下清が中心となって作ったものである。井下によると、ドイツ語の「風景霊園」の俗称として「公園墓地」の資料をあつめ研究にかかったのは、東京の共葬墓地が一坪の余裕もなくなった大正七、八年のことである。イタリア式の建築美術的風景墓地ではなく、自然の粛然たる風光を主とするドイツ・オーストリア式の風景葬地観念にわが古来の習俗を調和させてまとめた試案を、東京市政調査会創設の核心であった東京市助役池田宏に認められ、都市計画事業として実施されたという（井下　一九七四）。

多磨墓地は、敷地の三分の二が天然の赤松の疎林と大規模な道路系統、区画の隅々に残した植え込みであり、実質的な墓地面積は残る三分の一であった。さらに同一区画を道路幅に合わせてそろえ、盛土、囲障、墓碑の高さの制限を設けたことで、いまでは一般的である公園墓地のモデルとなっていった（井下　一九七四）。

井下自身が言うところでは、「毀誉褒貶半ばすると言うよりは当局の非常識に呆れたという風な見方が相当にあった」といい、当時としてはなかなか受け入れられなかった。しかし、開設後半年足らずで関東大震災が起こり、市内下町の寺院墓地が全滅となり、その後の区画整理事業において墓地の移転が起こり、多磨墓地が使用されるようになった。昭和期になると多磨墓地も七割を満たすようになり、昭和八年（一九三三）には千葉県松戸市に八柱霊園が設置された。さらに同年、横浜市に日野《ひの》墓地、昭和十五年（一九四〇）には大阪市に瓜破《うりわり》霊園、十六年（一九四一）には大阪市に服部《はっとり》霊園、千葉市に千葉墓地と首都圏、大阪都市圏に公園墓地が設置され、井下の公園墓地の発想がその後の大規模霊園のモデルとなっていった（槇村　一九九六）。

井下は霊園だけでなく、都市の葬儀関連の施設の設計もおこない、たとえば東京で初の公営火葬場である瑞江《みずえ》斎場も設計した。これは、江戸時代以来の火葬寺につらなる歴史的経過から、東京では民営の火葬場だけであった。さらに流動性の高い都市における利便性や土地の有効利用の視点から、染井霊園には祖祀堂という納骨堂も作ったのであり、こうした現代の葬儀関連施設の基礎を作りあげていったのである。

5 祭壇中心の葬儀へ

自宅告別式の普及と祭壇 昭和初期に成立した自宅告別式は、葬列を行わなくなった東京などの都市部の葬儀形式として広まっていった。葬儀の中心的儀礼が葬列から告別式に移行していき、告別式が社会的に喪が発する場となったことで、参列者がもっとも集まり、人の目を意識するようになっていった。

そこで、告別式の普及と同時に、葬儀の中心となる祭壇がしだいに浸透していった。このときは白い布をかけた白布祭壇が使用されはじめたが、人が見ることを意識して段が組まれ、祭壇の段の数とそこで使用される道具の調整によって祭壇のランクができていった（山田　二〇〇七）。

たとえば、昭和十年（一九三五）に創立された東京葬祭具商業組合の製作した『飾付写真帖』（昭和十四年発行）は、祭壇の写真カタログである。ここには仏式葬儀の部として十一種類の祭壇、神式葬祭の部として五種類の祭壇がある。また、参考として木製祭壇の写真があり彫刻祭壇がすでにあったことがわかる。そしてそれぞれの値段が設定されている。仏式の十一段階は、祭壇の段数によって比例し、一号が並一段で二八円、二号は並二段三八円となり、三段、四段、五段は上中並とそれぞれあり、合わせて十一号となり、最上の上五段は四五六円である。こうした総額は、棺や位牌《いはい》、香炉、四《し》

図３　自宅告別式

花《か》など個別の道具の単価を積算したものとなっている。
以上のような白布祭壇が段の数によって上位になるにしたがい、それに組み合わせられる棺も高級なものになっている。例えば、一号の並一段は縦板正五分の板材の寝棺であり、六号の並四段までは同様であるが、七号になると尺二正六分と、棺の高さが一尺から一尺二寸となり、板の厚さも六分とよくなっている。八号は縦板正八分となり、九号は縦板正八分上棺であり、一〇号は縦板正一寸二分上棺としだいに変化している。こうして祭壇を基準として葬儀の諸道具が連動して決まり、さらにそれが葬儀規模に結びついていったシステムがほぼ昭和初期にできあがっている。このシステムは、戦中の物資の不足時代は、十分に機能しなかったこともあったが、戦後になるとまた復活し、一般に普及していくことになったのである（山田　二〇〇一）。

白布祭壇の特徴　白布祭壇は棺の前に置かれる位牌や供物《くもつ》や道具をおくための台として発したものであり、それを高さを変えて段にして体裁を整えてきたものであった。上記の

図4　白布祭壇「上三段」(『飾付見本帖』)

『飾付写真帖』の一号一段は、棺の前に机一つに位牌、ケソク一対、線香立て、花立て、焼香炉、燭台、枕花(蓮華)であり、枕飾りに蓮華やケソクが付いたものだけであり、祭壇の原型をうかがわせるものである。

比較的よく使用された三段の場合、最上段に位牌を納める宮型の位牌堂、シカバナ、春日《かすが》灯籠《どうろう》、曲物台の水器などであり、中段にケソクやお膳、天目《てんもく》の茶湯器、下段はくり物燭台、香炉、枕行灯などであり、高欄がおかれることもあった。『飾付写真帖』では、春日灯籠の代わりに小型のぼんぼりが用いられているが、他はほぼ同じで、並から上にいくに従って道具の使用が多くなっていったり、造花などの道具が加えられていったりした。ただし三段の祭壇にしても、位牌に灯明やケソクなどの供物といった道具立てであり、装飾性はほとんどなかったのである。

さらに戦前の段階では、最も奥においた棺は大正期まで使用された白木の輿《こし》に入れられることもあった（口絵参照）。輿が用いられない場合には、棺に棺掛けをかけて安置された。祭壇最上段から見えるようにおくため、祭壇が高くなると棺を安置する棺台も高くなり、祭壇を飾ると出棺まで、棺の中の遺体に対面することはなかった。

祭壇の多様化　白布祭壇は戦後しばらく昭和三十年代まで祭壇の主流であったが、東京の問屋業者によって「棺かくし」といわれる祭壇道具が開発され、これが全国にしだいに普及し、いまではほとんどの祭壇が使用するようになっている。

輿を使わない場合、棺が正面に見えており、そのままその前に位牌堂を飾っていたが、棺の前面を覆う衝立状のものが考案され、最上段に飾られるようになった。これを従来の輿に代わるものということで、「半輿」や「飾り輿」ともいった。それに対し以後棺を納めることができる輿を「本輿」というようになった。しかしこの棺かくしは、白木の聖殿として定型化していき、しかも移動を前提としないため、さまざまな彫刻や意匠が凝らされて、衝立状のものから独立した宮殿のような形態になっていった。さらに高欄や階段なども設置されるだけでなく、両側に灯籠やさらに両袖の部分に松の木の模型が副えられているようなものもあり、意匠としては乗り物ではなく建築物としての形態になった。さらに、祭壇メーカーの商品名も「錦殿」、「豊徳殿」、「光照殿」などと建築物を意味する名称がつけられるなど、完全に聖殿化していった（山田　二〇〇七）。

また祭壇の段自体も大きく変わっていった。戦前からの白布に代わって、金襴をかけた祭壇が発売され、高級感を売り物とした。さらに高度経済成長期を迎えると、従来の布掛け祭壇に代わって、布を用いず、段の本体部分を彫刻が施された板で構成した「彫刻幕板祭壇」が祭壇の主流となっていった。彫刻幕板祭壇には、花鳥や羅漢《らかん》像、天女、二十四孝の図案などおもに仏教建築のモティーフが取り入れられている。

いっぽうで幕板部分を障子格子にした蛍光灯式格子祭壇も開発された。彫刻された幕板は無垢《むく》材で手間もかかり高価なため、障子格子にしてレリーフを張ることで、安価に大量に生産できるため、その後の主流となり、祭壇といえば電飾のついたものというようになる。

さらに高級化を意図し発展させたのが、寺院の須弥壇《しゅみだん》を模倣した須弥祭壇や須弥型祭壇であり、下段の部分にくびれを入れ、須弥壇の形態にしている。須弥壇は仏教における理想の世界観を象徴するものであり、須弥型祭壇は、最も精巧にできており、高級なものとして流通している（山田　二〇〇七）。

祭壇の性質　大正期までは葬列が葬儀の中心的存在であり、死を社会的に公表するだけでなく、『東京風俗志』で「葬列は貴賤によりて一概ならず」というように死者や喪家の社会的な身分や階層と密接にかかわっており（平出　一九七一〈一九〇一〉）、とくにそのシンボル的存在である棺や輿の種類と連動していた。

しかし葬列が行われなくなり、その代わりに霊柩車が使用され始めた。特に宮型霊柩車は、葬列を組むことができない下層民のために、葬儀の簡便化を目的として登場した棺車のデザインを受け継いだものであり（井上　一九八四）、葬列に代わって多様な社会的地位を表象し、人々の間に現実の社会秩序を構成する性格をもつものとしては不適格で、逆に階層や地位の相違を覆い隠す機能を果たしたのであった（山田　二〇〇七）。

図５　白木の祭壇

そこで、葬列に代わって人々を家に呼び込む儀礼として普及した告別式に、死を社会的に表示する性格が移っていった。かつて輿や棺が死者の社会的身分を表象し、社会秩序と関連づけられたように、祭壇にも装飾が加えられ、豪華になると同時に多様な種類をもつようになり、現実の社会秩序を人々に認識させる表象となった。ただし、告別式における祭壇の多様性による社会秩序や社会的地位の表象は、経済力という要素が中心であり、戦後の高度経済成長期によって経済的な側面が重視されるようになったことと密接に関連があったと考えられる。

こうした社会的性格とともに、祭壇は儀礼的空間を通して死のリアリティーを構成していった。祭壇は昭和三十年代以降、大きな変化を遂げていった。最上段には棺かくしや飾り輿ともいわれる、実際には移動を前提としない聖なる宮殿がそびえ、その前には位牌や遺影が須弥壇型の台に安置され、その周囲には六灯や多宝塔《たほうとう》、五重塔《ごじゅうのとう》などの形をした灯籠が所狭しと林立し、蓮華座の台の上には供物が積み上げられる。祭壇の幕板や道具には、天女や龍、花鳥などが彫り込まれ、色とりどりの蛍光灯やネオン、電球が赤や青、緑色に輝いている。さらに須弥型祭壇にいたっては、死者は寺院の本尊が安置される須弥壇上に据えられるようになった。しかも棺は祭壇の前に置かれるようになったのである。

つまり白木祭壇は、祭壇それ自体が仏のいる浄土、死者のおもむく他界を作り出すこととなった。須弥壇は仏教的な世界観を象徴するものであり、その壇上におさめられることで、仏浄土の仏と死者が一体化をイメージすることとなり、死者が他界にすでに存在するかのようなモティーフを構成しているのである。

葬列の時代には、死者が旅立っていくというモティーフを見いだし、死の意味づけを構成しえたものと考えられる。しかし葬列が廃止されると、中心的儀礼となった告別式で、祭壇を飾ることで他界を顕現させ、死者をその中心に置くことで死者の他界での再生というモティーフを創り出し、死のリアリティーを構成していった。その結果、祭壇は死者のいる他界そのものの表象となり、より立派な祭壇はより理想化された浄土を連想させることとなり、死者の冥福を表現しようとする心理がこれに拍車をかけ、高度経済成長期に葬儀用品問屋や葬祭業者によって商業ベースに乗り、祭壇は肥大化していった（山田　二〇〇七）。

6　葬祭業の産業化

葬祭業の再編　葬祭業は、明治期に「葬儀社」が誕生し、しだいに浸透していき、葬儀のさまざまな場面で利用が進んでいった。しかし戦争を機にしだいに物資の統制が進んでいくようになると、葬儀にかかわる物資もしだいに入手が困難になっていった。さらに昭和十八年（一九四三）七月には商工組合法の施行により、あらたに統制組合（もしくは施設組合）が葬祭業者および葬具の製造、販売業者で組織され、棺用木材、釘、紙、繊維品などの資材の統制がなされ、組合を通しての配給となった。このような状態は昭和二十一年（一九四六）に商工組合法が廃止されるまでつづいていく。しかしこうした統制は一方で業界の組織化の流れを作っていった。特に戦後、事業税にかわる付加価値税が実施され、葬祭業にも高率の課税が行われようとしていた際、政府との交渉の窓口として業界団体組織の動向が進んだ。そして昭和三十一年（一九五六）に現在の葬儀専業の業者の業界団体である、全日本葬祭事業協同組合連合会が創設された（全葬連二十五年史編纂委員会編　一九八二）。

一方、冠婚葬祭互助会は、一定額の掛け金を積み立てると葬儀や結婚式などにおいて一定の物品や役務の提供を受けられるシステムで、割賦販売法にもとづく「前払特定取引業」とする通産省認可の事業である。この冠婚葬祭互助会は昭和二十三年（一九四八）に横須賀市ではじめて発足したもので、創業者の前業は葬祭業であり、戦後になり結婚式や葬儀を「盛大かつ厳粛にしかも簡易に行う」ためには「生活の改善を行う」必要があると会の趣旨を掲げ、一定の金額を十年間積み立て、入会後半年から一定のサービスを受けることができるという仕組みを作った。一口十年間二四〇〇円の特別会員と一八〇〇円の一般会員があり、結婚式は特別会員の場合には、貸衣装（留袖）かつらもしくは結髪化粧着付が無料。普通会員は婚姻に関してではなく、葬儀は特別会員が棺仏具祭壇（六段）器具小物一切（祭壇運搬費飾付料共無料）であり、普通会員は祭壇が四段となる（全互連史編纂委員会）。ただしこれは祭壇自体に、最奥の棺を合わせた段の数である。

当時の『日本経済新聞』（昭和二十八年七月十七日付）によると、利用の九割が葬儀であったという。当初から利用は結婚よりも葬儀が多かったのが実際ではあったが、結婚も業務に含まれており、さらに制度上事前に会員を募る形態であったため、いうなれば広告宣伝活動が可能であった点も、互助会伸張の要因であったともいえる。もちろん一度にまとまったお金ではなく、ある程度の金額を一定の期間積み立てていくという方式は、葬儀などに関しては新たな方式であり、その仕組み自体が新しく人々に受け入れられていったともいえる。

さらに名古屋において昭和二十八年（一九五三）冠婚葬祭互助会が発足し、その後もしだいに各地でその需要が見込まれて互助会が設立されるようになり、昭和三十四年（一九五九）には全国六社で冠婚葬祭互助会連盟が設立された（全互連史編纂委員会）。

さらに昭和四十年代になると互助会も急増している。これは高度成長期に都市において普及したことに対応しているとともに、互助会の伸張に対し葬儀の専業業者が自己防衛のために互助会を始めたためとも考えられる。また前受金をめぐる保全の問題なども指摘されるようになり、昭和四十七年（一九七二）には割賦販売法の改正にともない、互助会もその適用を受けるようになった。さらに前受金の保全のための制度も整えられるとともに、しだいに支店を増やすなど広域での活動が行われるようになった（山田　二〇〇七）。

つまり互助会は、ある程度の広域で営業することによって、祭壇を標準としながら、そのサービス内容の定型化を進めていくこととなり、葬儀の標準化が進んでいく要因の一つとなった。

流通の変化　こうしたさまざまな葬祭業者の進展を支えたのが、流通の変化であった。とくに葬儀関連のメーカーの成立とそれを全国に販売する問屋業が戦後の葬儀を形成する一つの要素となった。昭和初期まで基本的に棺や簡単な葬具は葬祭業者自身が作っていたり、地元の職人などが下請的に作っていた地方も多かった。一方で自作できない数珠《じゅず》や陶製の仏具などは、それを卸していく業者があり、それを「小物屋」といった。

しかし、東京などでは祭壇の使用とともにそれを専門的に作る製造販売をする木工所なども登場し、しだいに葬祭業者とメーカーの分離が起こるようになっていった。

第二次大戦後になると、祭壇を中心とした葬儀が再びさかんになり、昭和二十八年（一九五三）には東京を基盤にした問屋業者が、業界で初めてカタログを作り、全国を対象として祭壇の販売を始め

図６　骨壺の製造（愛知県瀬戸市）

た。これによって祭壇が急速に全国に普及するようになっていった。さらに棺かくし、飾り輿といわれる祭壇最上部の葬具を開発したのもこの業者であり、全国の祭壇の普及に与えた影響は大きかった。

またこうした問屋の誕生は、葬具専門のメーカーの成長を促していった。祭壇メーカーは、問屋との取引の中でさまざまなデザインの祭壇や灯籠、供物台などの祭壇道具を開発していった。そのデザインは仏教建築や仏具などを旺盛に取り入れていった。また瀬戸では骨壺を全国に向けて大量生産するようになり、地域ごとの骨壺の流通から全国流通に変化していった。さらに繊維メーカーも経帷子《きょうかたびら》や骨箱の覆い、幕などを専門に製造し、多様な種類や地域ごとに使用するものなど、各地の需要を満たしていくようになった。

こうした既製品葬具を問屋から仕入れて、葬儀において提供するようになることで、より付加価値のついた葬具の需要を喚起させ、全国各地に葬祭業者が浸透していくようになったが、いっぽうで葬儀の画一化を招くこととなった。

近代的火葬の普及　火葬は近代以降しだいに全国に浸透していった。大正十四年（一九二五）には、火葬率は四三・二％であり、基本的には土葬が多かった（生活衛生法規研究会監修　二〇〇七）。そして昭和初期まで、火葬は薪を燃料としており、北陸など慣習的に火葬が多い地域においては、野天での火葬も第二次大戦後しばらくは行われていた。東京などの都市部においては、火葬炉が築かれ火葬時間の短縮がはかられたが、燃料はやはり薪であり、その煙の関係から、夜間の火葬が行われていた。火葬炉に棺を入れ、遺族が封印をして、夕方になって着火し、翌朝あらためて遺族が出向き収骨するという一昼夜かけた火葬であった（平出　一九七一〈一九〇一〉）。

一方で、火葬場が全国各地に設置されていった。その原動力の一つとなったのが、伝染病（感染症）対策である。幕末以来、コレラなどの感染力の強い急性伝染病の対応に政府はせまられ、明治三十年には伝染病予防法が制定された。これによって感染した死者は原則として火葬に付されたため、土葬の慣習をもつ地域でも火葬が強制された。そのため、火葬に対する偏見や差別が見られる地域が生まれたりもした（林　二〇一〇）。

しかし、公衆衛生、都市計画等の観点から東京をはじめ都市の市街地での埋葬が禁止されるなど、火葬はしだいに浸透していき、一九四〇年代になると全国で五割を超えていく（生活衛生法規研究会監修　二〇〇七）。また昭和になると東京の火葬業者である東京博善株式会社が重油による火葬炉を開

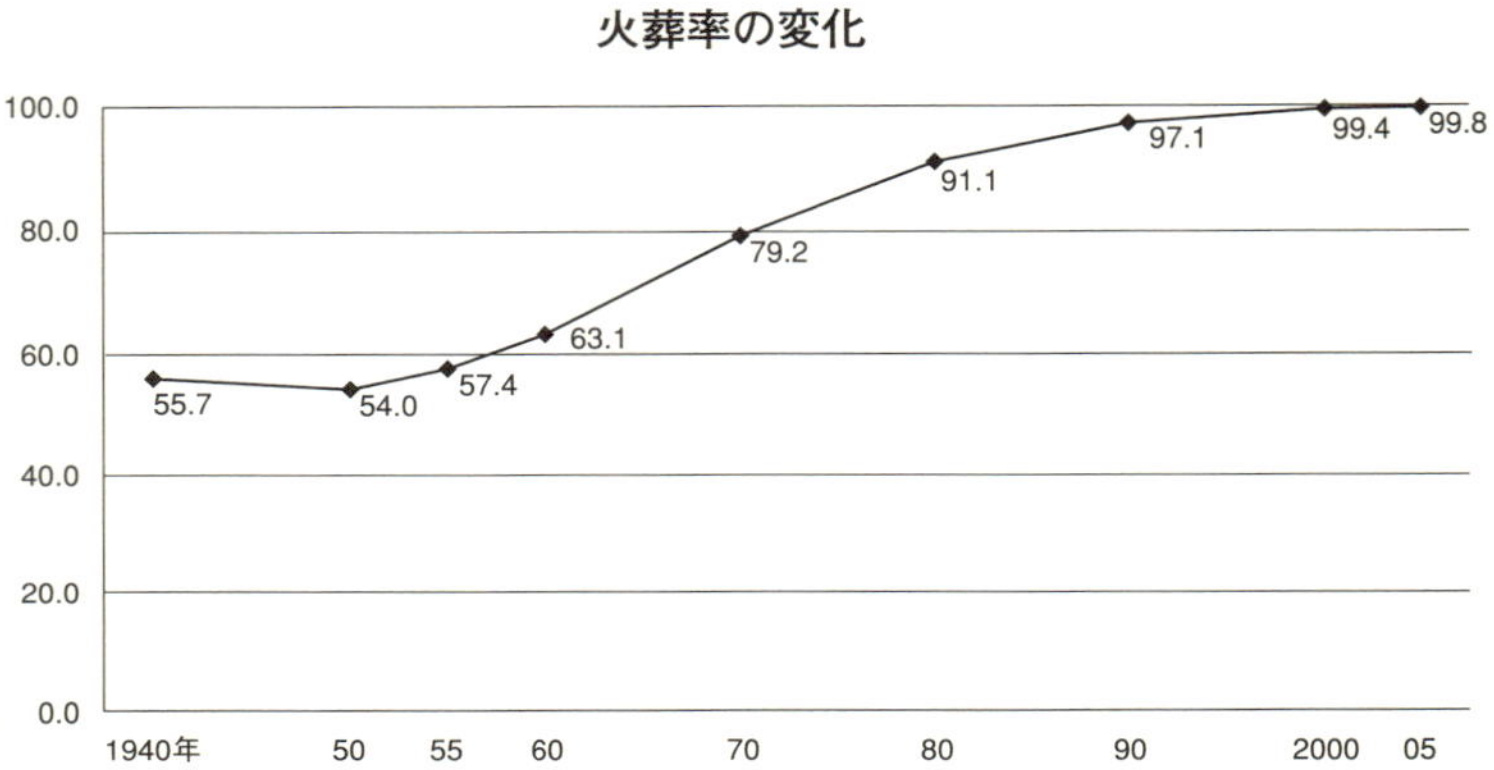

注：生活衛生法規研究会監修（2007）「埋火葬数の推移」をもとに作成．埋火葬数には死胎をふくむ．

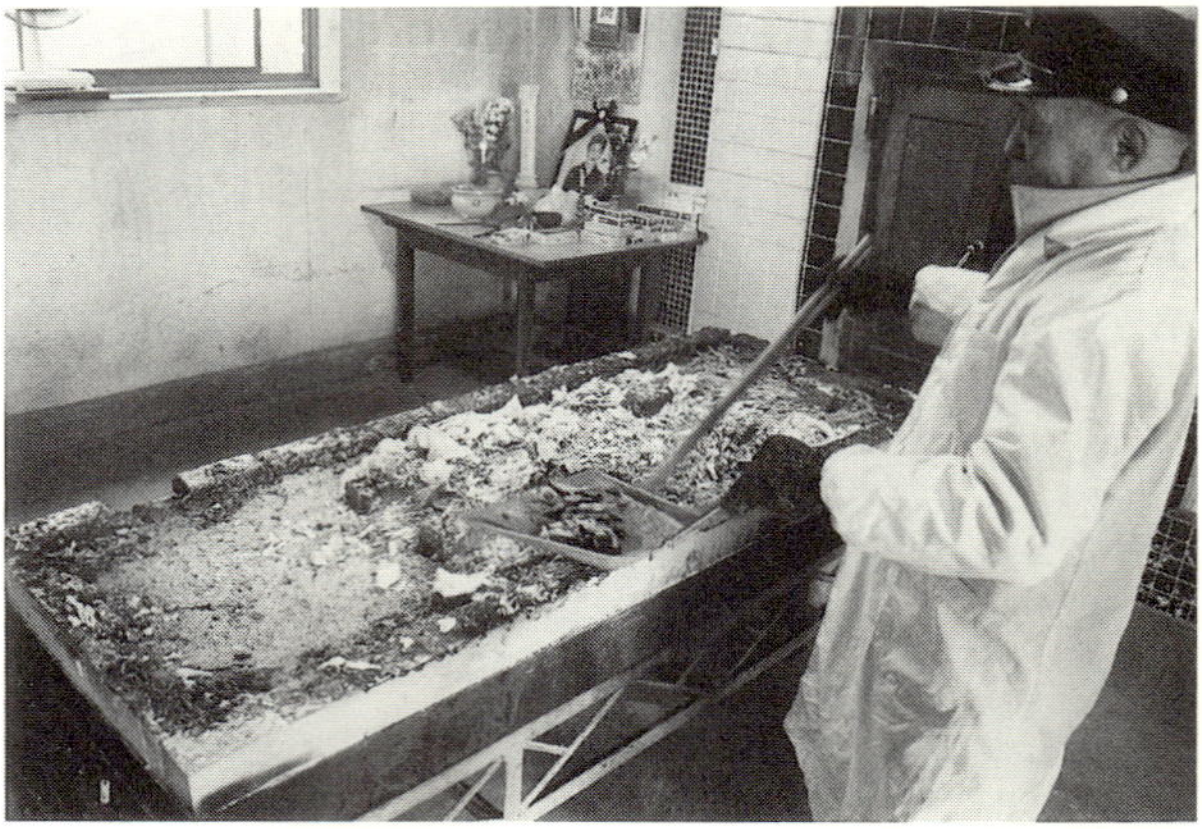

図７　火葬（新潟県佐渡市）

発し、即日火葬、つまり昼間の火葬と収骨が可能となっていったため（東京博善株式会社編　一九七二）、葬儀日程の短縮も可能となり、火葬がより普及するようになった。

第二次大戦後になると、各地で公営の火葬場の設置が進められ、各種の補助金や融資などの公的資金の投入によって、火葬が推進されていった。そして一九八〇年には、火葬の占める割合は九一％となり、二〇〇五年には九九・八％となった（生活衛生法規研究会監修二〇〇七）。

図８　骨葬の葬儀（和歌山県串本町）

骨葬の誕生　戦後、火葬の普及によって大きく変化していくのが葬儀のプロセスである。いわゆる骨葬、つまり火葬後に葬儀式をするようになる地域が戦後増えてくる（林　二〇一〇）。東北地方の場合、火葬してから通夜、葬式というプロセスが現在でも一般的であり、関東、中部、それから南紀などでも、通夜を行い、葬儀当日、午前中に火葬してから葬儀、告別式という例は広くみられる。九州でも骨葬が行われる地域が所々でみられる。現在では、葬式後に火葬をするという知識がマニュアルやマスコミを通してこれらの地域にも認識されており、東京などとの違いを意識しながらも続いている。

しかし、この葬儀プロセスは、重油などにより短時間の即日の火葬が可能になることによって成立してきたと考えられる。この葬儀プロセスの変化の例として、土葬地帯が火葬に移行した際、こうした形態に変化している地域も多い。土葬地帯の場合、家で通夜、翌朝出棺をして、葬列ののち、寺院などで引導《いんどう》、埋葬という形態になる。ところがそこに火葬が入ることで、従来の葬儀プロセスを崩さないよう、埋葬に代わる納骨まで当日に行おうとするため、葬式前に火葬を入れることになる。

葬儀のプロセスを変化させずに火葬をするには、東北地方の場合、通夜の前に火葬を挟んでしまう。そして通夜、葬式を行うことになる。関東周辺だと通夜を行ってから葬儀当日の朝、火葬をするなどの過程であり、こうした葬儀が一方で依然として続いている。

7 祖先祭祀の変容と墓

家制度の廃止と葬儀　戦後の民法改正によって、家督相続制度は廃止され、制度的には家制度は廃止されていった。ただし相続においても、祭祀財産は慣習にゆだね、均分相続の枠外として、実際には葬儀や墓は従来の家的な要素を残しながら継続していった（森　一九九三）。
都市部においても村落部においても、基本的には葬儀に関しては家とそれを支える地域社会がしだいに解体し、互助的な関係を解消する方向に向かっていった。しかし都市部において、従来の地域社会に代わって、勤務先の関係者が葬儀にかかわるようになってきた。それは高度経済成長による終身雇用制の採用によって会社福祉が充実するようになり、社員やその家族の生活まで把握するようになってきたからである。ただし葬儀の実務をかつての地域のように自分たちが担うのではなく、実際には葬祭業者が依頼することとなったが、喪家を中心に形式的には家的な葬儀の形態によって実際にはとりおこなわれる状況が継続していった。

村落部においては、過疎化の進展によって互助機能が崩壊し、葬祭業者に依存する地域もあったが、一方で比較的共同性の強い地域も、近隣への気遣いや気兼ね、逆に虚栄心などから積極的に葬祭業者を利用する方向に移った。結果として互助の解消が起きていったが、やはり従来の家的な葬儀として執行することが可能であった（山田　二〇〇七）。

さらに葬儀の参列者も、従来の家的な関係者だけでなく、故人や遺族の職場関係、個人的な友人などを含むようになり、戦後以降しだいに増えていった。その一方で故人を直接知らない者も多く参列するようになり、こうした参列をする側も喪家側も負担に感じることが大きくなっていき、葬儀批判にも結びついていった。

祖先祭祀の変容　一つの家庭で、葬儀はたびたびあるものではないが、墓の祭祀は継続的に維持管理する必要がある。墓の継承も慣習によって行われてきたため、従来の家的な継承をおこなってきた。また高度経済成長期に地方から都市に出てきた第一世代が、死者を出したときに従来の家的な墓地制度の下で祭祀を行うこととともなった。

しかし、発想的には従来の祖先祭祀ではなく、家族の情愛にもとづいて死者をまつる意識の方も強くなっていった。それは、祖先祭祀の衰微というよりは変容であり、従来の祭祀形態に則って行われていったため、外見的には衰微するようにはみえなかった（孝本　二〇〇一）。

戦後、人々は公園墓地にしろ寺院墓地にしろ、都市に生活する第一世代は、墓地を設置し、なんとかそれを継承するように対応し、あらたな継承方法を模索することはあまりなかった。そうすると、家の枠組みから外れた人が出てくる。さらに戦後、従来の包括的な家の枠組みから、家族中心に変わってきており、傍系の親族などはしだいに墓の祭祀対象にはならなくなっていった。

そうなると独身の女性や子供のいない夫妻などだけでなく、子供がいても女子だけの場合には、継承を前提とした墓をもつことが困難になっていった。また少子化により、子供がいてもその継承が次世代に続くか、かなり不確定になっていったのであった。

従来、一つの墓は一つの姓の家族が使用してきたが、しだいに複数家族墓が登場するようになってきた。姓の異なる家族の継承を可能とすることであり、従来の墓の継承制度の折衷とも捉えることができる。当初、複数家族墓はお互いの姓を刻むものが多かったが、しだいに複数の異姓の継承を可能にするため、「南無阿弥陀仏」や「倶会一処」などの宗教語や「和」、「慈」、「やすらぎ」などの特定の言葉を刻むことによって、関係者の継承を期待する墓の形態も増えてきている（井上　二〇〇三）。

継承者を必要としない葬法　そこで、一九九〇年代になって、こうしたひずみが表面化し、社会問題ともなり、それに対応するかたちで継承者の必要のない葬法が注目を浴びるようになってきた。

平成元年（一九八九）には、想いを同じくする人があつまって合葬墓が各地で作られていった。東京都巣鴨《すがも》の「もやいの会」により、巣鴨平和霊園に「もやいの碑」が作られた。さらに新潟県巻町でも、地元檀家の減少と永代供養の需要によって、「安穏廟」という合葬式の墓地が設置された。また昭和五十四（一九七九）には戦争をへて独身として生きてきた女性たちを記念する女の碑の会が中心となって、平成元年（一九八九）に志縁廟が常寂光寺に建立されている（井上　二〇〇三）。

これらの合葬式の墓地は、共同の墓に入るだけでなく、生前から関係者と交流をはかることで、新しい関係作りを含めたものであり、家ではなく個人の会員制に特徴がある。その後こうした交流ももつものだけでなく、合葬式の墓地を併設する霊園なども増えていった。

さらに、こうした墓の形式をとるものでなく、自然環境保護を前面に出した葬法も主張されるようになった。

散骨は近年、しだいに葬法として認知されるようになったが、それが初めて行われたのは平成三年（一九九一）であった。従来の墓地開発が環境破壊を引き起こしているとの主張から、墓地だけに埋葬を行わなければいけないという現行法は、葬法選択の自由を制限しているとして、「葬送の自由を進める会」が発足し、かねてから主張していた散骨を「自然葬」と称して実施した。当初、環境問題から発した運動も、むしろ継承者が必要ないことや、墓地を設置することよりも自然に帰り、その費用を環境保全に向けるなどの視点から一定数の散骨が行われるようになった（安田　二〇一〇）。その後、散骨は葬祭業者なども参入するようになり、各地で行われるようになる。

こうした中、既存の墓埋法によって墓地の経営許可を取りながら、いっぽうで里山保全をめざした一関の祥雲寺が里山に遺骨を埋め、石の墓標ではなく里山に関係の深い樹種の木を植える「樹木葬」の墓地を平成十一年（一九九九）に設置した（千坂・井上 二〇〇三）。

こうした動向は、一方で「私の死」というものを意識したものでもあり、家族の死だけではなく、自己の死に対する、積極的には自己決定であるが、それと表裏一体として、自らのことを決めざるを得ないという、必然性も含んだものである。しかも漠然たる無縁に対する不安があり、どこかで祀られたい、足跡を残したいという希望など、死後への意識の延長をも感じさせるものでもある（中筋 二〇〇六）。

8 葬儀の小規模化

死と葬儀の場の変化 高度経済成長期以降、死の場所が自宅から病院など施設へと移動し、一九九〇年代には約八割が医療施設での死亡となっている。従来は、病院等で死亡しても自宅への搬送が行われており、集合住宅でも遺体を抱いて運んだり、棺を斜めにしたりとなんとか工夫して運んだという。また深夜などでも搬送の依頼があるため、葬祭業者は二四時間体勢で対応している。

ところが、一九九〇年代になると、急速に葬儀の場が自宅や寺院から葬儀専門斎場に移行するようになった。たとえば東京都の場合、一九九五年には自宅での葬儀が四二％であったが、二〇〇一年に

死亡場所の推移

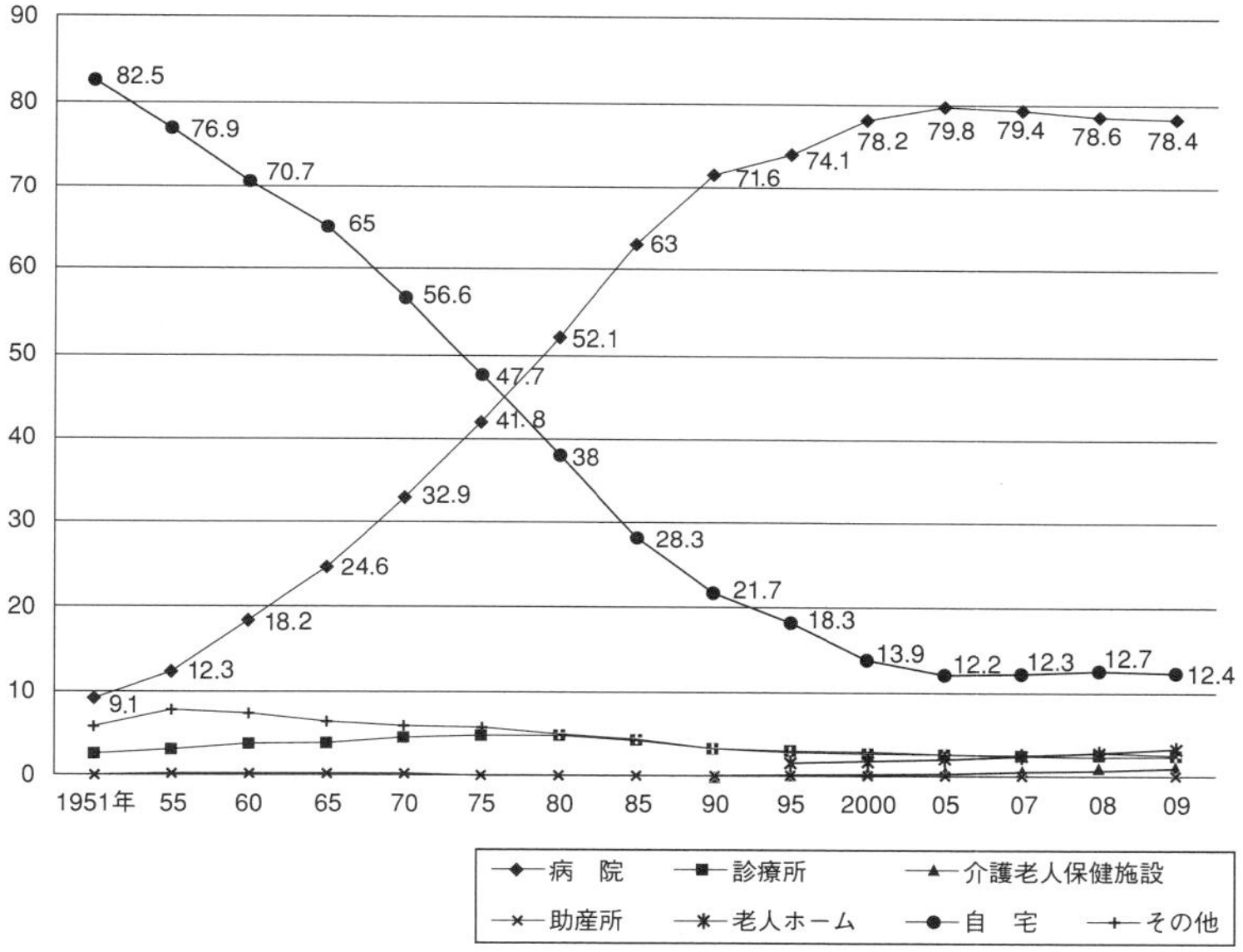

注：平成２年（1990）までは老人ホームでの死亡は自宅またはその他に含まれている.
出典：平成21年（2009）人口動態統計（確定数）の概況：厚生労働省

は一一・九%となっている（東京都生活局 二〇〇二）。もっとも東京の場合には高度経済成長期以降、しだいに寺院などの場を借りて通夜、葬儀を行うようになっていった。しかし一九九〇年以降は都市部だけでなく、地方においても葬儀専門斎場が建設され、そこでの葬儀があたりまえになりつつある。

こうしたことから、一九九〇年代まで病院で死亡してもいったん自宅に安置し、斎場に搬送して葬儀を行っていたが、しだいに病院から直接斎場に運ぶようになってきた。

図９　斎場（長野県飯田市）

また都市部においては斎場の予約が取れないなどの理由で、一週間ほど後の葬儀もあり、その間遺体を葬祭業者だけでなく火葬場や専門の保管施設などで保管するようになっており、しだいに遺族が遺体とともに過ごす時間が短縮されるようになっており、死者との乖離が起こっている。

葬儀形式の変化　二〇〇〇年代になると、墓地の問題だけでなく葬送についても社会的に関心が高まってきている。まずは、葬儀の規模がしだいに縮小するようになってきた。あえて積極的に訃報を出さないようにすることで、葬儀への参列者の減少が起こっている。また徹底的に家族の死を隠し、葬儀後に公表する場合も見られるようになってきた。こうした死への関与が家族や近親者だけに限定されつつある事態が生じている。

特にバブル経済が崩壊し、非正規雇用などが増え従来の終身雇用制が崩れていく中で、職場関係者などの参列が減少するようになり、訃報を出しても参列や供花、香典などを断る場合も生じている。

こうした、周囲に知られずに行う葬儀を「密葬」と称していたが、密葬という用語のもつイメージが良くないことから「家族葬」という表現が使用されるようになり、一般的に普及するようになっていった（碑文谷 二〇〇九）。

さらに葬儀参列者の減少だけでなく、葬儀自体を短縮する「一日葬儀」「ワンデーセレモニー」などという儀礼も登場するようになった。これは従来の通夜、葬儀というプロセスのうち、通夜にあたる部分で特に儀礼などはおこなわずに、火葬を行う一日で葬儀や告別式、会食などを行う方式である。葬祭業者によっては、通夜にあたる部分は家族だけで遺体への寄り添いができると主張することもあるが、実際には一日だけで行われ、それ以外は特に遺体への接触はないことも多い。

さらに「直葬」という用語が登場するようになった。これは葬儀を行わずに火葬のみで終える形態をさすが、これが東京を中心とした大都市部である一定の割合を占めるようになっている。一般には二割程度といわれることが多い（碑文谷 二〇〇九）。

その理由はさまざまであり、唯物論的な発想や、遺族への負担を避けるための故人の遺志、葬儀費用の経済的な負担など、従来の葬儀への疑問が生じている中で、こうした形態が社会的に認知されるようになってきた。

葬儀と宗教 また、特定の宗教の形式をとらない方法で葬儀をおこなう人々が個人葬でも見られるようになってきた。とくに故人らしい葬儀ということで現在、多様化している。いわゆる無宗教葬で、

図10　無宗教の社葬

宗教的な行為をいっさいしない。好きな音楽を流す、花を飾る、ホテルでお食事会をするなどであり、極端な場合「生前葬」と称して生きているうちに、こうしたことをする人も登場した。

従来、いわゆる無宗教葬は団体葬などで行われることが多かった。とくに戦後初の国葬である吉田茂国葬儀は、政教分離の原則から無宗教葬でおこなわれた。その後、社葬や団体葬も無宗教で行うものが見られるようになっていった。その場合には従来の白木祭壇は仏式葬儀を連想させるため、生花祭壇が使用され、特に死者の表象として遺影が重視されるようになった（山田　二〇〇七）。

こうした流れを受けて個人葬でも無宗教葬が行われるようになり、またお別れ会、偲ぶ会なども称するようになっている。社会的地位のある人なども、密葬として葬儀を近親者などで終え、その後お別れ会を開催する場合も増えてきた。これは従来、団体葬などで見られた形態が、個人レベルでも行われるようになっている。

こうした明確な形での非宗教形をとる人ではなくとも、従来の寺檀関係を好まず、しかし仏式葬儀を希望するために葬儀や法要だけ読経を希望する人も増えており、こうした需要に対して派遣僧侶を運営する会社組織なども登場するようになっている。こうした流れの中で布施の金額の明示化をめぐって、明示化の希望とそれに対する布施の意義や問題などが議論されるようになり、葬儀における宗教の本質が問われるようになっている。

私の死とその対応　単身者が死をどのように迎えるのかも、急速に問題として浮上してきている。墓については継承を必要としない墓地が登場したが、単身者の場合は臨終から葬儀、火葬を経て、納骨まで、どのようにおこなうのかといったことも問題となった。こうしたことから、これに対応するためのNPO法人などが設立され、生前契約や生前予約が行われるようになってきた。とくにこのシステムをいち早く日本で発足したLｉｓｓシステムは、公正証書遺言によって臨終から葬儀、納骨のしかたを決め、費用を用意し、亡くなった場合には遺言にもとづいて実施し、それを監督するシステムが作りあげられている（小谷　二〇〇〇）。ただし、こうした準備ができる人はごく一部である。実際には急に自宅内で倒れ、誰にも看取られないまま亡くなり、その後の発見が遅れて、遺体が腐敗している場合も増えており、そうしたことを避けるための社会福祉的な対応も迫られている。

家族の孤立化は一方で、遺体遺棄事件を生じさせるようになっている。亡くなっても周囲に知られないように遺体を自宅においたまま年金などの不正受給が行われる事件が社会問題化している。つまり周囲の人にその存在の消滅を知られずに済んでしまうようになっており、またさまざまな理由で、死者への最低限の対処をしない人が登場している事態ともなっている。経済的な疲弊もあろうが、文化的な死への対処が大きく揺らいでいることに大きな要因があると考えられる。

以上、見てきたように、近代以降成立してきた葬送儀礼の意義が、今まさに問い直されるようになっており、死者との関係の取り結び方が大きな転換点に立っている。しかし、新たな対応についての社会的合意はまだ形成されておらず、いまだ模索が続いているのである。

参考文献

総論

林　英一『近代火葬の民俗学』法藏館　二〇一〇

一　原始社会の葬送と墓制

1

内堀基光「墓」『文化人類学事典』弘文堂　一九九四
大林太良「縄文と弥生の墓―民俗学的解釈―」『弥生文化の研究』第8巻　雄山閣　一九八七
小杉　康「縄文時代後半期における大規模配石記念物の成立―葬墓祭制の構造と機能―」『駿台史学』第93号　一九九五
小杉　康「縄文時代の集団と社会組織」『現代の考古学6　村落と社会の考古学』朝倉書店　二〇〇一
佐々木高明『日本の歴史』第1巻　日本史誕生　集英社　一九九一
設楽博己「縄文時代の再葬」『国立歴史民俗博物館研究報告』第49集　国立歴史民俗博物館　一九九三
設楽博己「長野県域の再葬」『縄文時代の考古学9　死と弔い』同成社　二〇〇七
菅谷通保「多遺体埋葬」『縄文時代の考古学9　死と弔い』同成社　二〇〇七
高橋龍三郎「縄文時代の葬制」『原始・古代日本の墓制』同成社　一九九一
高橋龍三郎「墓と墓地構造　東日本―関東地方における縄文後期前半の墓制―」『季刊考古学』第69号　雄山閣　一九九九

高橋龍三郎『縄文文化研究の最前線』早稲田大学　二〇〇四
谷口康浩『環状集落と縄文社会構造』学生社　二〇〇五
西澤　明「縄文時代中・後期の墓址における区分原理」『東京考古』第12号　一九九四
西澤　明「縄文時代中期における墓制の再検討」『研究論集』XIX　東京都埋蔵文化財センター　二〇〇二
西澤　明「墓制からみた縄文集団」『地域と文化の考古学I』六一書房　二〇〇五
西澤　明「環状墓群」『縄文時代の考古学9　死と弔い』同成社　二〇〇七
西本豊弘『中妻貝塚』取手市教育委員会　一九九五
西本豊弘「血縁関係の推定―中妻貝塚の事例―」『縄文時代の考古学10　人と社会―人骨情報と社会組織―』同成社　二〇〇八
林　謙作『縄文社会の考古学』同成社　二〇〇五
春成秀爾『縄文社会論究』塙書房　二〇〇二
平林　彰「第3節　北村縄文人の精神的側面」『北村遺跡』長野県教育委員会他　一九九三
山田康弘『人骨出土例にみる縄文の墓制と社会』同成社　二〇〇八
山本暉久「縄文時代の廃屋葬」『古代』第80号　早稲田大学考古学会　一九八五
渡辺　新『縄文時代集落の人口構造―千葉県権現原貝塚の研究I―』私家版　一九九一

2

大庭重信「弥生時代の葬送儀礼と土器」『待兼山論叢』二六号　大阪大学大学院文学研究科　一九九二
大庭重信「方形周溝墓からみた畿内弥生社会の階層構造」『国家形成期の考古学』大阪大学考古学研究室　一九九九

大庭重信「方形周溝墓制の埋葬原理」『月刊考古学ジャーナル』五三四号　ニューサイエンス社　二〇〇五
大庭重信「方形周溝墓制の埋葬原理とその変遷」『墓制から弥生社会を考える』六一書房　二〇〇七
小沢佳憲「弥生集落の動態と画期」『古文化談叢』第四四集　九州古文化研究会　二〇〇〇a
小沢佳憲「集落動態からみた弥生時代前半期の社会」『古文化談叢』第四五集　九州古文化研究会　二〇〇〇b
小澤佳憲「集落と集団1―九州―」『弥生時代の考古学8　集落からよむ弥生社会』同成社　二〇〇八
近藤義郎『前方後円墳の時代』岩波書店　一九八三
田中清美「弥生時代前・中期における穿孔・打ち欠きのみられる土器について」『考古学論集』第2集　考古学を学ぶ会　一九八五
都出比呂志『日本農耕社会の形成過程』岩波書店　一九八九
寺沢　薫「青銅器の副葬と王墓の形成」『古代学研究』一二一号　古代学研究会　一九九〇
寺沢　薫『王権誕生』講談社　二〇〇〇
中園　聡『九州弥生社会の特質』九州大学出版会　二〇〇四
中村大介「方形周溝墓の系譜とその社会」『墓制から弥生社会を考える』六一書房　二〇〇七
藤井　整「畿内の方形周溝墓制」『季刊考古学』九二号　雄山閣　二〇〇五
藤井　整「近畿における方形周溝墓の基本的性格」『墓制から弥生社会を考える』六一書房　二〇〇七
藤井　整「近畿地方弥生時代の親族集団と社会構造」『考古学研究』五五巻三号　二〇〇九
松木武彦「3世紀のキビとクニ」『シンポジウム記録3　三世紀のクニグニ』考古学研究会　二〇〇二
溝口孝司「福岡県甘木市栗山遺跡C群墓域の研究」『日本考古学』2号　日本考古学協会　一九九五
溝口孝司「北部九州の墓制」『季刊考古学』六七号　雄山閣　一九九九

溝口孝司「弥生社会の組織とカテゴリー」『弥生時代の考古学8　集落からよむ弥生社会』同成社　二〇〇八
若林邦彦「弥生時代大規模集落の評価」『日本考古学』第一二号　二〇〇一
若林邦彦「方形周溝墓群と集落」『月刊考古学ジャーナル』五三四号　二〇〇五
若林邦彦「集落と集団2—近畿—」『弥生時代の考古学8　集落からよむ弥生社会』同成社　二〇〇八

一　3

二　古代の葬送と墓制　1　＊印＝古墳時代　それ以外＝飛鳥〜平安時代

網干善教・有坂隆道・奥村郁三・高橋三知雄『高松塚論批判』創元社　一九七四
石野博信『古墳時代史』雄山閣　一九九〇＊
石部正志「群集墳の発生と古墳文化の変質」『東アジア世界における日本古代史講座』第四巻「朝鮮三国と倭国」学生社　一九八〇＊
岡田清子「喪葬制と仏教の影響」『日本の考古学』第五巻「古墳時代〈下〉」河出書房　一九六六
川西宏幸『古墳時代政治史序説』塙書房　一九八八＊
岸本直文「三角縁神獣鏡の工人群」『史林』第七二巻第五号　一九八九
岸本直文「河内大塚山古墳の基礎的検討」『ヒストリア』第二二八号　大阪歴史学会　二〇一一＊
北山峰生「古代火葬墓の導入事情」『ヒストリア』第二一三号　大阪歴史学会　二〇〇九
楠元哲夫『宇陀の古墳文化』楠元哲夫氏追悼著作集刊行会　一九九六＊
古代学研究会編『特集・各地域における最後の前方後円墳』『古代学研究』第一〇二〜一〇六号　古代学研究会　一九八四＊

小林行雄『古墳文化論考』平凡社　一九七六＊
近藤義郎『佐良山古墳群の研究』第一冊　津山市教育委員会　一九五二＊
近藤義郎『日本考古学研究序説』岩波書店　一九八五＊
近藤義郎『前方後円墳の成立』岩波書店　一九九八＊
柴田　稔「横穴式木芯粘土室の基礎研究」『考古学雑誌』第六八巻第四号　日本考古学会　一九八三
十河良和「日置荘西町窯系円筒埴輪と河内大塚山古墳」『ヒストリア』第二二八号　大阪歴史学会　二〇一一＊
下垣仁志『三角縁神獣鏡研究事典』吉川弘文館　二〇一〇＊
白石太一郎『古墳と古墳群の研究』塙書房　二〇〇〇＊
高倉洋彰『金印国家群の時代』青木書店　一九九六＊
高橋健自『古墳と上代文化』雄山閣　一九二四＊
高橋照彦「律令期葬制の成立過程」『日本史研究』第五五九号　日本史研究会　二〇〇九
寺沢　薫『王権誕生』講談社　二〇〇〇＊
寺沢　薫『青銅器のマツリと政治社会』吉川弘文館　二〇一〇＊
中沢澄男・八木奘三郎『日本考古学』博文館　一九〇六＊
奈良国立文化財研究所飛鳥資料館編『日本古代の墓誌』奈良県明日香村資料館　一九七七
西嶋定生「古墳と大和政権」『岡山史学』第一〇号　岡山史学会　一九六一＊
原田大六『実在した神話』学生社　一九六六＊
深澤敦仁「『喪屋』の可能性をもつ竪穴」同志社大学考古学シリーズⅨ『考古学に学ぶⅢ』同シリーズ刊行会　二〇〇七＊

福永伸哉「共同墓地」古代史復元六『古墳時代の王と民衆』講談社　一九八九＊
福永伸哉『三角縁神獣鏡の研究』大阪大学出版会　二〇〇五
穂積裕昌「いわゆる導水施設の性格について」『古代学研究』第一六六号　古代学研究会　二〇〇四＊
穂積裕昌「古墳時代の殯所に関する予察」同志社大学考古学シリーズX『考古学は何を語れるか』同シリーズ刊行会　二〇一〇＊
森下浩行「日本における横穴式石室の出現とその系譜」『古代学研究』一一一号　古代学研究会　一九八六＊
森　浩一『古墳』保育社　一九七〇＊
森　浩一「黒塚古墳と三四面の銅鏡」『古代学研究』第一四一号　一九九八
森　浩一『天皇陵古墳への招待』筑摩書房　二〇一一
森浩一編『論集終末期古墳』社会思想社　一九七二
山田邦和『須恵器生産の研究』学生社　一九九八＊
山田邦和「淳和・嵯峨両天皇の薄葬」『花園史学』第二〇号　花園大学史学会　一九九九a
山田邦和「桓武天皇柏原陵考」『文化学年報』第四八輯　同志社大学文化学会　一九九九b
山田邦和「元明天皇陵の意義」同志社大学考古学シリーズⅦ『考古学に学ぶ』同シリーズ刊行会　一九九九
山田邦和「平安時代天皇陵研究の展望」『日本史研究』第五二一号　日本史研究会　二〇〇六
山田邦和『京都都市史の研究』吉川弘文館　二〇〇九
山本　彰『終末期古墳と横口式石槨』吉川弘文館　二〇〇七
和田　萃『日本古代の儀礼と祭祀・信仰』上　塙書房　一九九五＊

二 [2]

三 中世の葬送と墓制

大石雅章「顕密体制内における禅・律・念仏の位置―王家の葬祭を通じて―」（中世寺院史研究会編『中世寺院史の研究 上』法藏館 一九八八）

岡本智子「日本における石造宝篋印塔の成立過程とその意義」（『日引』六号 二〇〇五）

勝田 至『死者たちの中世』吉川弘文館 二〇〇三

勝田 至『日本中世の墓と葬送』吉川弘文館 二〇〇六

橘田正徳「地下に眠る歴史［1］小曽根と穂積―お墓が語る中世のイエと社会―」（『文化財ニュース豊中』二九号 二〇〇一）

橘田正徳「中世前期の墓制―墓地・屋敷墓からみた中世前期の家・集落・社会―」（『第五回 大谷女子大学文化財学科公開講座 考古学の語る「中世墓地物語」』当日資料 二〇〇四）

小林義孝「五輪石塔の造立目的」（『帝京大学山梨文化財研究所 研究報告』第一〇集 二〇〇二）

小林義孝「墓塔の成立過程」（小野正敏他編『中世の系譜 東と西、北と南の世界』高志書院 二〇〇四）

五味文彦・齋木秀雄編『中世都市鎌倉と死の世界』高志書院 二〇〇二

狭川真一編『墓と葬送の中世』高志書院 二〇〇七

狭川真一編『日本の中世墓』高志書院 二〇〇九

佐藤亜聖「中世的石塔の成立と定着」（狭川真一編『墓と葬送の中世』高志書院 二〇〇七）

佐藤健治『中世権門の成立と家政』吉川弘文館 二〇〇〇

佐藤弘夫『死者のゆくえ』岩田書院 二〇〇八

『シルクロード学研究』第二七号「中日石造物の技術的交流に関する基礎的研究―宝篋印塔を中心に―」二〇〇七
高木　豊『平安時代法華仏教史研究』平楽寺書店　一九七三
高田陽介「境内墓地の経営と触穢思想」『日本歴史』四五六号　一九八六
多賀町教育委員会編『敏満寺は中世都市か？　―戦国近江における寺と墓―』サンライズ出版　二〇〇六
竹田聴洲『民俗仏教と祖先信仰』東京大学出版会　一九七一（『竹田聴洲著作集』一〜二　国書刊行会　一九九三）
田中久夫『祖先祭祀の研究』弘文堂　一九七八
千々和到『板碑とその時代　てぢかな文化財・みぢかな中世』平凡社　一九七八
千々和到「板碑・石塔の建つ風景―板碑研究の課題―」（石井進編『帝京大学山梨文化財研究所シンポジウム報告集　考古学と中世史研究』名著出版　一九九一）
東北中世考古学会編『中世の聖地・霊場　在地霊場論の課題』高志書院　二〇〇六
内藤　栄「重源の舎利信仰と三角五輪塔の起源」（『論集　鎌倉期の東大寺復興―重源上人とその周辺―』法藏館　二〇〇七）
内藤　栄「三角五輪塔の起源と安祥寺毘盧遮那五輪率都婆」（『美術史論集』八号、神戸大学美術史研究会　二〇〇八）
丹生谷哲一『日本中世の身分と社会』塙書房　一九九三
細川涼一『中世の律宗寺院と民衆』吉川弘文館　一九八七
細川涼一『中世の身分制と非人』日本エディタースクール出版部　一九九四
細川涼一『中世寺院の風景』新曜社　一九九七
前嶋　敏「中世前期の葬列における順路と見物」（中央大学『大学院研究年報』文学研究科編二八　一九九九）
松尾剛次『中世の都市と非人』法藏館　一九九八

松尾剛次『日本中世の禅と律』吉川弘文館　二〇〇三
松尾剛次『中世律宗と死の文化』吉川弘文館　二〇一〇
松尾剛次『葬式仏教の成立　中世の仏教革命』平凡社新書　二〇一一
水谷　類『廟墓ラントウと現世浄土の思想―中近世移行期の墓制と先祖祭祀』雄山閣　二〇〇九
水谷　類『墓前祭祀と聖所のトポロジー―モガリから祀り墓へ』雄山閣　二〇〇九
山川　均『石造物が語る中世職能集団』山川出版社　二〇〇六
湯浅治久『戦国仏教　中世社会と日蓮宗』中公新書　二〇〇九

四　近世の葬送と墓制

愛知県部落解放運動連合会編（木下光生全文執筆）『近世尾張の部落史』同会　二〇〇二
市川秀之「先祖代々之墓の成立」（『日本民俗学』二三〇　二〇〇二）
伊藤唯真「行基系三昧聖の由緒とその墓寺」（『伊藤唯真著作集第二巻　聖仏教史の研究　下』法藏館　一九九五）
『大阪狭山市史』第七巻別巻石造物編　大阪狭山市役所　二〇〇六
木下光生「誰が近世日本の葬送を支えたか　第1～6回」（表現文化社『ＳＯＧＩ』六七～七二　二〇〇二）
木下光生「近世河内の真宗惣道場・看坊・門徒と自庵化運動―河内国丹北郡若林村立法寺を事例に―」（『大阪商業大学商業史博物館紀要』八　二〇〇七）
木下光生『近世三昧聖と葬送文化』塙書房　二〇一〇
朽木　量「墓標からみた近世の寺院墓地―神奈川県平塚市大神真芳寺墓地の事例から―」白石太一郎・村木二郎編『地域社会と基層信仰』（『国立歴史民俗博物館研究報告』一一二　二〇〇四）

小林大二『差別戒名の歴史』雄山閣出版　一九八七
坂田　聡『日本中世の氏・家・村』校倉書房　一九九七
坂田　聡『苗字と名前の歴史』吉川弘文館　二〇〇六
白石太一郎・村木二郎編『大和における中・近世墓地の調査』（『国立歴史民俗博物館研究報告』一一一　二〇〇四ａ）
白石太一郎・村木二郎編『地域社会と基層信仰』（『国立歴史民俗博物館研究報告』一一二　二〇〇四ｂ）
関口慶久「戒名・法名考—奈良・京都の墓標資料から—」白石太一郎・村木二郎編『大和における中・近世墓地の調査』（『国立歴史民俗博物館研究報告』一一一　二〇〇四ａ）
関口慶久「近世東北の「家」と墓—岩手県前沢町大室鈴木家の墓標と過去帳—」白石太一郎・村木二郎編『地域社会と基層信仰』（『国立歴史民俗博物館研究報告』一一二　二〇〇四ｂ）
関根達人・澁谷悠子編『弘前大学人文学部文化財論ゼミナール調査報告Ⅶ　津軽の近世墓標』同ゼミナール　二〇〇七
田中藤司「墓標研究の展望」（江戸遺跡研究会編『江戸の祈り—信仰と願望』吉川弘文館　二〇〇四）
田中藤司「死を記念する／記念しなおす—農村家族史のなかの位牌・墓標史料—」（『民衆史研究』七三　二〇〇七）
谷川章雄「近世墓標の類型」（『考古学ジャーナル』二八八　一九八八）
谷川章雄「近世墓標の変遷と家意識—千葉県市原市高滝・養老地区の近世墓標の再検討—」（早稲田大学史学会『史観』一二一　一九八九）
谷本雅之『日本における在来的経済発展と織物業—市場形成と家族経済—』名古屋大学出版会　一九九八
玉真之介『グローバリゼーションと日本農業の基層構造』筑波書房　二〇〇六
東京都公文書館編（西木浩一全文執筆）『都史紀要三十七　江戸の葬送墓制』東京都政策報道室都民の声情報公開室　一九九九

西木浩一「江戸の社会と「葬」をめぐる意識―墓制・盆儀礼・「おんぼう」―」(『関東近世史研究』六〇 二〇〇六)
吉井克信「近世河内国における三昧聖の存在形態」(細川涼一編『三昧聖の研究』碩文社 二〇〇一)
森田登代子『近世商家の儀礼と贈答』岩田書院 二〇〇一
横田則子「「物吉」考―近世京都の癩者について―」(『日本史研究』三五二 一九九一)
渡辺尚志「村の世界」(『日本史講座』五 東京大学出版会 二〇〇四)

五 近現代の葬送と墓制

青木俊也「火葬禁止令と葬墓習俗」『民俗宗教』1―21 一九九三
板垣退助「中江氏の臨終に就て」『中江兆民全集』別巻 一九八六(一九〇一)
井上章一『霊柩車の誕生』朝日新聞社 一九八六
井下 清『都市と緑』前島康彦編 東京都公園協会 一九七三
井上治代『墓と家族の変容』岩波書店 二〇〇三
可南子『祝祭送迎婚礼葬儀準備案内』園屋書店 一九〇五
木下光生『近世三昧聖と葬送文化』塙書房 二〇一〇
幸徳秋水「兆民先生」『幸徳秋水全集』八巻 一九七二
小谷みどり『変わるお葬式、消えるお墓』岩波書店 二〇〇〇
堺 利彦「葬式の改良」『堺利彦全集』第一巻 法律文化社 一九七一a
堺 利彦「風俗改良案」『堺利彦全集』第一巻 法律文化社 一九七一b
新村 拓「死を看取る」『死後の環境』講座人間と環境9 昭和堂 一九九九

鈴木勇太郎『回顧録』私家版　一九三六
生活衛生法規研究会監修『逐条解説墓地、埋葬等に関する法律』第一法規　二〇〇七
全互連史編纂委員会『全国冠婚葬祭互助会史連盟25年の大道』全国冠婚葬祭互助会連盟
孝本　貢『現代日本における祖先祭祀』お茶の水書房　二〇〇一
千坂嵃峰・井上治代『樹木葬を知る本』三省堂　二〇〇三
辻善之助「神職離檀問題に就いて」『史学雑誌』38—19　953—982　一九二七
東京都生活局『葬儀にかかわる費用等調査報告書』東京都　二〇〇二
東京博善株式会社編『東京博善株式会社五十年史』東京博善株式会社　一九七一
中江兆民「一年有半」『中江兆民全集』一〇巻　一九八三a（一九〇一）
中江兆民「続一年有半」『中江兆民全集』一〇巻　一九八三b（一九〇一）
中筋由紀子『死の文化の比較社会学』梓出版社　二〇〇六
波平恵美子『いのちの文化人類学』新潮社　一九九六
西木浩一『江戸の葬送墓制』東京都公文書館編　一九九九
野口勝一「葬儀の弊風を改むへし」『風俗画報』一七二号　一八九八
林　英一『近代火葬の民俗学』法藏館　二〇一〇
碑文谷創『「お葬式」はなぜするの』講談社　二〇〇九
檜山幸夫「日清戦争と民衆」『近代日本の形成と日清戦争』檜山幸夫編　雄山閣出版　二〇〇一
平出鏗二郎『東京風俗志』復刻版　原書房　一九七一（一九〇一）
藤田幸男『新聞広告史百話』新泉社　一九七一

方寸舎「葬式瑣言」『風俗画報』一七四号　一八九八
前田俊一郎『墓制の民俗学』岩田書院　二〇一〇
槇村久子『お墓と家族』朱鷺書房　一九九六
真杉高之『黒枠のドラマ』蒼洋社　一九八五
無縁生「『続一年有半』を読む」『中江兆民全集』一〇巻　一九八三（一九〇一）
村上興匡「大正期東京における葬送儀礼の変化と近代化」『宗教研究』六四巻一号　一九九〇
村上興匡「葬儀執行者の変遷と死の意味づけの変化」伊藤唯真・藤井正雄編『葬祭仏教』ノンブル社　一九九七
村上興匡「中江兆民の死と葬儀—最初の「告別式」と生の最終表現としての葬儀」『宗教学年報』XIX　二〇〇一
村上重良『国家神道』岩波書店　一九七〇
村上重良『天皇の祭祀』岩波書店　一九七七
森　謙二『墓と葬送の社会史』講談社　一九九三
森　謙二『墓と葬送の現在』東京堂出版　二〇〇〇
安田睦彦『墓は心の中に』凱風社　二〇一〇
安丸良夫『神々の明治維新』岩波書店　一九七九
安丸良夫・宮地正人校注『国家と宗教』日本近代思想体系5　岩波書店　一九八八
山田慎也「豊島の葬制」『北区史』民俗編3　東京都北区　一九九六
山田慎也「死をどう位置づけるのか—葬儀祭壇の変化に関する一考察—」『国立歴史民俗博物館研究報告』九一集　二〇〇一
山田慎也「葬儀の意味するもの」『仏教再生への道すじ』勉誠出版　二〇〇四

山田慎也『現代日本の死と葬儀』東京大学出版会　二〇〇七

編者略歴

一九五七年　新潟県に生まれる
一九八八年　京都大学大学院文学研究科博士後期課程単位取得退学
現在、芦屋大学非常勤講師

〔主要著書・論文〕
「中世民衆の葬制と死穢—特に死体遺棄について—」(『史林』七〇巻三号、一九八七年)
「中世の屋敷墓」(峰岸純夫・福田アジオ編『日本歴史民俗論集6　家と村の儀礼』吉川弘文館、一九九三年)
「「京師五三昧」考」(『日本史研究』四〇九号、一九九六年)
『死者たちの中世』吉川弘文館、二〇〇三年

日本葬制史

二〇一二年(平成二十四)五月二十日　第一刷発行
二〇二一年(令和　三　)四月二十日　第三刷発行

編　者　勝田《かつだ》至《いたる》
発行者　吉川道郎
発行所　株式会社 吉川弘文館
郵便番号一一三—〇〇三三
東京都文京区本郷七丁目二番八号
電話〇三—三八一三—九一五一〈代表〉
振替口座〇〇一〇〇—五—二四四番
http://www.yoshikawa-k.co.jp/
印刷＝株式会社 平文社
製本＝誠製本株式会社
装幀＝清水良洋・渡邉雄哉

ISBN978-4-642-08073-6

木下光生（きのした　みつお）　担当＝四
一九七三年生まれ。二〇〇一年大阪大学大学院文学研究科博士後期課程修了。現在、奈良大学文学部教授。
〔主要著書〕
近世三昧聖と葬送文化　貧困と自己責任の近世日本史　日本史学のフロンティア１・２（共編著）

山田慎也（やまだ　しんや）　担当＝五
一九六八年生まれ。慶應義塾大学大学院社会学研究科博士課程満期退学。現在、国立歴史民俗博物館准教授。博士（社会学）。
〔主要著書・論文〕
越境する葬儀―日本におけるエンバーミング（『越境』現代民俗誌の地平１）　現代日本の死と葬儀―葬祭業の展開と死生観の変容　葬儀の行方―私らしい葬儀と死後の観念（『ａｔプラス』６号）　国立歴史民俗博物館研究報告―身体と人格をめぐる言説と実践（編著、共同研究特集号、169号）

執筆者紹介―執筆分担（掲載順）

西澤　明（にしざわ　あきら）　担当＝一―1

一九六三年生まれ。一九九一年明治大学大学院文学研究科史学専攻考古学専修博士前期課程修了。現在、東京都スポーツ文化事業団東京都埋蔵文化財センター主任調査研究員。

〔主要論文〕

墓制からみた縄文集団（『地域と文化の考古学Ⅰ』）　環状墓群（『縄文時代の考古学9　死と弔い』）

若林邦彦（わかばやし　くにひこ）　担当＝一―2

一九六七年生まれ。一九九二年同志社大学大学院文学研究科文化史学専攻博士課程前期修了。現在、同志社大学歴史資料館准教授。

〔主要論文〕

弥生時代大規模集落の評価―大阪平野の弥生時代中期遺跡群を中心に（『日本考古学』第12号）　集落と集団―近畿―（『弥生時代の考古学8　集落からよむ弥生社会』）

山田邦和（やまだ　くにかず）　担当＝一―3、二―1

一九五九年京都市生まれ。同志社大学大学院文学研究科博士課程前期修了。現在、同志社女子大学教授。博士（文化史学）。

〔主要著書〕

須恵器生産の研究　京都都市史の研究　歴史のなかの天皇陵（共編著）　日本中世の首都と王権都市

勝田　至　→別掲　担当＝二―2、三

索　　引

あ　行

か　行

さ　行

た　行

な　行

は　行

ま　行

や　行

ら　行

わ　行

図 版 一 覧

図26　大阪府長曽根遺跡の土坑墓群　堺市教育委員会編『長曽根遺跡発掘調査報告』(堺市文化財調査報告第27集，同委員会，1986年)　*68*
図27　殯屋の候補となる遺構・遺物　深澤敦仁「『喪屋』の可能性をもつ竪穴」(同志社大学考古学シリーズⅨ『考古学に学ぶⅢ』，同シリーズ刊行会，2007年)，穂積裕昌「いわゆる導水施設の性格について」(『古代学研究』第166号，古代学研究会，2004年)　*70*
図28　九州型と畿内型の横穴式石室　森下浩行「日本における横穴式石室の出現とその系譜」(『古代学研究』第111号，古代学研究会，1986年)　*73*
図29　大阪府大藪古墳の横穴式石室　小林行雄・楢崎彰一『金山古墳および大藪古墳の調査』(大阪府文化財調査報告書第2輯，大阪府教育委員会，1953年)　*74*
図30　群集墳に副葬された須恵器　京都市埋蔵文化財研究所編『大枝山古墳群』(京都市埋蔵文化財研究所調査報告第8冊，同研究所，1989年)　*74*
図31　奈良県新沢千塚古墳群　奈良県立橿原考古学研究所編『奈良県遺跡地図』第2分冊(奈良県教育委員会，1998年)　*76*
図32　京都府大枝山古墳群　京都市埋蔵文化財研究所編『大枝山古墳群』(京都市埋蔵文化財研究所調査報告第8冊，同研究所，1989年)　*77*
図33　和歌山県岩橋千塚古墳群　森浩一編『井辺八幡山古墳』(同志社大学文学部文化学科内考古学研究室，1972年)　*80*
図34　京都府小池古墳群　平安博物館考古学第1研究室編『小池古墳群』(古代学協会，1984年)　*83*
図35　古墳時代後期の大型前方後円墳　宮内庁書陵部編『陵墓地形図集成』(学生社，1999年)，宮内庁書陵部陵墓課編『書陵部紀要所収　陵墓関係論文集Ⅲ』(学生社，1996年)，奈良県立橿原考古学研究所編『大和前方後円墳集成』(学生社，2001年)，高槻市史編さん委員会編『高槻市史』第6巻考古編(高槻市役所，1973年)に拠り，一部加筆　*88*
図36　京都府蛇塚古墳　梅原末治「山城太秦巨石古墳」(『日本古文化研究所報告』9「近畿地方古墳墓の調査三」，同研究所，1938年)　*90*

二　古代の葬送と墓制

図1　奈良県植山古墳　奈良県橿原市千塚資料館編『かしはらの歴史をさぐる　9』(同館，2001年)　*92*
図2　大王陵の八角墳　宮内庁書陵部編『陵墓地形図集成』(学生社，1999年)に拠り山田作図　*94*
図3　京都府下司6号墳　同志社大学校地学術調査委員会編『下司古墳群』(同委員会調査資料№19，同委員会，1985年)　*95*
図4　奈良県高松塚古墳　橿原考古学研究所編『壁画古墳　高松塚』(奈良県教育委員会・奈良県明日香村，1972年)　*97*
図5　京都府堀切6号横穴　京都府教育庁指導部文化財保護課編『埋蔵文化財発掘調査概報』1969(京都府教育委員会，1969年)　*98*
図6　静岡県明ヶ島10号墳　柴田稔「横穴式木芯粘土室の基礎研究」(『考古学雑誌』第68巻第4号，日本考古学会，1983年)　*105*
図7　京都府宇治宿禰墓　梅原末治『日本考古学論攷』(弘文堂書房，1940年)，奈良国立文化財研究所飛鳥資料館編『日本古代の墓誌』(同資料館，1977年)に拠り，一部加筆　*107*
図8　奈良県小治田安万侶墓　角田文衞